本书由国家社会科学基金和福州大学马克思主义学院"马克思主义发展文库"资助

双重维度下的
国家经济自主性研究

舒 展/著

中国社会科学出版社

图书在版编目(CIP)数据

双重维度下的国家经济自主性研究 / 舒展著. —北京:中国社会科学
出版社,2018.11
ISBN 978 - 7 - 5203 - 2189 - 1

Ⅰ.①双… Ⅱ.①舒… Ⅲ.①经济—研究 Ⅳ.①F

中国版本图书馆 CIP 数据核字(2018)第 047927 号

出 版 人	赵剑英	
责任编辑	刘 艳	
责任校对	陈 晨	
责任印制	戴 宽	

出 版	中国社会科学出版社	
社 址	北京鼓楼西大街甲 158 号	
邮 编	100720	
网 址	http://www.csspw.cn	
发 行 部	010 - 84083685	
门 市 部	010 - 84029450	
经 销	新华书店及其他书店	

印 刷	北京明恒达印务有限公司	
装 订	廊坊市广阳区广增装订厂	
版 次	2018 年 11 月第 1 版	
印 次	2018 年 11 月第 1 次印刷	

开 本	710 × 1000 1/16	
印 张	21	
插 页	2	
字 数	317 千字	
定 价	88.00 元	

凡购买中国社会科学出版社图书,如有质量问题请与本社营销中心联系调换
电话:010 - 84083683

序　言

一

国家经济发展的自主性是经济发展的内在素质，隐含和贯穿在创新、协调、绿色、开放、共享五大发展理念之中。在当前世界经济总体放缓，中国经济领跑世界，大国地位冉冉上升的时代背景下，更需要经济发展过程中的自主性。旧的世界经济体系仍在约束社会主义中国的经济发展步伐、旧的经济发展方式仍在调整换档的大变革大调整大发展时期，倡导和推进造福于人类命运共同体的国际经济大战略，培育和构建有利于实现国强民富的经济发展新模式，探讨以国家综合国力和人均国力为基础、以国家经济安全为主旨的经济自主性问题，是当前国际经济局势下极其重要且薄弱的环节。

国家经济自主性是国家经济发展中客观存在的变量，它随着国家经济实力的增减而出现强弱变化，反映了国家经济可持续发展的能力。探究国家经济自主性，其目的是为了增强国家对内对外经济战略的安全性，保障国家宏观经济始终处于安全稳健的状态。在经济危机不可预料的全球化时代，民族国家要谋求本国经济的可持续发展，对经济发展自主性的考察必不可少。对外开放三十多年来，我国的经济实力和国际地位都有了显著提升，但是 GDP 总量的迅速膨胀，有可能掩盖国家利益的实质提升程度，甚至有时国家经济发展的自主性可能存在被削弱的危险。即使全球化对一国经济带来正面的经济社会繁荣，也不一定是国家经济自主性的增强。这也正是经济大国并不必然是经济强国的原因所在。

　　当初我在国内率先提出要转变对外经济发展方式，就必须强调和注重经济发展的自主性问题，因为现阶段的经济全球化仍然具有两面性。一方面经济全球化是生产力和科学技术发展的客观趋势，是经济社会化程度不断提高并向全球拓展的过程；另一方面，经济全球化从生产关系方面反映了私人资本发展的必然逻辑，是资本主义强国主导下的资本主义生产方式的扩张趋势和主观作为。作为积极融入经济全球化的社会主义国家，我国在经济发展方式问题上所面临的主要矛盾与风险是显而易见的。我国要实现经济发展方式的转变，所要克服的重要矛盾与风险就是：克服市场经济的消极方面，克服发达资本主义国家对经济全球化的主导作用的负面影响，从而克服资本主义生产方式与经济关系对我国社会主义生产方式与经济运行的危害。

　　因此我国必须坚持在社会主义道路上的自主型经济发展方式。所谓自主型经济发展方式，是指经济发展必须主要依靠中国所拥有的生产要素和管理能力。这意味着我国要适当控制对外经济的各种依存度、依赖性和风险性，不断完善独立与开放有机结合的工业体系和国民经济体系，加大自主知识产权体系和自主发展，其科学发展成果让中国人民共享，同时对世界经济作出更大的贡献。

　　转变对外经济发展方式必须实现"六个控制和提升"：一是适当降低外贸依存度，提升消费拉动增长的作用；二是适当控制外资依存度，提升中外资本协调使用的效益；三是适当降低外技依存度，提升自主创新的能力；四是适当降低"外源"依存度，提升配置能源的效率；五是适当控制外汇储备规模，提升使用外汇的收益；六是适当控制人口资源环境的成本和压力，提升可持续发发展的水平。通过这六个方面的转变，统筹国内经济发展与对外开放的关系；促使充分自主型发展方式的实现。同时，建立"三控型"民族企业集团（控资本、控品牌、控技术）确保经济全球化进程中的民族产业安全，在参与发达国家主导的全球化进程中谋求国家利益的对半式双赢；构建知识产权优势理论和策略，实现民族经济在全球国际竞争中的自主发展。

　　该书作者是我的高级访问学者，难能可贵的是，近十年的时间里，作者把对经济自主性的研究一直潜心静气地坚持了下来。作者的研究，主要从两个方面拓展了我的学术思想：

一是拓展了我所提出的"中国必须坚持在社会主义道路上的自主型经济发展方式"的理论内核，提出经济自主性的核心概念。用马克思国家理论的立场观点，批判借鉴西方马克思主义关于国家自主性（State Autonomy）的合理成分，提出国家经济自主性（State Economic Autonomy）概念，探索其内涵、特征、影响因素和量化标准。使自主型经济发展方式的研究理论基石更坚固，也更具针对性，并且具备马克思主义学者间进行国际学术交流的共同话语体系。

二是拓宽了我所提出的关于"实现国家经济自主发展必须转变对外经济发展方式"的政策主张，将转变对外经济发展方式与转变对内经济发展方式，通过国家经济自主性这一内含国际国内两个维度变量的概念结合起来，从国际大战略的大视域，来考虑提升国家经济自主发展的能力的路径。

作者对经济自主性理论和策论的延伸式研究，令我倍感欣慰。作者把经济自主性的研究，置于国家与国际经济体系、国家与国内社会分层两个维度；置于国际经济体系演变但实质并未发生变化、国内经济形势向好但五大发展理念有待进一步深化的语境下；置于国家经济实力和地位上升但面临的国际、国内形势也更复杂的背景下，通过对国家经济自主性概念、特征、影响因素的条分缕析，通过对经济自主性量化指标的测定，综合分析国家自主性内含的竞争力、控制力、危机应变力、凝聚力和政策执行力等国家经济自主发展能力，探究增强国家经济自主性的路径，确保国家经济安全、国家利益切实维护，实现国家治理体系现代化和国家的长治久安。

二

该书对国家经济自主性的研究探索有以下几个亮点。

第一，作者对于研究对象的概念界定十分规范和严谨，注重对学术文献的梳理综述，博采众长，论证推导逻辑严密。国内对于经济自主性的研究不多，偏重实证分析，对经济自主性一般机理的论证相对缺乏。作者从马克思主义国家理论出发，借鉴国外马克思主义比较政治学者关于国家自主性理论的合理成分，结合国内外学者对于经济全球化背景下关于国家自主发展和经济安全等国家战略层面的理论贡献，特别也吸收了国外"依附理论"的研究成果，对于国家经济自主性进行国际和国内两个维度的内涵、特征的界定，使核心概念的建构有据可依，注重学术流变中的溯源、传承与批判。随着 21 世纪中国经济的崛起，国家经济安全观愈益受到重视。作者区分经济自主性与国家经济主权、国家经济安全、国家利益、综合国力等关系，提出"国家经济自主性是国家经济主权的内在属性，国家经济自主性与国家经济安全正相关——它们是能力与状态的关系；而增强国家经济自主性是捍卫国家利益的根本路径，国家综合竞争力是国家经济自主性的重要构成因素。"这就使经济自主性的重要性和路径，一目了然地呈现出来。

第二，作者提出，经济自主性是维护国家经济利益安全的能力综合，作为一种反映国家经济竞争力和国际经济地位的描述性概念，经济自主性实际上是一种综合加权指数。对于一国经济自主性的量化测算，既要考虑国家所处的国际经济体系实质和国际制度、国家规则对国家经济自主性的影响，同时也要考虑国家经济竞争力、对内对外经济控制力、危机应变力、国家凝聚力、政策执行力等国内因素的影响，从而提出经济自主性的综合评价指数，即 $y = \sum_{i=1}^{n} AWiYi$ ，（A≤1）。通过建立评价指标体系和指数计算与合成，对经济自主性的变化趋势和过程进行描述和分析。

第三，作者认为，在当前仍然是由发达资本主义国家主导的国际经济体系下，不同国家由于所处国际地位的不同，即使是相同的国际规则和国家对外政策，对国家经济自主性的影响力也是不一样的。在这种结构不合理、地位不平等、发展不均衡的国际格局下，各国均欲并且理论上均能从参与国际经济活动中获益，但获益的程度是不一样的。因此，提出经济自主性的加权指数不应只是各项能力因素的简单加权，而应该增设一个经济自主性系数，即 A≤1。作者根据危机与安全、依附与自主两对范畴，所综合呈现出的一国国家安全状态与经济自主性的基本情况，将国家分为四种类型。对于国际经济体系主导型的第一类国家而言，它们的经济政策目标和保护国家经济自主性的愿望可以如愿地实现。而第二类、三类、四类国家，欲达到通过国际经济活动获益同时又能增强国家经济自主性的初衷，需要付出的努力程度不一，取得的效果也不一，甚至有的还会背道而驰。

提升国家经济自主性是一个庞杂巨大的系统工程，涉及国家经济建设各个领域的合纵连横，作者的政策建言强调国家战略意识和国家凝聚力。

第一，强化高屋建瓴的国家战略意识，以国家战略带动和深化改革开放。当今世界仍然是两种制度两种意识形态的斗争，国与国之间竞争是绝对的，国家利益必须有国家战略保驾护航。全球化的大舞台上每个参与者都是利益导向型的国家或社会的代表，利益成为全球经济博弈的最终目标。国家具有强大的经济自主性，才能确保国家经济安全的状态，保护全体国民经济领域的根本利益不受威胁。国家经济自主性是国家经济的内在素质，自主性的提升有赖于国家制度的顶层设计环节具备清醒认识和长远谋划，即国家战略的打造。国家安全委员会、创新驱动的国家战略、国有企业跨国公司仍然是推动和提升国家经济自主性的基础。

第二，提高国家战略的细节执行力，越是宏伟的国家战略布置，越有赖于实践中具体细节的执行力。"随着社会经济发展和竞争环境变化，自主创新模式演变为以知识的学习和应用为先端的技术创新与知识管理的多层次持续耦合"，为适应由技术创新所带动的生产力的发展，需要优化企业结构和改良内部体制，进而带动企业管理向知识管理转变，实现技术创新与知识管理的真正结合。提升国家经济自主发展的能力关键在于能否以创新为驱动有效推动技术的进步与管理的改善。

第三，落实企业自主创新的相关规制。以共识凝聚力量，联结国家经济竞争力。无论是国家创新驱动发展战略的实施，还是"一带一路"战略理念的推进，通过国家意志提升国家经济自主性，离不开国内民族企业的共识。企业的利益追求和发展方向符合国家利益的目标，才有国家经济自主性的实质提升。提升国家经济自主性，既要有国家战略的引领，也要有民族企业的创新共识；既要有国家宏观层面的规制保障，还要通过企业文化对创新意识和思维的培养。

总之，这部论著提出和阐述"经济自主性"新概念和理论体系，研究方法科学，分析框架合理，既有对所研究主题相关文献梳理中的严谨的学术规范，又有对所研究客体清醒的马克思主义政治经济学的立场觉悟；理论阐述和实证剖析都堪称严密，不失为一部内涵深刻的创新性著作，具有重要的学术价值和现实意义。当然，由于国家经济自主性的内涵极其丰富，影响因素繁复庞杂，使得问题的研究因涉面过大，因而还有研究的余地。希望能在今后的研究中再接再厉，使相关论证得到更深入的验证和考验。

程恩富

2018 年 9 月于中国社会科学院

（程恩富系中国社会科学院学部委员、学部主席团成员、中国社会科学院大学首席教授、世界政治经济学学会会长、中华外国经济学说研究会会长）

目　　录

导　　论

一　论题的缘起

本书研究的中心任务是研究社会主义国家如何在经济全球化纵深发展和资本主义世界经济危机之后的经济新常态下，增强国家经济发展的自主性问题。拟从国家与国际经济体系、国家与社会的关系两个维度结合分析，研究外部因素（国际经济体系）和内部因素（社会利益分层）对国家经济自主性（注：下文在一些明显语境下，简称自主性或经济自主性）的影响，为中国社会主义国家经济的自主发展提供决策思路和路径。

改革开放四十年来，中国走符合自身国情的自主发展道路，取得了举世瞩目的成就，经济实力和国际地位都有了显著提升。在探索国强民富的过程中，人们对经济规律和经济发展模式有了更深刻的认识，对经济全球化有了更全面的理解。2008 年国际金融危机爆发后，得益于经济全球化的中国经济，也受到了强大的冲击。如何以中国特色社会主义理论体系为指导，增强发展中国家经济自主性，正确处理经济全球化与民族国家关系，尽可能克服和减少国际垄断资本主义阶段世界经济体系的负面影响，重新受到了人们的关注。

经济大国并不必然是经济强国，这其中的一环就是经济自主性问题。从国际维度来看，不管是经济全球化还是资本主义经济危机，其对民族国家经济发展的影响，考察的不只是经济短期增长抑或长期发展的影响，而是更应注重经济发展的自主能力。即使全球化为一国经济带来正面的经济社会繁荣，也不一定是经济自主性的增强。从国内维度来看，随着社会主义市场经济体制改革的深入，随着现代公民社会的渐成，国家与社会越来越成为两个相对独立的层面，社会繁荣并不必然带来国家稳固，这依然是国家经济自主性问题。如何通过国家与世界经济体系的关系、国家与国内社会的关系两个维度，研究增强经济自主性的问题，是当前极其重要且薄弱的环节。

本书的研究置于国际、国内两个背景，一是世界经济体系的实质和新常态，二是国内经济发展的新常态。

首先，关于国际背景。一方面，经济全球化时代资本主义世界的经济危机的不断爆发与缓慢复苏，必然对社会主义国家经济产生影响和冲击；另一方面，经济全球化既是生产力发展的客观趋势，同时也是资本主义生产方式全球扩张的主观作为，西方资本主义国家占主导地位的世界经济体系的不合理性，对社会主义国家的发展必然产生遏制与摩擦。特别是进入 21 世纪 10 年代的后危机时代，世界经济步入了"新常态"。西方发达国家在金融危机和债务危机之后的缓慢复苏，更低的金融杠杆和更多的政府干预相结合，"再工业化战略""2020 战略"等措施，一股逆全球化的以区域贸易安排为主体的区域经济集团间竞争局势的出现，必然加剧各国之间尤其是现有经济强国与新兴国家、资本主义国家与社会主义国家的经济与政治摩擦，使国际竞争更加激烈。现有经济强国对中国开展对外经济关系的制约因素增强，对中国经济发展自主能力的挑战也在增强。在此国际背景下，中国如何在现有的世界经济体系下，通过"一带一路"构想，亚洲基础设施投资银行、自由贸易区等金融创新和制度创新，增大中国在世界经济体系中的话语权，实现从出口导向向投资立国、从低层次分工向高层次运营、从世界工厂打工者向全球资源整合者的国际化战略转变，既扩大经济总量，又增强和拓展经济自主性，是当前国际经济局势下新的关键问题。

其次，从国内形势来看，中国经济发展进入了增长速度换挡期、结构调整换挡期和前期刺激政策消化期"三期叠加"的"新常态"，如何在保持经济长期稳定、持续中速增长的前提下，从结构不合理转向结构优化，从要素投入驱动转向创新驱动，从以量取胜但隐含风险转向自主强大应对多种挑战，要考虑的决不仅是表面的经济繁荣和稳定，也不仅是国家经济的安全问题，而是更深层次地考虑到国家经济发展自主能力问题，即经济自主性问题。

当今世界，经济强国必然是综合国力强国。综合国力反映一国掌握经济创新周期、创造稳定的政治环境、维持国家战略优势的能力，同时，也决定着国家利用这种控制力形成有效的军事威慑能力，并为从国际体系中获益提供基本保障。综合国力可以概括为一国通过有目的的行动实现国家战略目标的综合能力，而经济自主性是国家经济竞争力、创新力和控制力的源泉。强大的国家经济自主性确保国家拥有持久的经济安全状态。因此，在当前国际国内形势下研究经济自主性问题具有重要的理论价值和现实意义。

二 从国家主权、国家自主性到国家经济自主性的思考

新中国成立以来，我们始终强调国家主权，努力维护社会主义国家主权利益，确保国家经济和政治安全，将独立自主作为社会主义对外关系的基本原则，并提出以维护国家主权为主要内容的和平共处五项原则。和平共处五项原则的核心和基础就是独立自主。1982年12月，改革开放政策作为基本国策被写入宪法，提出要正确处理对外开放与独立自主的关系。独立自主是发展对外经济关系的前提和基础，对外开放的目的是增强独立自主的能力。

经济全球化是一把"双刃剑"，中国融入全球化受益于全球化的同时，亦必然会受累于全球化。不可阻挡的经济全球化进程已经对民族国家的主权构成了重大挑战，主权的壁垒已经不能阻碍资本、劳动力、信息和思想的流动与传播，也无法有效地抵御外来的伤害和破坏。在主权国家政府参与国际事务过程中，除少数大国外，大多数国家维护主权的能力都有所削弱，很难有足够的能力来处处维护自己的权利和利益。一方面，即使在本国的市场范围内，在国家间相互依存程度空前加深的情况下，国家也不太可能保障自己在自然资源和经济政策等方面的绝对独立性。在全球化的实践中，出于根本利益的考虑，发展中国家在许多时候会主动或被迫把主权置于第二位考虑。另一方面，在国际体系中占据不利位置的弱小国家，它们在国际上面临强大国家利用体系结构的力量向主权发起的挑战，使得它们处于国际政治、经济体系中的劣势地位。

不过，经济全球化改变的不是国家主权原则，而主要是国家的自

主性。我们所谈论的经济全球化对国家主权的削弱，实质上是对国家自主性的削弱和限制。这种削弱和限制，并不像主权那么一目了然，但从长远来看，它必然给国家主权带来危险。因此有必要把国家自主性（民族国家实际拥有的独立宣布和实现自己政策目标的权力）从宽泛的主权（统治固定领土的权力）概念中单列出来。

国家自主性是国家主权的"第四个属性"。① 20 世纪 70 年代末80 年代初，在国际关系研究中，出现了国家主义范式的复兴。国家主义提出了"国家自主性"（state autonomy）的概念，认为自主性归结为国家对于统治阶级的一定程度的独立性，是资本主义国家特有的一种性质，源于资本主义国家结构中政治和经济的相对分离。他们认为，由于国家处于国内社会经济结构和国际体系的边界，具有最低限度的国家自主性。根据国家主义者的观点，世界经济体系既可以增强也可以削弱国家的经济自主性。当国际制度所发挥的功能与国家目标基本一致时，国家会将国际制度引入国内治理，以此来增强国家经济自主性。"在国际上，国家自主性取决于国家在权力分配的位置和它对国际机制与组织的内嵌性。"②

国家的自主性包括经济自主性和政治自主性。由于提出国家自主性概念的国家主义者大多为西方比较政治学者，在考察国家自主性的变化时，他们侧重于政治自主性的研究，侧重于国家与社会这个层面的关系，即国家自主性与国内政治经济结构的关系，侧重于研究国家如何协调与统治阶级的利益关系。在国家自主性与国际体系的关系上，他们主要关注，一是如何引进国际制度，来增强国家与社会利益博弈中的国家自主性；二是更多涉猎国家利益和国家主权等范畴，因此缺乏专门针对经济自主性的研究。

从国际维度看，国家经济自主性或称经济发展自主性，"它是传统的民族国家经济主权在国际关系上的重要表现形式，是一国政府拥

① 参见［英］戴维·赫尔德等《全球化大变革》，杨雪冬等译，社会科学文献出版社2001 年版，第 40 页。

② Thomas Risse – Kappen ed. *Bringing Transnational Relations Back in*：*Non – State Actors*，*Domestic Structure and International Institutions*，Cambridge：Cambridge University Press，1995，p. 19.

有对内对外经济活动的自主决策能力"①。这种自主决策能力意味着民族国家能在多大程度上按照自己的意愿发展经济。国家经济自主性是国家经济发展中客观存在的变量，它随着国家经济实力的增减而出现强弱变化。反过来，国家经济自主性的强弱也会影响到总体经济实力，尤其是在对外经济中还关系到国家经济安全。改革开放四十年来，中国的经济实力和国际地位都有了显著提升，但是 GDP 总量的迅速膨胀，有可能掩盖国家利益的实质提升程度，尤其是国家经济发展的自主性可能存在被削弱的危险。即使全球化对一国经济带来正面的经济社会繁荣，也不一定是国家经济自主性的增强。这也正是经济大国并不必然是经济强国的原因所在。

在经济全球化和资本主义主导世界经济体系的时代背景下，我们既要对外开放，又要坚持独立自主。欲通过对外开放达到独立自主的目的，增强国家经济自主性是关键。

改革开放初期，我国独立自主原则中的"自主"语意仍然侧重于国家领土主权的保护。1997 年东南亚金融危机发生后，"自主"的语意才侧重于国家经济安全层面。江泽民在党的十五大报告中第一次明确使用了"国家经济安全"，指出要"正确处理对外开放同独立自主、自力更生的关系，维护国家经济安全"②。2008 年国际金融危机之后，学术界对于国家经济安全问题的进一步聚焦，关注的重心是如何抵御和防范世界性危机的外部冲击。③ 直到党的十八届三中全会决定成立国家安全委员会，独立自主的原则在经济领域的体现，开始以"确保国家经济安全"的具体明确的组织目标，进入实践层面。

但是，本书在《国家经济安全与经济自主性》一文中分析提出："国家经济安全是一国经济发展和经济利益不受外来势力根本威胁的状态；国家经济自主性是一国自主地参与国际经济活动而不受外来势力根本威胁的能力。国家经济安全是存在状态和表象；国家经济自主

---

① 舒展：《后危机时代国家经济自主性及其路径选择》，《福州大学学报》2011 年第 4 期。
② 《江泽民文选》，人民出版社 1994 年版，第 406 页。
③ 参见张燕生《经济全球化与世界性危机关系的研究》，《宏观经济研究》2009 年第 10 期。

性是内在素质和本质。强大的国家经济自主性，是国家经济长期处于安全状态的保障；国家经济的安全状态，反映了国民经济体系具有较强的自主性。因此，国家经济安全和国家经济自主性正相关，但两者并非一回事。有时，国家经济表面看来是安全的，但国家经济发展的自主性却有削弱的迹象，经济发展存在隐患，最终是不安全的。"[1]

改革开放以来，特别是1997年和2008年资本主义世界的金融和经济危机以来，国家主权并没有受到威胁，但是国家经济安全包括能源安全、资源安全、金融安全、粮食安全、信息安全等问题越来越令人关注甚至担忧。从国家主权的根本原则，到国家安全的现状之间，什么因素需要引起人们的真实关注？是经济全球化本身，还是全球化的利弊关系把握？如果是在趋利避害的过程中，什么才是我们应该锁定的目标？

本书通过对中国以及其他发展中国家融入全球化之后的经济数据损益分析、通过大量的国内外实地调研，认为，经济全球化改变的不是国家主权原则，而主要是国家的经济自主性。我们同时梳理了国家经济自主性与国家经济安全、国家主权、国家利益、国家综合国力等诸概念的关系。我们所谈论的经济全球化对国家主权的削弱，实质上是指对国家经济自主性的削弱和限制，也即从国家主权角度来看没有被削弱，但国家经济自主性受到了影响。因此，现实中会出现这样一种现象，从国家主权角度考察，一国经济当时是安全的；但如果国家自主性尤其是经济发展的自主性受到了影响或削弱，长期看来国家经济终究是不安全的。因此，首先要将国家自主性从宽泛的国家主权中剥离出来，然后再来分析国家自主性（本书主要研究国家经济自主性）的增减，最终达到国家经济的长久安全。

三　国家经济自主性的研究现状综述

（一）国内研究现状

关于国内研究现状，在从学术层面分析研究现状之前，首先从政策层面进行梳理。

---

① 舒展：《国家经济安全与经济自主性》，《当代经济研究》2014年第10期。

1. 新中国成立以来国家对独立自主的认识及相关政策

从政策层面梳理，主要是从独立自主的外交政策到注重国家经济安全的历史脉络。新中国成立以来，一直强调独立自主的外交原则。改革开放四十年来，坚持独立自主和参与经济全球化相结合，在保持独立自主的前提下，积极扩大对外开放，参与全球经济合作，是中国实现跨越式发展的重要途径。[①] 毛泽东曾指出，"自力更生为主，争取外援为辅，破除迷信，独立自主地干工业、干农业、干技术革命"[②]。这是最早将独立自主原则运用到经济建设中。正是在这一原则的指导下，中国在资本主义制度的封锁下依靠自己的力量奠定了社会主义的制度基础。此后，独立自主作为进行经济建设的一个重要原则，一直坚持了下来。进入 20 世纪 70 年代后期，随着国际形势的变化和十一届三中全会以来党和国家工作重心的转移，中国开启了对外开放的历程。邓小平在论述中国的对外开放政策时，强调"我们一方面实行开放政策，另一方面仍然坚持建国以来毛泽东主席一贯倡导的自力更生为主的方针。必须在自力更生的基础上争取外援"[③]。只有增强自身发展经济的能力才能保证经济建设顺利进行。在党的十二大报告中，邓小平进一步指出"独立自主、自力更生，无论过去、现在和将来，都是我们的立足点"[④]，"中国人民珍惜同其他国家和人们的友谊和合作，更加珍惜自己经过长期奋斗而得来的独立自主权利"[⑤]。他将独立自主上升到权利的高度，强调了在自力更生的基础上要充分行使自主性权利。90 年代初，国际形势发生急剧变化，邓小平强调要坚持对外开放，大胆试验、大胆创新，在复杂的国际形势下要坚持自我，以稳求胜，保护国家利益不受损失。1991 年他在视察上海时说："要克服一个怕字，要有勇气。什么事情总要有人试第一个，才能开拓新路。"[⑥] 改革开放初期，中国独立自主原则中的"自主"语

① 王伟光：《中国改革开放和中国发展道路》，《马克思主义研究》2008 年第 5 期。
② 《毛泽东文集》第 7 卷，人民出版社 1999 年版，第 380 页。
③ 《邓小平文选》第 2 卷，人民出版社 1994 年版，第 406 页。
④ 《邓小平文选》第 3 卷，人民出版社 1993 年版，第 3 页。
⑤ 同上。
⑥ 同上书，第 367 页。

意仍然侧重于国家领土主权的保护。20 世纪 90 年代末，受东南亚金融危机的影响，以及中国加入经济全球化步伐的加快，国家利益和国家经济安全问题越来越引起国家政策层面的关注。"自主"的语意才侧重于国家经济安全层面。江泽民在党的十五大报告中第一次明确使用了"国家经济安全"，指出要"正确处理对外开放同独立自主、自力更生的关系，维护国家经济安全"①。党的十八大报告重申独立自主的和平外交政策，坚决维护国家主权、安全、发展利益。重申互利共赢的开放战略，坚持权利和义务相平衡，积极参与全球经济治理，强调完善"互利共赢、多元平衡、安全高效的开放型经济体系"。党的十八届三中全会决定成立国家安全委员会，独立自主的原则在经济领域的体现，开始以"确保国家经济安全"的具体明确的组织目标，而进入实践层面。习近平总书记指出，"当前我国国家安全内涵和外延比历史上任何时候都要丰富，时空领域比历史上任何时候都要宽广，内外因素比历史上任何时候都要复杂，必须坚持总体国家安全观……必须既重视外部安全，又重视内部安全，对内求发展、求变革、求稳定、建设平安中国，对外求和平、求合作、求共赢、建设和谐世界；既重视发展问题，又重视安全问题，……打造命运共同体，推动各方朝着互利互惠、共同安全的目标相向而行"②。

2. 学术界对国家经济自主性的相关论题的研究

从学术层面看，直接论述国家经济自主性的文章非常少。在中国知网和维普信息资源系统，检索 1990—2015 年的文章，以"经济 + 自主性"为主题的论文，扩展到期刊、报纸、会议论文和博士学位论文等所有载体，检索结果 259 条中相关论文仅 168 篇；真正以"经济自主性"为主题的论文仅 16 篇（大部分论文虽然关键词或者主题中包含"自主性"三字，但与本书所指的国家自主性无关），其中南京大学版中文核心期刊（CSSCI）12 篇，12 篇中有 3 篇是本书的前期研究成果。而 168 篇论文中的 134 篇是集中在 2008 年以后发表的。

---

① 《江泽民文选》第 2 卷，人民出版社 2006 年版，第 27 页。
② 新华网，习近平总书记主持国安委首次会议，阐述国家安全观，2014 年 4 月 16 日（http：//news.xinhuanet.com/video/2014 - 04/16/c_ 126396289.htm）。

　　仅就直接论述国家经济自主性的这几篇核心期刊论文来看，张伯汉通过国际比较和实证分析，认为利用外商投资与经济自主性之间不存在必然的线性函数关系，只要制定合适的利用外资政策和正确引导外资投向，完全可以实现利用外资促进经济发展与保持经济自主性的双重目标。① 程恩富等从"自力型"和"充分自主开放型"切入的分析也属于经济自主性范畴，他认为当前国际经济体系仍然是以发达国家为主导的存在国际分层的体系，国家应该走充分自主开放型的对外经济模式，② 将引资、引技、引智相结合，实现对外经济发展方式转变的"六个控制和提升"，同时国家要扶持国内民族企业，国有企业和民营企业都要做大做强做优，在经济全球化进程中"国进，民也要进"。③ 舒展认为，发达资本主义国家与发展中社会主义国家的竞争与冲突，实质是阶级矛盾在全球化时代的国际化表现，而不只是意识形态的分歧问题。如果承认国家是有阶级性的，那么国际社会也是有阶级性的。在这种情形下，国家经济自主性，即民族国家实际拥有的独立宣布和实现自己政策目标的权利，必然受到各国在国际市场博弈的直接冲击和最终影响。因此，一要正确处理国家利益与国际利益的关系，始终坚持经济发展的自主性。二要转变经济发展方式，使国内社会经济结构有利于增强发展的自主性。④ 华桂宏等认为经济自主性是后发国家实现经济追赶的关键性力量，从理论上分析"出口导向型"开放战略对国家经济自主性的影响机理的同时，需要对经济自主性的现状进行定量分析，系统构建测量经济自主性的评价体系，包括力控制指标、竞争力指标和获利性指标。⑤

① 参见张伯汉《对吸引外商投资与经济自主性关系的思考》，《经济问题》1996 年第10 期。
② 参见曹雷、程恩富《加快向充分自主型经济发展方式转变——基于经济全球化视野的审思》，《毛泽东邓小平理论研究》2013 年第 8 期。
③ 参见程恩富、侯为民《转变对外经济发展方式的"新开放策论"》，《当代经济研究》2011 年第 4 期。
④ 参见舒展《后危机时代国家经济自主性及其路径选择》，《福州大学学报》2011 年第 4 期。
⑤ 参见吕记刚、华桂宏《中国经济自主性的评价指标构建与实证分析》，《无锡商业职业技术学院学报》2009 年第 6 期。

　　若我们将视野拓宽到国家自主性（包含经济自主性和政治自主性），检索 1990—2015 年的文章，则有 1792 条，也就是说，在我国学界也存在着一部分经济学者使用"自主性"的概念，其中政治学者和国际关系学者们使用"自主性"，尤其是"国家自主性"概念研究该论题的较多。主要有以下论著和观点。王伟光认为，坚持独立自主是参与经济全球化的前提和基础。对中国这样一个发展中国家来说，要在经济全球化竞争中生存和发展，必须始终保持足够的清醒，始终在总体上保持发展的自主性，主要依靠中国人自己的力量发展经济等各项事业。① 田野从政府与国有企业的博弈关系论证自主性，他认为，在经济全球化时代，国家处于国内政治经济与国际政治经济的交界，具有相对于社会行为体的自主性，在创设制度上具有比一般社会行为体更大的优势。国际制度不仅被国家用来作为全球治理的首要工具，当国际制度所发挥的功能符合国家的偏好时，也会被国家用来作为国内治理的重要途径。用理性选择理论可以将微观行为体和国家行为体联系起来。② 杨雪冬认为，在全球化的背景下，中国的发展道路实际上是一个协调和利用国家与社会、国家与政党、中央与地方以及国家与国际体系四个方面关系，有效发挥国家自主性的过程。在全球化的进程中要实现社会的发展，必须在维护国家主权的基础上，有效发挥国家的自主性，实现国家治理体系的现代化（杨雪冬，2014）。③ 罗文东等从全球化与金融危机的实质来论证自主性，认为所谓社会主义自主发展不仅是对不合理的社会制度和统治集团的否定，也是对不公正的国际关系和垄断资本的否定；在坚持独立自主、主要依靠自身力量实现国家稳定发展的基础上，参与全球化，平等地和世界各国开展互利合作。④ 刘永佶从发达资本主义国家与发展中

---

　　① 参见王伟光《中国改革开放和中国发展道路》，《马克思主义研究》2008 年第 5 期。

　　② 参见田野《探寻国家自主性的微观基础：理性选择视角下概念与重构》，《欧洲研究》2013 年第 1 期。

　　③ 参见杨雪冬《全球化进程与中国的国家治理》，《当代世界与社会主义》2014 年第 1 期。

　　④ 参见李龙强、罗文东《全球化、金融危机与社会主义自主发展》，《山东社会科学》2012 年第 8 期。

家在经济全球化中的不平等关系出发，认为中国能否保持主体性和独立自主，核心在于对待已有的社会主义制度和体制，以及怎样建立与调整经济结构，建立内生拓展型结构和法制主导式机制相结合的经济结构。①

　　若将论题转换一个视角，从"经济全球化"和"国家经济安全"两个相关概念入手，资料就非常丰富。有关国际经济体系即参与经济全球化对我国经济影响的分析文章可谓汗牛充栋，相关检索有 9149 条。这个论题原本是改革开放初期学术界争论的热点，2008 年国际金融危机以后，问题进一步聚焦。但这两场大论争的关注点各有侧重。改革开放初期的争论焦点主要是中国融入经济全球化的利弊分析；2008 年以后，讨论焦点在于中国更深层次参与经济全球化过程中，如何确保国家经济安全、如何完善全球治理结构和国际秩序，抵御和防范世界性危机的外部冲击。有的学者通过从全球治理角度，说明世界经济体系的不合理性对于发展中国家的负面影响。张燕生认为，全球经济失衡的起因主要源于经济全球化的内生矛盾和困境。2008 年国际金融危机暴露了国际货币体系、世界贸易体系的制度缺失，全球宏观政策协调的机制缺失等全球治理问题。由于缺少与全球化相匹配的有效治理结构，从而使全球经济失衡的内在矛盾缺少内部调整机制，导致风险不断累积直至发生危机。大国通过主导全球规则和掌控世界舆论来维护现有秩序，这就必然导致经济霸权主义、贸易利己主义和投资机会主义四处横行。外部冲击对各国经济尤其是发展基础十分脆弱的新兴经济体和发展中国家形成了更大的不确定性和破坏性。② 国家经济安全实际上代表并反映了一个国家的综合经济实力，包括国际市场上的竞争力、抵御内外风险和实现可持续发展的能力，也就是国家的根本经济利益不受损害。国家经济安全就是主权国家的根本经济利益在市场上的最大化，失去市场甚至比失去领土后果更严重。因此，OECD 国家大多建有国家经济安全治理框架，采取各种政

---

① 参见刘永佶《民主：中华民族现代化的要求与保证》，《社会科学论坛》2013 年第 3 期。

② 参见张燕生《全球经济失衡与中美的调整责任》，《当代世界》2012 年第 2 期。

策，维护国内经济安全。关于国家经济安全度量体系，有的学者主张将国家经济安全分为粮食安全、就业安全、金融安全、市场安全、能源资源与环境安全、文化安全、信息安全以及人力资本与技术安全九个子安全系统，从这九个方面入手，建立起一个能够全面反映经济安全影响因素的，完全能够量化的，并且具有预警性质的中国经济安全度量体系。[①] 有的学者主张建立国家"安全利益—竞争优势"体系，以经济安全为核心，政治、军事、外交和文化为外围，协调五者间的关联，确保国家避免落入"国家竞争优势陷阱"[②]。有的学者通过大量的统计数据，进行变量分析和模型建构，研究资源供给、生态环境污染和碳排放约束对产业安全的影响，提出全球化背景下中国经济安全度量体系构建，从产业的经济安全性、社会安全性和生态安全性三个方面来构建产业安全评价指标体系。[③] 他们通过对国家经济安全各个子安全系统的解析，提出基于国民利益的国家经济安全状态的模型式描述、监测预警方法和保障体系的构建。[④] 有的学者认为国家经济安全虽然可以划分为宏观、中观、微观等不同层面不同领域的各类子安全系统，但实质就是市场安全和技术安全。有的学者主张建立体现科学发展观要求的经济社会综合评价体系。[⑤] 特别值得一提的是，卫兴华关于《中国经济转型过程中要处理好发展中的经济与社会安全问题》一文，谈到处理对外开放与经济安全、经济转型与金融安全、财富分配与社会安全三个层面的关系。在对外开放过程中，要处理好发展内资与外资、利用两种资源和两个市场的关系，将经济发展与经济安全统一起来。要在我国经济转型过程中，维护好金融安全问题，构建合理有效的金融安全管理框架。为了处理好财富分配关系，缓解和

---

① 参见张汉林《全球化背景下中国经济安全度量体系构建》，《世界经济研究》2011 年第 1 期。

② 参见秦嗣毅《国家"安全利益—竞争优势"体系构建的必要性及决定因素》，《学术交流》2014 年第 12 期。

③ 参见何维达《国家经济安全与发展》，机械出版社 2011 年版，第 7 页。

④ 参见雷家骕《国家经济安全理论与分析方法》，清华大学出版社 2011 年版，第 4 页。

⑤ 参见程恩富、王朝科《建立体现科学发展观要求的经济社会综合评价体系》，《海派经济学》2009 年第 1 期。

遏制两极分化，要坚持和完善社会主义基本经济制度，处理好社会安全问题，对经济社会安全的分析视角是较全面的，与本论题的思路契合，尤其是财富分配与社会安全问题，涉及国家与社会利益非一致性的边界等。① 刘国光在《中国经济规律研究报告 2013》序言中提到，改革开放以来，中国的绝大多数行业已全部开放，如果扩大对外开放领域，可能对国家经济安全带来问题，我们利用外资但不能被外资所控制，必须通过加强国有经济的主导作用和公有经济的主体作用，确保改革的方向和国家利益。②

（二）国际研究现状

从国际研究现状看，除了在第一章展开关于国际关系学和比较政治学领域对于国家和国家自主性的论述之外，直接以"经济自主性"或者"国家经济自主性"作为核心概念进行经济现状研究的文章几乎没有，仍然需要转换角度。③ 若将视角转换为经济全球化对于国家经济利益和经济主权的影响研究，应该说，研究学者和研究成果有很多。

与本书研究领域重叠度较高的，除了国家主义比较学者研究国际制度对于国家主权和国家安全的影响之外，福利经济学中的公共选择理论主要从国家与社会阶层的角度分析国家行为和国家自主性；还有国际政治经济学流派的依附理论中的正统主流依附论的代表人物多斯·桑托斯等学者，认为关于国际体系中的不平等主要表现在生产领域的技术依附和金融依附，重新引起人们的关注。本书负责人在课题研究期间，曾经参加 4 次世界政治经济学的国际学术会议，与美国、英国、日本、巴西、南非、俄罗斯等国的马克思主义经济学者交流，向他们学习，和他们交流全球化背景下国家经济自主性的看法。国家主义者指出，国家自主性是一个变量，会随着国际体系和国内社会经济结构的变化，而相应地有所增减。下面主要从国外学者对于国家与社会层面的国家自主性的

---

① 参见卫兴华、张福军《要处理好我国经济发展中的经济与社会安全问题》，《当代经济研究》2011 年第 2 期。

② 参见刘国光、程恩富《中国经济规律研究报告 2013》，《毛泽东邓小平理论研究》2014 年第 2 期。

③ 当然，这不仅仅只是概念的转换，国家经济利益、国家经济主权和国家经济自主性的内涵和外延不同，研究的侧重点不同，提出的对策也会有所差异。第二章有专门论述。

研究，以及国外学者对于国际制度与国家层面的国家自主性的研究，即经济全球化对国家经济自主的影响，从两方面进行梳理。

1. 关于国家自主性及其与国内社会结构的关系

鉴于直接以国家经济自主性为范畴的研究文章不多，因此本论题研究从国家理论与收入分配理论相交叉并与经济自主性关联的领域，来梳理学者们的研究状况。

首先，关于国家自主性概念。20世纪70年代末80年代初，在国际关系研究中，国家主义范式复兴。他们提出了"国家自主性"（state autonomy）的概念，认为自主性归结为国家对于统治阶级的一定程度的独立性，是资本主义国家特有的一种性质，源于资本主义国家结构中政治和经济的相对分离。戴维·赫尔德（David Held）等在《全球化大变革》中提出，国家自主性是国家主权的"第四个属性"[1]。而后的新制度主义政治学则分析了国家自主性的特征。西达·斯科克波（Theda Skocpol）在《国家与社会革命：对法国、俄国和中国的比较分析》中提出，国家自主性的实际程度和后果取决于国内政治系统和国际环境，具有特定时期的历史性。[2]

其次，关于国家与社会结构关系中的国家相对自主性。本书侧重梳理从马克思主义到西方马克思的研究谱系，他们在国家与社会结构的关系上，将国家自主性定义为一种相对于社会而言所具有的相对自主性。[3] 马克思、恩格斯在《共产党宣言》中说"现代的国家政权不过是管理整个资产阶级的共同事务的委员会罢了"[4]。认为国家的自主性只是以"例外的情况"存在着。20世纪60年代末70年代初由

---

① 参见［英］戴维·赫尔德等《全球化大变革》，杨雪冬等译，社会科学文献出版社2001年版。

② 参见［美］西达·斯科克波《国家与社会革命：对法国、俄国和中国的比较分析》，何俊志、王学东译，上海世纪出版集团2007年版。

③ 在这一视角中又分为两大谱系，第一种是国家中心的国家自主性观；第二种是社会中心的国家自主性观。前者以西方回归学派作为突出代表，以韦伯关于国家的政治统治作为思想渊源，代表人物有斯考克波尔，该学派在国家与社会的关系视角中认为社会不会单纯地向前发展，终将回归"国家"的形式，因此在理论上将国家看成一个完全自主的制度，将"国家"与"统治阶级"进行无缝匹配而无视国家自主性的限度。第二种谱系是从马克思主义到西方马克思的谱系。

④ 《马克思恩格斯选集》第1卷，人民出版社2012年版，第402页。

密里本德（Ralph Miliband）的工具主义国家理论和普兰查斯（Nicos Poulantzas）结构主义国家理论的著名争论引发马克思主义对国家理论的兴趣。密里本德认为国家就是一系列特殊的组织结构，它的多元化的特性排除了国家是为某一特定阶级的主要目的服务的特质。[①] 因此密里本德的国家理论也是一项关于社会及社会权力分配问题的理论。普兰查斯认为"国家相对自主性是国家对阶级斗争领域的关系，就是针对权力集团的阶级和派别的相对自主性"[②]。在这场争论中得出的理论观点有"国家相对于资本家阶级的相对自主性，国家表达资本积累普遍的系统要求，以及国家不是一个无缝隙的整体"等，为马克思主义的国家理论研究建造了一个新的平台。以此为出发点，鲍勃·杰索普（Bob Jessop）在继承普兰查斯的"国家是社会关系"的逻辑结果后发展出"策略关系"的国家理论，对资本主义国家的福利进行了批判并引出了"元治理"理念。杰索普认为"国家是一群机构的集合，它们各自为政运用权力，国家并没有权力，它只是一个能集中并运用社会力量的工具而已"[③]。在这里，鲍勃·杰索普因其对马克思主义国家理论重建所做出的贡献引起了人们的关注。杰索普在整合和融会贯通各种国家理论的基础上，建构了一个新的国家理论——"策略关系"国家理论：社会塑造着国家，国家也塑造着社会；结构塑造着策略，策略也塑造着结构。对杰索普的"策略关系"国家理论，持支持态度的学者认为杰索普的国家理论对马克思主义国家理论的发展极为重要，"未来的任何发展都将可能是先基于对杰索普著作的一种批判分析"。而反对者则认为相比于密里本德、普兰查斯等人，杰索普缺少一个类似前人的有关社会主义策略的探讨（如密里本德的改良主义策略、普兰查斯的民主社会主义策略等）。

最后，关于国家经济自主性。因为没有直接使用这个范畴的文

---

① 参见 Ralph Miliband, *The Capitalist State*: *Two Exchanges with Nicos Poulantzas*, *Class power and State Power*, London: The Thetford Press Ltd. , 1983。

② 参见［希］尼科斯·普兰查斯《政治权力和社会阶级》，叶林等译，中国社会科学出版社 1984 年版。

③ Bob Jessop, *The Capitalist State*: *Marxist Theories and Methods*, Oxford: Blackwell, 1982, p. 211.

献，本书侧重于梳理国家经济职能与社会结构关系的文献，即收入分配领域的国家理论。现代西方马克思主义国家理论对于国家职能方面的研究更加重视经济职能和意识形态职能。在经济职能方面强调国家对福利制度、收入分配、国家财政以及其他国家可以宏观调控的经济问题上，认为国家经济职能承载着国家自主性内在本质的具体实现方式。诺斯在研究西方经济史和马克思国家理论的基础上形成了自己的国家理论，他在"经济人"假设的基础上，构建了一个福利和效用最大化的国家模型。① 公共选择学派的布坎南认为，在资本主义社会中政府失灵来源于制度的缺陷，政府部门追求的是自身利益最大化，并不代表公众的利益。"二战"后，资本主义国家为了使阶级冲突和阶级斗争不破坏资本积累的正常运行轨道，纷纷实行了福利政策，试图通过收入分配来缓和阶级矛盾。当然，单纯研究收入分配政策和福利制度的理论很多，但它们不是本书所要研究的重点，仅对本书研究的某个局部领域有参考价值，在此简单梳理一下，"二战"后到现在，西方学者从多个层次对收入分配进行了研究。有从公平与效率关系的角度进行研究的，如罗尔斯（John Rawls）的正义论；有从收入分配差距测量的角度进行研究的，如库兹涅茨（Smiht S. Kuznest）的"倒 U 形假说"、基尼系数和洛伦兹曲线；有从收入分配具体的对策角度进行研究的，如庇古（Arthure C. Pigou）的收入转移理论、哈耶克（Friderihc A. Hayek）的累进税制和比例税制协调运用理论，等等。面对凯恩斯主义福利政策的危机，人们对过去的失败和可能的未来作出新解释。其中包括对福利国家的浪漫主义拒绝，如新保守主义；对凯恩斯主义福利国家的重组和削减，如社会民主主义；对福利供给和公共产品输出的重新私有化，如撒切尔主义，等等。

2. 从国际维度与国家经济自主性相关的研究

有必要先说明一下的是，从国际维度分析国家经济自主性，主要是分析国家在一定国际经济大背景和国际经济体系下，国际经济协调

---

① 参见 ［美］道格拉斯·C. 诺斯《经济史上的结构与变革》，厉以平译，商务印书馆 2009 年版。

性组织、跨国公司、外国政府等经济行为体的经济、政治活动对于一国经济自主能力的影响。在政治学者的研究视域中，国际制度、国际规则是内生因素，因此，他们一般使用"国际制度"这一概念。而在经济学者的研究视域中，国际制度是外生因素，因此他们更多使用"国际经济体系"这个概念，将经济全球化对于一国经济自主性的影响置于"国际经济体系"的大背景中。本书研究本着实事求是的原则，在综述国外研究现状时，提到与国际比较政治学者的相关论述时，采用"国际制度"概念，但在正文表述中，作为理论经济学的研究范畴，本书统一采用"国际经济体系"概念。

　　直接考察国际维度的论著并不多，不管是关于国家自主性，还是国家经济自主性。托马斯·里斯－卡彭（Thomas Risse－Kappen）指出："在国际上，国家自主性取决于国家在权力分配的位置和它对国际制度与组织的内嵌性。"① 他是属于少数研究国际维度国家自主性的学者，当然他关注的是国际政治学的视角。关于国际维度的国家经济自主性问题，只能转换角度，转换为经济全球化对于国家经济利益和经济主权的影响研究，然后我们看到扑面而来的大量论著。如关于经济全球化与国家自主性的关系，罗伯特·萨缪尔森（Robert Samuelson）认为，经济全球化是加快经济增长速度、传播新技术和提高富国和穷国生活水平的有效途径，但也是一个侵犯国家主权、侵蚀当地文化和传统、威胁当地经济和社会稳定的一个很有争议的过程。②

　　这里，简单梳理一下依附理论、中心—外围理论、后发优势理论等，他们为发展中国家在经济全球化的今天，独立自主发展经济提供了某些理论依据。他们关于经济全球化对处于国际经济体系不利地位的发展中国家的影响分析，落脚在民族国家的经济自主能力上，与本书有共通之处。

　　依附理论是一种激进地揭露发展中国家不发达原因的"反对国际

　　① Thomas Risse－Kappen ed. , *Bringing Transnational Relations Back in*：*Non－State Actors*, *Domestic Structure and International Institutions*, Cambridge：Cambridge University Press, 1995, p. 19.

　　② Robert Samuelson, "The pros and cons of globalization", *International Herald Tribune*, 2000 (January), p. 87.

依赖理论"，揭示了在现代化进程中发达国家与发展中国家依附与发展的关系，唤起人们关注自身发展，维护国家经济独立性。兴起于20世纪上半叶的古典悲观依附理论认为，不发达国家实现现代化的根本阻力在于既定的、以发达国家为主的、不合理的国际分工，在这种背景下，只有打碎这种依附与支配的链条，才能阻止发达国家对不发达国家的经济剥削，也就是不发达国家必须与发达国家脱钩、断链，走一条独立自主的发展道路。而20世纪70年代出现了一种新的"依附理论"，其代表人物卡多佐等认为，发展中国家在处于依附条件下仍可能会取得相当的经济发展，并逐步摆脱依附，走上经济自主的道路。① 此后，埃文斯又发展了依附发展理论，指出不发达国家在全球经济相互联系、渗透的趋势下，存在独特的优势，并有赶超发达国家的可能性。落后国家在付出代价的同时能获得一定的发展，并且也不能不走依附发展的道路。② 这似乎说明了依附存在的合理性，并使得广大发展中国家看到了希望。目前，依附理论仍是影响尤其是影响拉美不发达国家经济发展的主要理论，其强调依附弊端的同时，又客观理性地认识到不发达国家对发达国家的这种依附，并期望从中找到一条摆脱依附，走上自主发展的道路。

"中心—外围"理论是阿根廷经济学家劳尔·普雷维什在20世纪40年代末提出的，而后在20世纪50—70年代，经过保罗巴兰、弗兰克、萨米尔·阿明等人的发展。该理论认为世界经济分为两极，一极是以"大的工业中心"为特征的发达国家，另一极是"为大的工业中心生产粮食和原材料"的外围国家。发达国家凭借资金、技术、创新等优势处于中心地位，而不发达国家由于经济的落后处于外围地位，中心与外围的关系是前者对后者的榨取，是不对等的。③ 作为"大都市"的发达资本主义国家，剥削着作为边缘的"卫星城"国家

---

① 参见陈建兰《浅析卡多佐的依附发展理论——读〈拉美的依附性及发展〉》，《理论界》2007年第1期。

② 参见钟裕民《依附与反依附——依附理论与后发优势理论的融合》，《兰州商学院学报》2010年第3期。

③ 参见黎贵才、王碧英《拉美依附理论的当代发展——兼论中国是否正在拉美化》，《当代经济研究》2014年第1期。

和地区的经济剩余，造成后者的欠发达，这证实了"中心"与"外围"的不平等关系。但同时，该理论又指出"中心"与"外围"是一个相互联系、动态统一的整体，尽管两者之间存在结构差异和严重的不平等，但并不是完全孤立的，而是整个资本主义体系中相互联系、互为条件的两极。然而，发展中国家追求经济自主的发展并不因为"中心—外围"理论强调二者统一而被忽略；相反，正是这种不可分离、互为条件的关系，发展中国家更需要在对外经济中保持一定的独立性，才能在国际经济互动中摆脱被动的边缘地位，维护国家利益。

此外，后发优势理论也为落后的国家如何发展经济、追赶先进发达国家提出了自己的看法。后发优势理论是 20 世纪美国著名经济学家亚历山大·格申克龙提出的，他认为后进国家经济的相对落后具有某种积极作用，可以系统地替代先进国家工业化的一些先决条件，而后进国家可以享有先进国家已开发出来的技术。落后国家要利用"落后的有利性"实现经济赶超，主要是利用资本型后发优势、技术型后发优势、制度型后发优势、劳动型后发优势、自然资源型后发优势五个方面优势来推动经济发展。[①] 此后，美国社会学家 M. 列维从现代化的角度将后发优势理论具体化，1989 年阿伯拉莫维茨又提出了"追赶假说"，1993 年伯利兹、保罗·克鲁格曼等在总结发展中国家成功发展经验的基础上提出了基于后发优势的技术发展的"蛙跳"（leap‑flogging）模型，都推动了后发优势理论的发展。

由于国家主义者大多为西方比较政治学者，在考察国家自主性的变化时，他们更侧重于国家与社会这个层面的关系，即国家自主性与国内政治经济结构的关系，侧重于研究国家如何协调与统治阶级的利益关系。在国家自主性与国际体系的关系上，他们主要关注如何引进国际制度，在国家与社会利益博弈中，增强国家自主性。缘于制度和文化背景，他们的观点值得借鉴，对于社会主义国家却不直接适用。本书认为，若将国家作为一个既独立于国际体系，又相对独立于社会

---

① 参见侯高岚《后发优势理论分析与经济赶超战略》，知识产权出版社 2005 年版，第 1 页。

的主体，思索社会主义国家如何在国际—国家—社会两个维度之间增强国家自主性，或许更能深入国家经济自主性的内核。

四　研究思路和主要观点

（一）研究思路

本书拟从两个维度展开对国家经济自主性的研究。一是社会主义国家与世界经济体系的关系，通过国家战略层面的制度创新和技术创新，从制度自主和科技自主两个方面，增强和拓展经济发展自主性；二是国家与社会的关系，通过经济发展方式转变和深化收入分配制度改革，增强国家凝聚力和政策执行力，使国家利益与社会诉求形成合力，确保国家发展的自主性。

在经济全球化背景下，在现存国际经济体系下，国家经济自主性的增强，需要在国际体系—国家—社会这个三层主体框架中，从内外两个维度进行拓展。

首先，国家经济自主性，从国家与国际经济体系的关系维度即国际维度来看，主要表现为独立性，即国家在主权独立的基础上，同时具有依靠自身战略优势控制经济创新周期，在国际市场上具有自主决策发挥对外经济政策，并从国际体系中获取国家利益和民族利益的能力。这种能力取决于国家在国际体系中的权力分配的位置和它对国际机制与组织的内嵌性，外国政府、国际经济组织和外国企业都是影响国家自主性发挥的主体力量。在这个维度，增强国家经济自主性的核心就是增强国家综合竞争力，最主要的是企业自主创新能力。需要通过国家战略，实现制度和技术创新，达到经济发展的目标。

其次，国家经济自主性，从国家与社会的关系维度即国内维度来看，主要表现为"中立性"。当然，社会主义国家不是某个利益集团的代表，而是全体人民的代表，社会主义国家的利益与人民群体的根本利益是一致的。但是，随着市场经济体制改革的深化和现代公民社会的逐步形成，社会经济收入人群分层化，使得国家利益有时与某些社会群体的近期诉求不相一致，从这个层面上讲，国家与社会成为相对独立的两个主体，国家利益与社会利益的关系，已不是传统经济体制下的国家利益与集体利益那么简单和狭隘。因此，社会主义国家的这种"中立性",可以理解为忠实于国家和民族的长远利益和根本利益,而不受制于眼前的某个或某些社会群体的局部利益,确保公正和"中立"。国家、集体和个人三者关系,这组在社会主义计划经济时代特别强调的利益关系,重新受到关注,三者都会影响到国家经济自主性。在这个维度,增强国家经济自主性的核心是增强社会凝聚力和政策执行力,使国家利益与社会诉求形成合力。旧的数量扩张型的发展方式,一定程度上割裂了国家利益与社会利益两个层面的关系。GDP 总量的迅速膨胀,有可能掩盖国家利益的实质提升程度,尤其是国家经济发展的自主性可能存在被削弱的危险。必须转变经济发展理念和方式,使国内社会经济结构有利于增强国家经济发展的自主性,尤其是国家凝聚力和政策执行力是国家综合实力的重要指标,也是国家经济自主性的重要保障。

(二)主要观点

第一,关于国家经济自主性的内涵。国家自主性是国家主权的属性之一,国家自主性包括经济自主性和政治自主性。本书研究的对象是国家经济自主性。国家经济自主性,即国家在经济发展过程中的自主性,是国家行为体的自主决策能力,又是国家行为体的意志力的体现。国家经济自主性可以从两个维度体现出来。一是国家与国际经济体系的关系,二是国家与社会结构的关系。在开放体系或者经济全球化条件下,两个维度也是密切相关,而不是割裂的。国内维度和国际维度的经济自主性共同构成国家经济自主性的整体,表现为经济自主性的能力综合。从国际视角看,国家经济自主性是指传统的民族国家经济主权在国际经济关系上的表现形式,主要是一国政府拥有在对外经济活动中的自主决策能力,包括对外经济控制力、竞争力和危机应变力,是一种确保国家经济利益安全的能力综合。从国内视角看,国家经济自主性表现为,国家被宪法赋予管理权力之后,就具有管理国家经济的相对独立的意志力,特别体现在谋划国家经济长远发展的经济发展战略、调控宏观经济、制定经济政策等方面的意志力。这种意志力,具有相对于各种局部的社会阶层或利益集团的"中立性",这种"中立性"不是绝对的独立意志,而是维护公共利益的独立性,是指国家在制定公共经济政策时,国家权力不受个别势力的干预,也不拘泥于个别领域的局势，通过"中立性"获得国家凝聚力和政策执行力，从而使国家的意志力得到有效贯彻和执行。

第二，关于国家经济自主性的特征。国家处于国际体系与国内社会的边界，具有潜在的相对的自主性。国际因素和国内因素都会影响到国家自主性的强弱增减，在国际—国家—社会之间，呈现出三者之间变量关系的互动状态和结果。从国家自主性在经济领域的表现，即从国家经济自主性来看，有以下特征：一是国际规则可以增进也可以削弱国家经济自主性；二是国际规则催化国家与社会的关系模式，从而影响国家经济自主性；三是国家会利用国际规则增进其经济自主性，也会因自主性问题排斥国际规则；四是显示了国家开放程度与经济自主性强弱并不呈正比。

第三，关于国家经济自主性与相关概念的关系。国际经济学术界关于经济全球化对于国家利益和安全的利弊分析，研究成果浩如瀚海，十分详尽。他们从经济安全、经济利益、经济主权、综合国力等各个关注点，从国家利益和民族经济立场进行了大量的卓有成效的研究，为我们进行国家经济自主性的研究，积淀了丰富的成果。不过为数不多的以国家经济自主性为切入点的研究，并未提及国家经济自主性概念，更缺乏专门的阐述与界定，因此，有必要在此将相关概念作一番比较性的梳理工作。本书认为，国家经济自主是国家经济主权的内在属性，国家经济自主性与国家经济安全正相关——它们是能力与状态的关系；而增强国家经济自主性是捍卫国家利益的根本路径。国家综合竞争力是国家经济自主性的重要构成因素。

第四，关于国际维度的国家经济自主性影响因子。国际经济体系实质是影响国家经济自主性的首要因子，因为国际经济体系特别是国际经济体系下的国际规则和国际制度，对于自主性的影响既可能是促进也可能是削弱，关键看规则制定权掌握在谁的手中，以及国际经济体系运行规则与国家意愿吻合程度。国际行为体包括民族国家、跨国公司和各类国际组织，它们的活动也会影响到国家经济自主性的强弱，特别是跨国公司实际上是经济全球化的推动者。我们对国际维度的经济自主性侧重于测算对外经济活动，包括进出口贸易、国际投资和证券交易、技术和服务贸易当中的行动反应力，通过对外控制力、危机应变力、贸易竞争力、企业竞争力、显示性优势和技术创新力等几个方面的实证分析，来表达国家经济自主性的强度。

第五，关于国内维度的国家经济自主性影响因子。尽管社会制度性质不同的国家，国家与社会群体、个人的关系也不一样，但同样地，国家具有相对自主性。从国内维度看，现代市场经济国家，不管是资本主义国家还是社会主义国家，由于经济社会收入不同，社会阶层或群体客观存在。国家利益目标与社会群体各自的局部利益目标，即使是在社会主义公有制国家，也不可能完全一致。经济自主性表现为国家与社会群体间关系的国家"中立性"，即不受制于某一群体利益而试图超越群体利益，服从于国家战略利益最大化的意志力。这种"中立"性受国家凝聚力和政策执行力的影响。经济发展过程中比较利益、资源环境代价、国民福利等经济发展的品质，影响国家凝聚力，从而影响国家政策执行力，它们构成国家经济自主性的损益因素。国家凝聚力越强，政策执行力就越强，国家经济自主性也就越强。

第六，关于国家经济自主性综合评价指标体系构建。经济自主性是维护国家经济利益安全的能力综合，作为一种反映国家经济竞争力和国际经济地位的描述性概念，经济自主性实际上也是一种综合加权指数，既要考虑国家所处的国际经济体系实质和国际制度、国家规则对国家经济自主性的影响，同时也要考虑国家经济竞争力、危机应变力和国家凝聚力等国内因素方面的影响。因此，我们提出经济自主性的评价指数。我们划分三个领域共 20 个指标，运用 1—9 标度分层次分析法建立判断矩阵，求和测算各指标的权重，然后经过对原始数据进行无纲量化处理后，通过线性加权合成法，得到经济自主性的加权指数，即 $y = \sum_{i=1}^{n} AWiYi$（$A \leqslant 1$）。诚然，我们认为一个综合模型的建构只是基于综合考虑的一个侧面，主要是通过建立评价指标体系和指数计算与合成，对经济自主性的变化趋势和过程进行描述与分析。由于指标选择和权重设定上难免带有主观性，使测算结果必然有瑕疵，客观如实地反映经济自主性的可能仍然是原始数据的简单统计分析。因此，除了运用综合模型的测算分析之外，在第六章、第七章两章关于中国经济自主性损益的现状描述性分析中，我们仍然做大量的原始数据的直接呈现和传统分析，以期如实反映现象，不至于因为模型构成的某种筛选，而导致与现实的偏差。

第七，关于中国经济自主性现状及原因分析。我们将影响国家经济自主性的国际和国内因素，经过分析、甄选、综合，建立综合评价体系，用以较精确描述一段时期以来的经济自主性状况和变化趋势，并且通过目标指数的变化趋势，引导我们关注变化背后的现实数据变化，关注数据变化所折射的现实原因。第六章我们从国家对外经济关系中集中于对外贸易、利用外资和引进技术等领域的表现力，来讨论具体的经济自主性现状和原因。第七章从国内维度分析经济自主性现状及原因时，本书认为，经济自主性反映了国家管理和协调社会各阶层利益的能力，包括国家凝聚力和政策执行力，反映民众对国家合法性和执政能力认可的程度。从利益分配的核心主体来看，国家与社会群体、国家利益与群体利益的关系，主要表现在国家、企业、居民三者之间的关系。这三者之间不仅涉及收入分配，还有更深层次的制度安排。三者之间的关系程度和质量，最能直接反映国家的凝聚力和政策执行力，从而呈现出国家经济自主性的状况。利益关系演变下的经济自主性现状通过收入分配、资源环境、企业的社会责任等领域表现出来。造成国内维度经济自主性薄弱的主要原因，一是对居民权利的保障缺位造成的凝聚力损害，二是对企业的监督管理缺位造成的执行力损害。

第八，关于对策建议。如何提升国家经济自主性，首先，要有一个全球化视域的政治意识和大局意识。今日中国是全球秩序的建设者和改革者，但毕竟当前的国际经济体系是西方资本主义国家主导下的全球资本主义扩张，如果一味地单纯地从经济增长和经济交往的角度去衡量国际经济关系、参与国际经济体系，带来经济增长的同时，国家经济自主性并不一定相应提升，甚至长远来看还是不利于其发展的，这就是国家经济发展中的政治意识。发展对外经济关系的目的是增强国家经济自主性，经济建设和对外经济关系必须服从于增强国家经济自主性、实现国强民富的中国梦这个大局，努力达到以确保国家利益、以增强自主能力为目标的充分自主型开放局面。其次，在国家与地方关系、国家与企业关系、国家与个人关系上，要有看齐意识和核心意识。国家要致力于增强政策执行力和国家凝聚力，建设人民主体观的国家治理体系，为人民谋福利，为实现建设社会主义现代化的"双百"而努力。具体来说，一是要基于全球战略视域的国家利益观和安全观，在认清国际经济体系本质下，理性参与全球治理，在各项工作中加强国家经济自主性意识；二是实行国家利益至上的充分自主型开放策略，全面深化改革提升国家经济实力，构建开放型经济新体制，增强自主决策权，打造适应全球治理的经济金融管理体系；三是积极推进人民主体观的国家治理体系建设，为人民谋福利，增强国家凝聚力，推进国家治理体系现代化，提高政策执行力。

第一章　国家理论和国家自主性

关于 21 世纪全球化背景下的社会主义国家经济自主性问题，由于目前从这一概念入手的研究者寥寥无几，因此有必要将概念和内涵梳理得更详尽一些，为方便阅读者避繁就简，将关注力导向对本书研究的重点和观点的分析上来。因此笔者在关于国家经济自主性的研究开篇之始，用少量篇幅游离出去，在马克思主义经济学框架下，涉猎政治学领域，概述关于国家和国家自主性的概念，以及它们的发展理路。

第一节　国家理论①

本书认为，国家自主性包括政治自主性和经济自主性，而国家自主性是国家主权的基本属性之一。在讨论国家经济自主性之前，首先必须界定国家概念，包括关于国家起源、本质、职能和作用力的有关理论，对国家理论进行必要的梳理。这样才能更好地把握好国家经济自主性的内涵、国家经济自主性的影响因子，以及如何有效发挥国家经济自主性等问题的研究。因为正是由于国家的发展及其与社会一定程度的分离，才有了国家自主性的产生。

如何增强国家经济自主性，解析这个问题的出发点，属于国家职能的范畴。梳理国家理论的发展轨迹，通过比较分析，从国家的起

---

① 在本章节的讨论中，关于国家和国家自主性理论梳理，参考和引述了国际关系学和比较政治学领域的许多国内外学者的观点。他们的研究成果如夜空中璀璨的星辰，引人入胜，发人深思，拓展了本书在国家层面研究经济自主性的思路。在此特别致谢。

源、本质、职能和作用力出发，思考在全球化时代，人类政治经济文化诸多方面的变化，对于国家作用力的影响和演变，国家与社会关系的发展与转型，未来民族和国家发展的命运，全球化时代如何定义国家的地位，如何发挥国家作用力等，这一切正是国家经济自主性问题的起点。

一　国家理论的发展轨迹

对于国家理论的关注和探讨，主要在政治学领域。国家的理论和学说随国家的起源而产生，从某种意义上来说，国家理论是传统政治理论的核心。但国家理论应该是什么，或者应该包括什么，是学术界有待解答的问题。由于国家定义的不同，以及学术领域研究国家的多维度视角，因此国家理论的范畴至今难以清晰界定，英国著名政治理论家鲍勃·杰索普（Bob Jessop）曾强调，"系统完整的国家理论是不存在的，我们必须拒绝完全确定性国家理论的产生及其发展"①。但是，我们依旧可以认为，只要其理论对象及研究核心是指向国家的社会理论，就是国家理论。

从柏拉图时代到马克思时代的政治理论家们，其绝大多数都将政治理论理解为国家理论。20 世纪 60 年代，在美国，由于传统政治学在发展中遇到了"瓶颈"，行为主义政治学乘虚而入得以发展并成为当时的主流，其把传统政治学的国家理论作为"革命"的主要对象，强调走分析性、经验性的道路，为保持其"价值中立"，主张政治学研究方法的数量化，就国家概念而言，他们认为应以"政治系统"一词代替"国家"。由于在理论以及方法上的片面性和局限性，再加上社会生活带来的巨大变化，最后，行为主义政治学没有摆脱被"革命"的命运。这一"新革命"发端于 20 世纪 60 年代末，在诸多方面有所表现。在规范理论领域，国家理论以密里本德和普兰查斯的争论为开端相继出现了三次复兴。他们多宣称是马克思主义的国家理论，马克思国家理论成为当代国家理论的重要思想资源。

---

① Bob Jessop, *The capitalist State*：*Marxist Theories and Methods*，Oxford：Blackwell，1982，p. 211.

随着社会经济的发展、国家制度的变迁，国家理论也越发成熟和完善。20 世纪末期以来，全球化进程不断推进，使人类政治、经济和文化生活诸方面发生了巨大变化，这些方面的变化引发了对国家理论发展的新挑战，迎来了一股全球性的"市民社会思潮"。这使政治学研究的视角再次集中于国家理论，结合新的社会条件，来自不同流派的学者们开始重新思考国家相关问题，全球化进程中国家的作用及其演变、国家与社会关系的发展与转型、未来民族和国家发展及命运等诸多问题展现在我们面前，成为现代国家理论研究中的焦点和核心议题。同时，他们有关国家的思想都不可避免地涉及对马克思国家理论的评价和思考，无论其对马克思国家理论态度怎样，这是他们在研究中不可跨越的。

在社会主义中国，政府即国家在社会经济建设中起宏观调控的决定作用，通过实施国家战略的顶层设计理念，追求全球化时代的国家富强，民族复兴。因此，即使经济学研究，也需重新全面地解读马克思主义国家理论，这对于应对理论层面的指向，对于理论、实践发展经验教训的总结，以及经济和政治建设的推进和发展都是迫切需求的。

二　马克思、恩格斯的国家理论

马克思、恩格斯国家理论发端于 19 世纪上半期。那时，工业革命带来了欧洲资本主义生产力的极大发展，同时也使阶级矛盾愈演愈烈，如此背景下，新理论的诞生也成为历史必然。马克思、恩格斯在批判继承前人理论的基础上，以科学的方法论为指导，并运用阶级分析、社会发展观方法对国家相关问题进行深刻剖析，建立了国家学说。

列菲弗尔强调，我们可以毫不犹豫地告诉人们，马克思的著作中不存在一种自成一脉的国家学说，但是，我们也可以明确地告知人们马克思并未忽略国家，国家问题一直以来是马克思非常重视的问题。这就意味着马克思主义国家理论的内容需要从构成马克思主义众多类目的片断材料中去寻找。为研究需要，我们从四个方面来阐述马克思主义国家理论的内容。

1. 国家的起源和本质

马克思经过对黑格尔国家观的批判，找到了市民社会这一理解国家的关键，并提出"市民社会决定国家"的思想。他认为国家的本质应该从国家和市民社会相区别的角度来认识和理解，马克思认为国家只是"该时代的整个市民社会获得集中表现的形式"，①换句话来说，国家的性质由社会的矛盾运动及其发展来决定，社会内部各集团利益的相互冲突的存在，使国家不可避免地成为某个阶级的统治工具，说到底，国家不过是人们社会生活的一种特殊形式。

在《家庭、私有制和国家起源》中，恩格斯发展了马克思关于国家的基本观点并给出了国家的定义："一种表面上凌驾于社会之上的力量，这种力量应当缓和冲突，把冲突保持在'秩序'的范围以内；这种从社会中产生但又自居于社会之上并且日益同社会相异化的力量，就是国家。"②也就是说，国家产生于社会的需要，是为缓和社会阶级冲突而产生的。一方面，国家具有明显的阶级性，国家是阶级压迫的暴力机关，作为阶级统治的工具，它维护统治阶级的根本利益；另一方面，国家具有显著的社会性，社会的需要决定了国家的存在，国家是为社会成员提供服务的机构，它从事管理社会公共事务，弥补社会运行过程中的缺陷。由于要维护社会秩序，国家的活动不能有随意性，其行为需要在一定的法律或规章制度内完成。由此，国家有管理社会公共事务和服务人民大众的一面。

2. 国家的职能与异化

马克思对国家职能的划分得益于其对国家性质的分析。他指出，国家对外职能有保卫和交往两个方面，保卫职能指抵御外来敌人的侵略，维护国家领土和主权；交往职能，即根据国家利益调整国与国之间的关系，开展国际交流与合作。在马克思那里，对内职能又包括政治统治和社会管理两个方面，政治统治职能指国家迫使反对者服从，以维护统治阶级权威。同时为了促进社会的良性运转，维持社会正常的生产、生活秩序，国家又要充当社会管理和公共服务部门，具有社会管理职能。

结合马克思有关国家理论的文献资料，可以把马克思关于国家职

① 《马克思恩格斯选集》第1卷，人民出版社2012年版，第212页。
② 《马克思恩格斯选集》第4卷，人民出版社2012年版，第186页。

能方面的内容总结为以下三方面。第一，社会管理职能是其政治统治
职能的基础。既然国家是阶级统治的工具，这就决定了国家是统治阶
级的利益代表，是统治阶级对被统治阶级的实施专制的机器，所以，
国家首先应该是以维护统治阶级利益的阶级统治工具而存在，作为管
理机构的国家，其社会职能的履行，追本溯源，就是为统治阶级服务
的。所以马克思认为："现代的国家政权不过是管理整个资产阶级的
共同事务的委员会罢。"① 随后马克思从法国人在非洲的破坏性统治
中，看到了社会职能的重要性，马克思认为，其在非洲统治期间只是
接收了非洲的财政、军事部门，但对公共管理部门没有足够重视，而
正因为如此，非洲经济的衰落成为必然。这就说明，国家在运行中，
其政治统治职能和社会管理职能相互补充、相互促进，社会职能的实
施依赖政治职能的发挥，同时社会管理和服务职能的发挥又是政治统
治得以维持的必要条件。第二，政治统治和社会管理在职能实现方式
上有本质区别。国家的政治职能一般通过国家的暴力强制机关来实
现，而国家的社会职能则是通过为社会大众提供服务来实现。第三，
随着人类社会向更高阶段发展，国家的社会公共事务管理职能范围将
不断扩大，并逐渐失去其政治性质，变为单纯为社会大众利益服务的
职能，相应地，其政治统治职能将不断缩减，直至消亡。

但现实是社会公共事务管理职能由于国家统治阶级及其成员追求
自身利益，可能发生职能异化，正像马克思所说，国家不过是"一个
祸害"，是存在于市民社会上的坏的方面，所以必须尽量消除这些不
好的方面，直到完全抛弃国家器物。马克思还指出国家异化的消除必
须通过消灭国家权力的专制，并加强对国家权力的监督，认为最有效
的监督是来自全社会的监督，而不能只是来自统治阶级内部机构的监
督。随着国家发展到更高阶段，其全部的行为纳入法律体系和管理范
围，此外还要建立新的监督和管理机构。

3. 国家与市民社会关系

马克思认为黑格尔的最深刻之处在于他把法哲学的出发点理解为
国家与市民社会的分离，但违背社会现实的是他用"绝对理念"来

---

① 《马克思恩格斯选集》第 1 卷，人民出版社 2012 年版，第 402 页。

解决政治国家的共同利益和市民社会的共同利益间的对抗。马克思强调市民社会和国家的分离不是绝对的而是相对的，两者之间在本质上是统一的。马克思认为，国家和市民社会两者间的关系主要体现在三个方面。第一，"市民社会决定国家"，他认为，"他们的相互制约的生产方式和交往形式，是国家的现实基础，而且在一切还必须有分工和私有制的阶段上，都是完全不依个人的意志为转移的"。① 即国家的性质和矛盾由市民社会的性质和矛盾决定。第二，在阶级社会中，国家与市民社会是对立统一的。首先，在阶级社会中，国家只代表统治阶级的特殊利益并不能反映全社会的普遍利益；其次，作为权力机构和公共权力机关的国家由于各个集团的利益诉求的矛盾性导致国家的活动和行为的相互矛盾和冲突；最后，国家和社会分别属于政治领域和经济领域，社会阶级关系在政治领域一般表现为政治关系，在政治领域，管理社会依靠国家暴力强制，社会阶级关系在经济领域主要体现为经济关系，经济规律是其基本规律。② 在统一方面，国家以市民社会为基础，国家的矛盾及性质由市民社会的矛盾及性质决定。第三，人类社会未来发展的方向及目标是国家向社会的回归，马克思指出，国家的回归以阶级社会性质的消除为前提，"自由人的联合体"③是未来国家统一后的形式，与此同时，劳动异化的条件将由于阶级和阶级对立的消除而消失，所以，"公共权力就失去政治性质"④ 是未来社会发展的必然。

4. 国家与国际贸易关系

按照马克思的计划，马克思是要在国家理论研究的基础上，进入对国际贸易与世界市场的理论研究。在《政治经济学批判序言》中，马克思写道："我考察资产阶级经济制度是按以下的顺序：资本、土地所

---

① 《马克思恩格斯选集》（第1版）第3卷，《德意志意识形态》，人民出版社1960年版，第377页，该段文字仅存在全集第1版，全集第2版和选集（因为节选）的三个版权中没有。

② 参见叶汝贤、孙麾《马克思与我们同行》，中国社会科学出版社2003年版，第289页。

③ 《马克思恩格斯选集》第1卷，人民出版社2012年版，第422页。

④ 同上。

有权、雇佣劳动；国家、对外贸易、世界市场"①，并制订了"六分册计划"。第一册：资本（1.1商品，1.2货币或简单流通，1.3资本一般）；第二册：竞争或许多资本的相互作用；第三册：信用；第四册：股份资本；第五册：对外贸易；第六册：世界市场。写作计划体现了马克思研究资本主义经济的基本逻辑顺序，从商品、货币、资本，到国家，再延伸到国际。从中可以看出，马克思的国家理论是资本逻辑，是沿着生产力与生产关系的矛盾运动，从《资本论》所阐述的价值规律、剩余价值规律，特别是利润率下降规律中推演出来的。虽然马克思没有专门撰写有关国家和国际贸易理论的著作，但国际贸易理论一直是马克思经济理论体系不可分割的有机组成部分，我们可以从散见于各处的论述中找到马克思有关国际贸易理论的基本观点。必须指出的是，马克思关于国际分工和世界市场的理论，是最早关于经济全球化的论述，最早从制度逻辑揭示了资本主义世界经济体系的不合理性，其对亚非拉国家的殖民贸易开发过程，正是亚非拉国家的经济自主性丧失的过程。马克思指出，"世界市场使商业、航海业和陆路交通得到了巨大的发展。这种发展又反过来促进了工业的扩展，资产阶级，由于开拓了世界市场，使一切国家的生产和消费都成为世界性的了。……资产阶级挖掉了工业脚下的民族基础。古老的民族工业被消灭了，并且每天都还在被消灭。……过去那种地方的和民族的自给自足和闭关自守状态，被各民族的各方面的互相往来和各方面的互相依赖所代替了。物质的生产是如此，精神的生产也是如此"②。这正从资本逻辑诠释了国家主权和国家自主性的削弱乃至解体。同时，马克思指出，由于既有国际经济格局的不合理，不同国家在贸易利益分配上必然不公正，也必然造成西方发达国家对发展中国家的国际剥削。马克思在《1859—1861年经济学手稿》中曾经有过具体的说明："一国可以不断地攫取另一国的一部分剩余劳动而在交换中不付任何代价。"③这种剥削贯穿于发达国家与亚非拉原殖民地的发展中国家

① 《马克思恩格斯选集》第2卷，人民出版社2012年版，第1页。
② 《马克思恩格斯选集》第1卷，人民出版社2012年版，第401—404页。
③ 《马克思恩格斯全集》（第2版）第31卷，《1859—1861年经济学著作和手稿》，人民出版社1998年版，第623页。

的整个经济交往过程，使发展中国家被迫接受发达国家主导的全球经济格局，畸形的国民经济体系极大地影响经济自主性，因而严重影响国家经济的未来发展。这部分内容将在第二章和第四章的相关论述中详细展开。

马克思、恩格斯国家学说中关于国家的起源和本质、国家与市民社会关系、国家的职能和未来发展方向等科学内容，为社会主义国家的建立和发展指明了方向，中国社会主义革命和建设的成功也是在马克思主义国家理论的指导下完成的，它将会继续指引我们在中国特色社会主义建设事业的道路上探索前进。

三　国家理论的当代发展

1. 西方激进政治经济学的国家理论

当代西方激进政治经济学者的国家理论普遍反对列宁式的国家观，即把国家简单地理解为统治阶级的剥削工具。当代国外政治经济学者对于马克思不同阶段国家观的解读，丰富和发展了马克思主义国家学说，但未从根本上超越马克思。马克思主义经典作家对资本主义国家的性质、职能和前途的密切关注与研究，为"二战"之后马克思主义国家理论的发展奠定了理论基础，以"二战"后社会政治、经济条件为起点，一方面他们试图从经典理论中寻找其理论论据，另一方面又对马克思主义国家理论进行丰富、修正和发展，以更好地诠释资本主义国家的新发展。他们的研究集中表现在国家与公民社会、国家与统治阶级的关系以及阶级结构的变化等方面，尤其对国家的阶级属性的深刻剖析，揭示了社会经济运行中更为根本性的问题，有力地讽刺了自由主义国家理论的肤浅。

"二战"后，资本主义社会、经济等领域发生了诸多新变化，加之其理论出发点、关注的领域的差异，国外马克思主义者对国家的关注更加多维，在理论构建上更具抽象性和概括性。他们以马克思的国家理论为研究的理论基础，结合"二战"后西方社会的新变化，对国家的职能进行了更多角度的分析。在经济职能方面，倾向于将国家经济职能的增强和当前资本主义性质的转变相联系，强调国家对资本主义积累及再生产的支撑和保障，同时也注意到与生俱来的缺点，把收入分配、国家财政、福利制度等问题视为经济职能分析的重点。例如，社会生态学家、美国当代生态学马克思主义的领军人物、美国激进政治经济学的代表人物之一詹姆斯·奥康纳（James O'Connor）指出，尽管增加国家开支促进了资本再生产，但由于社会剩余的私人占有和支配，资本主义财政危机不可避免。通过对资本主义福利制度的分析，德国政治社会学家克劳斯·奥菲（Claus Offe）指出，国家雇佣劳动大军的维持得益于为社会提供公共品。通过分析国家介入阶级之间的收入分配并对其施加影响的行为，新李嘉图主义阐明了政府怎样通过调控经济以保持企业利润等相关问题，但他们将收入分配与劳动力价格相结合，把劳动过程完全视为技术性，而忽视生产的社会关系的重要性，是其分析中难以避开的逻辑漏洞。

总之，当代西方激进政治经济学者的国家理论有两个基本特点：一是普遍反对列宁式的国家观，不认为国家只是单纯地作为统治阶级的工具，强调重新解读马克思的文本；二是他们通过对一般国家理论的方法论创新，采用数学模型和具体历史相结合的分析方法，来说明国家与资本主义的关系，展现当代资本主义的新发展和新问题。

2. 西方新制度学派的国家理论

美国新制度经济学的代表人物道格拉斯·C. 诺斯（Douglass C. North）是研究国家理论成果相对突出的学者之一，1981 年，他提出了著名的"诺斯悖论"，"国家的存在对于经济增长来说是必不可少的；但国家又是人为的经济衰退的根源"[①]。"诺斯悖论"也被称为"国家悖论"，他也因提出"诺斯悖论"而获得诺贝尔经济学奖。他认为国家有着双重目标，一方面国家向不同的经济主体提供产权以使其租金最大化，另一方面又试图降低交易费用以便最大化社会产出，从而获得最大金额税收，由于两者间冲突的存在，所以双重目标不可兼得。

在诺斯那里，国家是一种在暴力方面具有比较优势的、可以界定和行使产权的的组织。既然国家是一种组织，那利用经济学的理论来

---

① ［美］道格拉斯·C. 诺斯：《经济史中的结构与变革》，厉以平译，商务印书馆2009 年版，第25 页。

分析国家的一系列行为也就无可厚非，而西方经济学家大都假定人是理性人、"经济人"，他们不相信国家会全心全意为人民服务。国家要想实现租金最大化就必须以国家的强制力去干预市场、限制生产要素的供给量，但是为了维护自身既得利益，又不得不允许无效率的产权的存在，因此市场就不可能成为完全竞争的市场，这时就不可能达到社会资源的帕累托最优配置，社会产出就不可能最大化。国家要想实现社会产出最大化就必须放弃对生产要素的限制，建立一套完全有效的产权制度，使市场成为完全竞争的市场，实现社会稀缺资源的帕累托最优配置，但与此同时国家的租金就会大大减少。因此，诺斯认为，国家的两个目标之间的冲突的原因，在于完全有效的产权制度的确立与统治者的利益最大化之间存在着持久的矛盾。

诺斯在分析国家目标时，研究对象是资本主义私有制的国家制度，即"诺斯悖论"的根源在于国家的私有制性质。在社会主义国家，不存在"诺斯悖论"的制度基石，且有破解诺斯悖论的现实可能。社会主义国家以公有制为基础，国家利益与人民群众的根本利益是一致的，可以自觉利用经济规律，不断完善政府管理职能，有效利用市场的微观规制和政府的宏观调控两种决定作用。但社会主义初级阶段的中国，诸多制度尚未完备，如在处理与市场相关的一些问题时，政府"越位"和"缺位"时常出现，这两种情况，会导致社会主义国家利益与个人利益、整体利益与局部利益的矛盾。所以，社会主义初级阶段，应合理定位国家角色，在积极地引入效率导向的产权制度的同时，以制度和能力的构建主动解除交易费用约束和竞争约束，从而消除"诺斯悖论"。

第二节　国家自主性

国家自主性是国家理论中的一个重要概念。20 世纪六七十年代，在国际关系和国际政治领域，以国家为中心的传统现实主义理论受到尖锐的批评，但是很快在 70 年代末 80 年代初，国家主义范式复兴，他们不断引入新的范畴和新的视角，提出了"国家自主性"（state autonomy）的概念。他们认为，由于国家处于以阶层分化为特征的国内社会经济结构和国际体系之间，国家具有最低限度的自主性。

一　国家自主性定义

学界对于国家自主性的定义是仁者见仁、智者见智，不同的世界观、方法论下的国家自主性理论，得出的国家自主性的定义也不同。国家自主性概念可追溯到黑格尔，他提出"国家应是一种合理性的表现，国家是精神为自己所创造的世界，因此，国家具有特定的、自在自为地存在进程"①。黑格尔间接提出了国家作为一个阶级利益的整体，具有自主的选择性。马克思和恩格斯对国家自主性的论述主要体现在对私人利益和公共利益的平衡上，其方法主要是依靠国家的自主性的选择，选择不同的政策对个人利益的实现以及国家关系的完善意义重大。② 梳理国家自主性的相关文献，笔者对国家自主性定义大致以两种视角进行划分。

一是从国际体系的视角中定义国家自主性。在这一视角中主要是以全球化作为理论背景，代表人物有肯尼思·华尔兹，他认为在国际体系中，国家自主性是与他国相比较的相对自主性，安全是国家自主性的最高目标，权力仅是手段而非目的。③ 国家必须利用它的综合实力来维护自身利益，因此国家经济、军事等的自主性不能被分割开来作为衡量国家自主性的强弱标准。不过，国际视角的国家自主性，特别是国家自主性与国际制度的关系，没有得到学者们的足够关注。

二是从国家与社会关系视角中定义国家自主性。在这一视角中又分为两大谱系，第一种是国家中心论，以西方回归学派即国家主义为典型，代表人物有西达·斯考切波（Theda Skocpol），他将国家看成一个完全自主性的制度，将"国家"与"统治阶级"进行无缝匹配而无视国家自主性的限度。第二种是以马克思理论为思想渊源的社会中心论，认为国家的自主性是一种相对自主性。马克思的历史文献中

---

① ［德］奥尔格·黑格尔：《法哲学原理》，范扬、张企泰译，商务印书馆2010年版，第9页。

② 参见《马克思恩格斯选集》第1卷，人民出版社2012年版，第164页。

③ 参见［美］肯尼思·华尔兹《国际政治理论》，信强译，上海人民出版社2003年版。

暗示着"国家"与"统治阶级"不是完全配对的，国家作为上层建筑的核心，必然是来源于市民社会，受制于市民社会，国家借助公共权力的自主权，有效发挥了相对于市民社会的相对自主性，将社会冲突控制在秩序范围内，成为一种凌驾于社会之上的力量。

对"国家自主性"（state autonomy）明确定义的是 20 世纪 70 年代末的国家主义范式，"国家被看作是拥有领土和人民控制权的一种组织。它可以制定和追求自己的目标，而不是简单反映社会集团利益、阶级利益或整个社会的利益"[1]。"国家主义认为，自主性归结为国家对于统治阶级的一定程度的独立性，是资本主义国家特有的一种性质，源于资本主义国家结构中政治和经济的相对分离。"[2]

"二战"后，随着各种国际协调组织的出现，并且在世界政治经济舞台上日益发挥其重要性，西方政治思想领域发生了以数学模型、模拟实验和实地考察相结合的行为主义变革，反对传统政治哲学和国际关系研究领域的抽象思辨和静态描述。以国家为中心的传统理论受到了跨国主义和相互依赖理论的挑战，[3] 形成以社会为中心的"去国家化"的理论路径。他们在国际关系研究中将国家剔除了出去，认为民族国家不再是国际关系唯一的行为体，甚至不再是最重要的行为体，而政府变成了社会集团利益、精英利益或统治阶级利益的传送带。

但是，理论上"去国家化"的倾向，很快又被国家主义范式所湮没。20 世纪 70 年代末 80 年代初，国家理论复兴，一度强调非国家行为体的比较政治研究和国际关系研究的学者，转而接受了现实主义将

① Theda Skocpol, "Bringing the State Back in. Strategies of Analysis in Current Research", in Peter Evans, Dietrich Rueschemayer and ThedaSkocpol eds. *Bringing the State Back in*, Cambridge: Cambridge University Press, 1985.

② 舒展：《后危机时代国家经济自主性及其路径选择》，《福州大学学报》2011 年第 4 期。

③ Joseph Nye and Robert Keohane, "Transnational Relations and World Politics: A Conclusion", *International Organization*, Vol. 25, No. 3, Summer 1971; Robert Keohane and Joseph Nye, *Power and Interdependence: World Politics in Transition*, Boston: Little Brown, 1977.

国家看作主要行为体的假设，从而逐渐与新现实主义走向趋同。① 他们重新审视了国家这一传统主题，提出了"将国家带回来"（bringing the state back in）的研究议程。在国家主义范式看来，国家具有潜在的自主性，即使没有社会力量的强大支持，甚至面对社会力量的强烈反对，国家仍然有自己追求的目标。而且面对国际体系时，国家行为体在对外政策领域更有可能脱离社会的限制。西达·斯考切波（Theda Skocpol）的《国家与社会革命：对法国、俄国和中国的比较分析》是国家主义范式的经典之作，她认为国家自主性源于国家的起源和本质。斯考切波提出，任何国家都要通过从社会中抽取经济、政治和社会资源，通过创设和支撑各种强制组织和行政组织，行使管理国家的职能。这些基本的国家组织只要存在，就具有摆脱支配阶级直接控制的潜在自主性。一方面，国家基于维持公共秩序和抽取社会资源，有时会向被支配阶级做出让步，从而与支配阶级之间发生利益冲突。另一方面，国家处在无政府状态的国际体系中，为了国家安全的目标有时需要牺牲支配阶级的利益。② 正是由于国家居于国内政治经济和国际政治经济的交界面，国家具有最低限度的自主性。

国家自主性是一个自变量，是一个能对政治、经济与意识形态等资源进行重构的统合者。它的增减程度，受国内经济社会结构和国际体系的双重影响。国家自主性的实际程度和后果，只能从特定的国内结构和特定的历史性国际关系的角度来解释和分析。从国家自主性与国内结构的关系上看（国家主义经常使用的"国内结构"这个概念，指国家与社会关系的模式），国家具有自身运行逻辑和利益，不一定与支配阶级融为一体。作为政策过程的干预变量，国家制度决定了集体行动倾向，从而出现"国家强、社会弱"或者"国家弱、社会强"的情形。从国家自主性与国际体系的关系上看，全球商品、劳务、资本和人员的跨国流动网络的扩张，一方面，会缩小国家自主决策的范围；另一方面，面对全球化的挑战，国家会主动采取行动，以强化和

① Robert Keohane, *After Hegemony: Cooperation and Discord in the World Political Economy*, New Jersey: Princeton University Press, 1984.
② ［美］西达·斯考切波：《国家与社会革命：对法国、俄国和中国的比较分析》，何俊志、王学东译，上海世纪出版集团2007年版，第30—32页。

创新来保护其社会的国内体系。因此，国际体系对于国家自主性的影响具有双重效应。国际制度可以削弱也可以增强国家自主性。"在国际上，国家自主性取决于国家在权力分配的位置和它对国际机制与组织的内嵌性。"① 关于经济全球化与国家自主性的关系，美国《华盛顿邮报》著名经济评论家罗伯特·萨缪尔森（Robert Samuelson）认为，经济全球化是加快经济增长速度、传播新技术和提高富国和穷国生活水平的有效途径，但也是一个侵犯国家主权、侵蚀当地文化和传统、威胁经济和社会稳定的一个很有争议的过程。②

笔者倾向于将国家自主性定义为一种相对于社会而言所具有的相对自主性，也就是说，倾向于以马克思理论为渊源的社会中心论视角。不过，国家中心论视角关于自主性的模型论证，对处在国内政治经济与国际政治经济的交界处的国家，其自主性的增减变量分析，提供了有益的参考借鉴。笔者观点，国家自主性是指国家受宪法赋予管理权力之后，就具有相对于各种局部的利益集团的"中立性"，这种"中立性"不是绝对的独立意志，而是维护公共利益的独立性，是指国家在制定公共政策时，国家权力不受个别势力的干预。从这个角度而言，社会主义国家，代表全体劳动人民的根本利益，国家意志与人民利益密切相融，因此，一方面，不允许国家在人民的根本利益和局部的集团利益之间保持中立；另一方面，国家具有与人民利益一致上的更强的国家自主性。

因此，笔者关于国家经济自主性的研究，把国家与国际体系关系的国际视角、国家与国内社会结构关系的视角两个维度综合起来考察，既坚持马克思主义立场的社会中心论，又结合国家中心论的变量分析模型，研究国家在经济建设过程中的相对自主性问题。在 21 世纪世界经济新常态下，对于正崛起为世界第二大经济体的社会主义中国而言，国际视角下的影响因子，似乎比国内视角的影响因子，对国

---

① Thomas Risse - Kappened, *Bringing Transnational Relations Back in*: *Non - State Actors*, *Domestic Structure and International Institutions*, Cambridge: Cambridge University Press, 1995, p. 19.

② Robert Samuelson, "The pros and cons of globalization", *International Herald Tribune*, 2000 (January), p. 87.

家自主性的作用更大。

当然马克思主义社会中心论也忽视国家机构内部的统一性问题，机构太过庞大不利于团结，也是自主性下降的原因。这是政治学意义上的国家自主性的研究范畴，不是本书考察研究的核心重点，在此不展开。

为进一步厘清国家自主性的概念，有必要对国家自主性与国家能力两个概念进行区分。近年来，"自主性"（autonomy）常被解读为"力量"（power）或者"强力"（strength）。因此国家自主性常被认为是国家能力，我们也看到国家在社会和经济活动中具有广泛的管理、分配和再分配的能力，但将国家自主性等同于国家能力是不够严谨的。国家能力在某种程度上与国家自主性存在相反的关系，即国家能力越强则自主性越弱，因为一个有着广泛渗透力的国家面对明显更大的私人诉求和压力时，会比那些能力接近末端的国家更容易受到社会约束而失去自主性。

二　国家自主性理论发展轨迹

本小节简要梳理国家自主性的理论发展轨迹，目的不在于给出又一个国家自主性的精确定义，而是试图提炼出更多的国家自主性的核心内涵，为考察全球化背景下的社会主义国家经济自主性这一问题提供理论基础。

1. 马克思、恩格斯关于国家自主性的理论

一种普遍的观点认为马克思对国家阐述呈现出的是碎片化的哲学思考，也正因为马克思没有提供一种与《资本论》的严密性相当的国家理论分析，使得我们有必要结合当前时代背景，本着一种开放的、非教条的立场从马克思和恩格斯不同时期的著作中寻求现代国家自主性理论的根据和源泉。

（1）上层建筑的反作用力使国家具有相对自主性。马克思在对黑格尔的国家哲学与法哲学的批判中，逐步确立了唯物史观的方法论基础，在国家问题的研究中着眼于现实的物质基础。马克思在《德意志意识形态》中指出国家来源于市民社会，市民社会作为社会生产关系、社会经济关系或交往关系的代名词，在一定意义上揭示了国家产生的根源在于生产与交往。恩格斯明确指出，国家虽产生于市民社

会，但是上层建筑仍具有反作用力，国家并不是机械地、简单地受市民社会的制约，它本身可以能动地、积极地反作用于市民社会。"受到迄今为止一切历史阶段的生产力制约同时又反过来制约生产力的交往形式，就是市民社会。"①"由于私有制摆脱了共同体，国家获得了和市民社会并列并且在市民社会之外的独立存在；实际上国家不外是资产者为了在国内外相互保障各自的财产和利益所必然要采取的一种组织形式。"②

（2）国家与统治阶级的不一致性决定国家具有相对自主性。虽然国家机关具有阶级特色的观点是国家理论进行系统分析的必要条件，但是马克思也指出"国家内部的一切斗争……不过是虚幻的形式，在这些形式下进行着的是各个不同阶级间真正的斗争"③。因此国家并不与统治阶级高度匹配，本身充满着各种矛盾斗争。各个阶级相互斗争与妥协，最终各自的利益汇总成国家的普遍利益而得到实施。当然，在这个过程中，普遍利益并不是每个阶级按平等的比例加以表达，不能排除有些阶级由于更接近于国家的政权，其利益得到更充分的表达，而有些阶级因为远离国家权力中心，其利益得到暂时的忽视。因此现代国家即资本主义国家，资产者由等级上升为阶级后凭借着雄厚的经济实力，通过税收掌握国家权力以有效地保障自己的财产和利益，使国家呈现出假性独立的形态，以第三者身份使特殊利益化身为共同利益。但是，国家仍具有相对自主性，正如普兰查斯所观察到的那样，在制度限度内，国家有时必然对被统治阶级作出必要的让步，甚至牺牲统治阶级的眼前利益，从而换取被统治阶级对现存国家的支持。

（3）国家的社会性决定了国家具有相对自主性。国家起源于生产和交往，在一定时期必然具有阶级性和社会性，将国家的本质归为阶级性则显片面，我们也要看到国家也是一种社会关系，承担着社会管理的职能。例如，马克思在对东方社会的理论探索中得出国家的产生

---

① 《马克思恩格斯选集》第1卷，人民出版社2012年版，第167页。
② 同上书，第212页。
③ 同上书，第164页。

是为了维护水利、灌溉等公共工程，并不必然是阶级冲突的产物。随着生产力进一步发展，资本主义社会中分工的消亡，人走向全面自由的发展，同时私有制这种交往形式成为阻碍生产力发展的绊脚石时，那么国家的自主性将得以全面显现。① 因为在没有阶级斗争的社会中，中层阶级占主导，人们对大众民主的关注强过对阶级斗争的关注。各阶层谁也控制不了谁，国家成为一个独立于社会的组织，其政治统治功能消失，而社会管理职能加强。在这种情况下，国家作为统治阶级这个工具的说法将失去意义，也就是说国家自主性表现为自主地实现由各个阶层在利益博弈后而达成的一种普遍利益。

2. 西方左翼政治学者关于国家自主性的理论

国家自主性是西方左翼政治学者重点关注的研究领域，代表人物有希腊学者普兰查斯、杰索普等。

英国著名政治学者拉尔夫·密里本德（Ralph Miliband）是"工具主义"国家理论的代表人物，他认为国家就是一系列特殊的组织结构。国家多元化的特性排除了"国家是以维护某个特定阶级统治地位为主要目的的极为特殊的组织"，因此密里本德的国家理论也是一项关于社会及社会权力分配问题的理论，实质就是统治阶级在国家机关的"圈地运动"。② 在资本主义性质的国家中是资产阶级通过其政治组织掌控了国家，密里本德这一思想与列宁认为的国家本身就是资产阶级的一个阶级工具有很大区别。

希腊学者尼科斯·普兰查斯（Nicos Poulantzas）是"结构主义"国家理论的代表人物，普兰查斯认为生产方式是一套复杂的结构整体，在社会形态的复杂整体中，尽管经济环节起决定性作用，但是政治和意识形态环节具有相对自主性，国家具有自主性，它是作为一个调和社会形态的统一因素，维护社会形态的统一。因此资本主义国家本质上是资产阶级的国家，但国家具有相对于权力集团的阶级和派别的自主性。在后期，普兰查斯提出国家是一种社会关系的论断。在

---

① 参见俞良早《马克思主义东方学》，人民出版社 2011 年版，第 266 页。

② Ralph Miliband, *The Capitalist State: Two Exchanges with Nicos Poulantzas*, *Class Power and State Power*, London: The Thetford Press Ltd., 1983.

《国家、权力与社会关系》一书中反对将国家作为一个独立的运作的计算主体，或是将国家视作一个中立的可被接近或掌控的工具，从而提出了具有"关系取向"的国家观。

20世纪80年代，国家主义复兴，但由于经典马克思主义的国家理论散见于他们的著作之中，有些观点甚至是前后矛盾的；而西方左翼政治学者缺乏统一的研究方法，也导致他们之间有许多争论。在有关国家自主性的讨论上，产生了"社会中心"的相对自主性与"国家中心"的绝对自主性的争论。例如，在德国学者之间的争论中，以赫施为代表的衍生学派从资本的逻辑出发理解国家的经济作用，奥菲则从马克斯·韦伯那里借用了官僚政治等概念研究国家在经济领域的政治作用。在看待国家"自主性"上，奥菲扩大了国家的相对独立性，并且把它与资本主义社会的发展规律隔离开来，赋予其独立的行动法则。在他看来，国家在本质上不可能成为社会发展过程的管制者，也无法改变资本运动的规则。英国著名左翼政治理论家鲍勃·杰索普（Bob Jessop）试图在国家中心与社会中心之间找到一条中间道路，在继承普兰查斯关于"国家是一种社会关系"的论断基础上，借鉴并综合了卢曼的自生成系统理论、调节主义学派的调节理论和拉克劳、墨菲的话语分析，最终完成了策略关系方法的国家理论建构。介绍杰索普的"策略关系"国家理论，并非要构建该理论的宏大理论体系，而是希望能够在正确处理国家与国内社会经济关系问题上，提供一个分析工具，作为一个工具和研究策略，对于增强国家经济自主性的研究具有重要的借鉴和启示意义。

尽管在国家自主性讨论上，各学者的观点和研究方法异彩纷呈，但是国家自主性具有两个基础内涵。在应然层面上，要强调国家作为社会公共利益的代表应当超越各种社会力量，具有实现公共利益的自主性；在实然层面上，要强调政府（广义上的概念）的政策行动力具有突破各种利益群体阻碍实现公共利益的自主性，因为它是国家现实政治生活的代表，代表国家行使职能。

由于国家主义者大多为西方比较政治学者，在考察国家自主性的变化时，他们更侧重于国家与社会这个层面的关系，即国家自主性与国内政治经济结构的关系，侧重于研究国家如何协调与统治阶级的利益关系。在国家自主性与国际体系的关系上，他们主要关注如何在国家与社会利益博弈中，引进国际制度，增强国家自主性。他们的观点值得借鉴，缘于制度和文化背景，对于社会主义国家却不直接适用。社会主义国家如何在国际—国家和国家—社会两个维度之间增强国家自主性，还是值得关注和探讨的。

3. 中国特色社会主义相关理论

马克思、恩格斯以及后来的西方左翼政治学者们，他们对于国家自主性的理解，是基于批判资本主义国家的基础而进行的思考，它们的国家自主性理论，多少反射着西方多元民主社会的人文属性与客观事实，考虑的是如何从多元主义的社会中积极突破利益集团的束缚来实现公共利益，因此西方国家的自主性常常从工具上或结构上得以解读，整体上受到了严重遏制。而我国是人民民主专政的社会主义国家，具有中国特色的政治体系，国家的建立是在中国共产党领导下，经过中国共产党和各族人民长期的艰苦奋斗、流血牺牲而得来的，先有共产党后有新中国。因此对于国家自主性的命题，与西方左翼政治学者们有着本质的区别。

中国是社会主义国家，其国家自主性主要是基于中国共产党的社会主义建设的实践探索。中国共产党的性质和宗旨，决定了中国共产党担负起代表广大人民群众的根本利益，凝聚全国各族人民群众的力量，保证国家政治生活健康有序的责任。可以说如果没有一个能够协调各个方面，代表绝大多数人民利益的政党的支持和保障，那么集中代表广大人民群众意志的国家自主性的确立是不可想象的。在《论人民民主专政》一文中，就共产党作为无产阶级专政国家的"唯一领导党"，毛泽东作了明确的论述①。从国家自主性的视角来看，中国历史中所形成的"党领导国家"的政治形态决定了中国的国家自主性与中国共产党组织的自主性之间存在着相互协同和增强的关系。西方国家获取自主性是通过对抗、协调与管理众多的利益团体，与此不同，"中国国家的自主性获取主要是通过形成中国共产党自身行动的

---

① 《毛泽东文选》第4卷，人民出版社1991年版，第148页。

比较优势和自主意识"①。

战争时期的整体性危机，建立起的新中国客观上需要一个全能性的组织管理社会，因此中国共产党领导下的新中国在建国初期很大程度上仿照苏联政治体制的模式，国家具有极强的自主性的同时也造成了权力的高度集中，随着社会主义物质基础的初步建立，这种高度集权的统制经济模式，开始不利于社会的建设和发展。在国家的改革与建设的过程中，中国共产党顺应时代的潮流积极地调整工作重点，实现从"革命党"向"执政党"的转变。党的十一届三中全会以后，围绕建立社会主义市场经济和发展民主、健全法制，党对原有的领导方式和领导体制作了很大程度的调整和改革，邓小平强调政治体制改革是要保持党和国家的活力②。党的十八大提出要加强和改善党对全面深化改革的领导，充分发挥党总揽全局、协调各方的领导核心作用③。

中国共产党卓有成效地探索了建设和发展中国特色社会主义民主政治的道路，推动了国家自主性的合理发展和进步。主要体现在以下几个方面。一是人民代表大会制度得到不断发展。我国的人民代表大会制度的本质，就是要求通过协商和少数服从多数的原则，对人民内部各个阶层的利益进行表达和集合的过程，是党和国家联系群众的重要桥梁。通过人民代表大会制度和政治协商制度，切实保障人民当家做主的权利，有利于把符合公共利益的政策上升为国家意志，增进国家自主性。二是创新社会治理体制。一方面，加强社会管理创新有助于制约国家自主性的消极方面；另一方面，加强社会管理创新可以协助国家正确对待特殊群体的特殊利益，这是在增强积极方面的国家自主性，有利于人民大众利益的实现。三是加强和改善党对全面深化改革的领导，增强"四个意识"，加强政策执行力。

---

① 曹海军：《中国共产党与国家建设》，《中南大学学报》（社会科学版）2010 年第 6 期。

② 《邓小平文选》第 2 卷，人民出版社 1993 年版，第 177 页。

③ 参见胡锦涛《坚定不移沿着中国特色社会主义道路前进　为全面建成小康社会而奋斗》，在中国共产党第十八次全国代表大会上的报告，人民出版社 2012 年版。

第二章　国家经济自主性

　　全球化进程中，有关经济全球化与民族国家关系的话题，从来就没有停止过。其中凸显的一个理论议题，反映了两种对立的观点。一种认为全球化时代，民族国家的经济主权受到了严重削弱；另一种观点认为全球化时代恰恰面临着一个同样强大的国家体系，这些国家通过建立区域经济一体化组织等，用相同的规则联结为权力和利益共享的机体，积极寻求维护自身核心地位的舞台。这种理论纷争在国内，主要反映在新自由主义与新左派之间的分歧上。新自由主义认为需要有限的政府；而新左派则认为国家权力仍需得到强化。两者各执己见，但仔细辨认，新自由主义其实在削弱国家权力的迷思中，其隐蔽的主题恰是高度强调现代国家的重要性，强调国家在提供公共服务与保障社会公平正义中的积极作用，强调国家在开放的国际交往中保护本国利益的重要性。[①] 而新左派则将国家权限的宽泛、国家权力的加强误认为国家能力的强大。本书认为，各执一端的争论，并不能改变全球化正在不同方向不同程度上，影响和塑造着不同国家在经济领域的自主性这一事实。

　　国际关系和比较政治学者们虽然在令人炫目的全球化时代，抓住了国家自主性的概论，却止步于国家经济职能层面的自主性理论探索。而经济学者们用数据统计和数学模型的网兜，从现实出发，抓住了经济安全、经济利益、经济主权、综合国力、国际竞争力等一系列表面现象，并进行卓有成效的利弊分析，却独忽视了对国家经济自主性这一核心和

---

　　① 参见李强《宪政自由主义与国家建构》，《宪政主义与现代国家》，生活·读书·新知三联书店 2005 年版，第 23 页。

本质概念的关注。因此，我们提出国家经济自主性概念，并不是将国际政治学研究和经济学研究进行简单的耦合，而是因为在两者观察的分野处，正是集二者优点而接近事物内核的关键节点。

第一节 国家经济自主性的内涵和特征

一 国家经济自主性的内涵

国家的自主性包括政治自主性和经济自主性。国家经济自主性，即国家在经济发展过程中的自主性，是国家行为体的自主决策能力，又是国家行为体的意志力的体现。国家经济自主性可以从两个维度体现出来。一是从国家与国际经济体系的关系的维度，二是国家与社会各经济主体的关系的维度。在开放体系或者经济全球化条件下，两个维度也是密切相关，而不是割裂的。

"从国际视角看，国家经济自主性是指传统的民族国家经济主权在国际经济关系上的表现形式，主要是一国政府拥有在对外经济活动中的自主决策能力，包括对外经济控制力、竞争力和危机应变力，是一种确保国家经济利益安全的能力综合。这种自主决策能力又体现在三个方面：第一，在一国国内，首先表现为一种权利，表现为对内对外经济活动的管制权和制定对外经济法规的自主权；第二，表现为根据国际压力和国际局势变化而自主应对的能力；第三，在对外关系上表现为自主参与国际经济活动的能力。"①

从国内视角看，国家经济自主性表现为，国家被宪法赋予管理权力之后，就具有了管理国家经济的相对独立的意志力，特别体现在谋划国家经济长远发展的经济发展战略、调控宏观经济、制定经济政策等方面的意志力。这种意志力，具有相对于各种局部的社会阶层或利益集团的"中立性"，这种"中立性"不是绝对的独立意志，而是维护公共利益的独立性，是指国家在制定公共经济政策时，国家权力不

---

① 舒展：《发展的自主性对世界经济体系不合理性的可能超越——科学发展观视域的全球化与民族国家关系探讨》；程恩富：《激辩"新开放策论"》，中国社会科学出版社2011年版，第141—142页。

受个别势力的干预，也不受限于个别领域的局势，通过"中立性"获得凝聚力和政策执行力，从而使国家的意志力得到有效贯彻和执行。

由于国家经济自主性是一国在国家与国际经济体系、国家与社会两个层面关联的核心概念和综合能力，我们将在接下来的第二章第二节中，甄别与厘清国家经济自主性与国家经济主权、国家经济利益、国家经济安全和国家综合国力等概念的关系。在第三章和第四章中分析影响国家经济自主性的恒量和变量因素，筛选较能准确显示国家经济自主性强度的对外经济控制力、市场竞争力、危机应变力来衡量国际维度的经济自主性强度，以及通过社会凝聚力和政策执行力显示国内维度的经济自主性强度。第五章将这些变量因素构成经济自主性的综合评价指标体系，用于动态条件下量化综合表达国家经济自主性的强度。

经济控制力是国家在发挥政府的宏观经济职能，即实现经济增长、稳定物价、充分就业和收入分配等方面的国家经济政策目标过程中，运用被赋予的权力，通过改变经济过程中的控制型变量，从而达到状态型变量的实质和实际逼近程度。经济控制力包括对内经济控制力和对外经济控制力，我们采用对外贸易依存度、对外资本依存度、对外资源依存度和对外技术依存度等指标，反映和衡量国家对外经济控制力的程度。而对内经济控制力，一方面可以通过国家对国民经济重要行业和关键领域的支配地位，采用宏观直接计划或者宏观间接调控等经济手段进行经济干预的程度来衡量；另一方面，通过国家经济政策的执行力来衡量。对于社会主义国家而言，国家拥有庞大的国有经济，它的对内经济控制力主要从国有经济的支配地位和主导地位中得到体现，同时也可以从政策执行力中得到体现。而私有制的资本主义国家则不然，特别在实施普选制的资本主义私有制国家，存在国家与社会利益集团之间的广泛博弈，政策执行力是国家对内经济控制力的主要体现。因此，我们在构建经济自主性的指标体系时，为了指标体系的一般性和普适性，侧重于政策执行力。政策执行程度，受国内社会分层状况和国家凝聚力的影响。[①]

① 参见第五章《经济自主性指教的构成及权重》，表 5 - 1。

应变力是面对新事物或事物环境变化进行准确判断基础上的适应和转化能力。危机应变力是国家面对国际经济危机和国际经济格局动荡的应变和转化能力。随着经济全球化的深化，各国经济相互依赖的同时，一国经济变动和经济政策对他国经济乃至整个世界的影响力在扩散，特别是一国经济危机通过国际传导机制，对世界范围内各国经济的负面影响程度在扩大。例如，1997 年亚洲金融危机、2008 年国际金融危机和2010 年欧洲国家债务危机，都是影响比较广泛的几次大范围国际性经济危机。国家应对和转化外来经济危机的负面影响时，其能动性和反应力如何，我们将通过债务负担率和外汇储备率指标来衡量。

竞争力是参与者通过角逐或比较而呈现出来的综合能力，是一种相对指标，竞争力测定的对象既是现在的实力，又包含未来的趋势。经济竞争力按不同标准可以划分不同类型。如有国家竞争力、区域竞争力和企业竞争力的划分，有品牌竞争力、管理竞争力、服务竞争力、财务竞争力和技术竞争力的划分，此外还有动态竞争力、核心竞争力等概念。我们的经济自主性指标将从国家的整体性角度，分析一国在国际市场上的经济竞争力，通过贸易竞争力、企业竞争力和资源要素的显示性优势来表示。

凝聚力是指群体成员为实现群体共同的目标而团结协作的程度，外在表现为行为个体对群体目标任务所具有的信赖性和服从性。群体凝聚力作为一种整体配合效能，通过个体心理特征的归属意识，形成"共同责任利益意识"，或称"士气状态"。国家凝聚力是促使一个国家生存和发展的精神状态和内在驱动力。近年来，学界对国家凝聚力的关注持续升温，但对国家凝聚力的定义却众说纷纭。有的从政治学的角度认为国家凝聚力是指一个国家的不同政党及群体在理想目标和利益一致的基础上所产生的聚合力和吸引力。[1] 有的认为国家凝聚力就是国家的软实力，即一个国家社会制度和发展模式的吸引力，价值观念和意识形态的认同力，发展战略的执行力。[2] 国家凝聚力的强弱

———————

[1]　参见朱耀先《实现中国梦与增强国家凝聚力》，《中共中央党校学报》2013 年第 5 期。

[2]　参见曾学龙《国家凝聚力的内涵及其构成要素的探讨》，《广东省社会主义学院学报》2009 年第 7 期。

反映了民众对国家合法性和执政能力认可的程度。当一个国家内部经济发展、政治稳定、社会安定，对外又能从容应对国际纷争的时候，国民对国家的归属感和信心就会增强。但是，如何从经济学角度通过量化指标体系的构建，来反映国家凝聚力，目前尚属研究空白。我们认为，从国家自主性角度考虑，国家凝聚力要从国家与社会的利益博弈关系着手，分析在现代国家中，由于收入分配过程的经济收入差距扩大和固化，导致社会阶层分化。在社会阶层和社会利益集团多元化背景下，国家税收的最大化目标与社会福利目标之间的重合程度，正是国家凝聚力的强弱表现。一国收入分配越合理，民众对国家制度和发展模式的认同度就越高，社会稳定性就越强，国家经济政策和战略实施的执行力也就越强。

政策执行力是国家利用公共策略平台，整合公共资源，从而在政策制定、执行、监督过程中朝着政策目标指向所形成的合力。政策执行力是国家凝聚力的主要内容，也是国家自主性的主要表现形式。国家凝聚力、政策执行力和国家自主性之间存在着这样一种关系：国家凝聚力是国家自主性的自变量因素，凝聚力越强，自主性越强；而政策执行力是凝聚力和自主性强弱的标志性特征。

凝聚力和政策执行力是一种描述性概念，基于凝聚力和政策执行力的力量的来源，我们需进行必要的转化，以国家在执行社会管理职能、开展对外经济活动中获取的比较利益、资源环境代价以及经济发展给人民生活水平的获益状况即基尼系数和人类发展指数等，来衡量国家凝聚力和政策执行力，表现国内维度的经济自主性。① 具体选择几个变量的原因分析将在第四章展开。

综合以上两个角度，国家经济自主性的内涵，是国家在经济自主权力上的一种综合的能力，包含国际维度下的国家对内对外经济控制力、国际市场竞争力、危机应变力和国内维度下的社会凝聚力和政策执行力。经济自主性是国家的核心能力，不仅表现国家经济实力的总数量，更是显现发展经济的恒定力。可以说，国家经济自主性是国家兴衰的决定因素和重要根基。

---

① 参见第五章《经济自主性指数的构成及权重》，表 5 - 1。

二　国家经济自主性的特征

辨析全球主义和国家主义关于国家自主性的各种观点纷争，不可否定，国家处于国际体系与国内社会的边界，具有潜在的相对的自主性。国际因素和国内因素都会影响到国家自主性的强弱增减，在国际—国家—社会之间，呈现出三组变量关系的互动状态和结果。从国家自主性在经济领域的表现，即从国家经济自主性来看，有以下特征。

1. 国际规则可以增进也可以削弱国家经济自主性

人类社会的发展过程，既是生产力不断发展的过程，也是国际经济联系不断深化的进程，同时也是国际经济体系不断趋向繁复的进程。在这个经济全球化进程中，金融、投资、贸易等领域各种全球性和区域性经济协调与合作组织不断涌现，创设和丰富着各种国际经济规则；同时，随着介入全球化的国家和地区的增多，也在扩散着国际经济规则。全球化正从观念上和物质上不断塑造着人们的生活和行为方式。今天，任何国家若不积极融入全球经济共同体，并争取成为全球共同体的一份子，似乎就难以获得经济发展和提升国家竞争力的机会。然而，商品、劳务、资本乃至人员的跨国界流动网络的扩张等会缩小国家自主决策的范围，使全球力量与国家力量之间呈现一种零和关系。① 不过，经济全球化对不同国家的影响千差万别，每一个国家因其社会制度、资源状况、发展水平、历史文化背景等的不同，面临不同的经济政策选择机遇；不同的国家在经济全球化的挑战面前，也会采取不同应对措施，制定不同的国家战略。

综观全球，既有韩国、中国等国家通过开放型经济体制的选择，融入全球经济体系，制定政策，充分利用国际资源，扩大经济交往，使国家经济走向繁荣，国际地位不断上升，国家经济自主性不断增进的例子；也有阿根廷、希腊等国家在全球化进程中，经济发展停滞，民族工业崩塌，国家信用受损，陷入债务危机，经济自主性被削弱的例子。以中国为例，自实行改革开放政策以来，一方面，全球化进程

---

① Linda Weiss ed. , *States in the Global Economy：Bringing Domestic Institutions Back in*, Cambridge：Cambridge University Press, 2003, pp. 5 – 10.

使国家经济体制适应新的历史条件，从而开发与引进外部资源；另一方面，在引进西方国家的经济技术成果的过程中，妥善处理由全球化引发的新问题和压力，既迎合社会的需要转变国家经济体制，同时又保持中国的国家性，使中国传统的要素如儒家价值观念和共产主义的遗产发挥其应有的作用，从而经受住了融入全球化中的冲击和考验。① 在全球化进程中，中国远不只是消极地应对经济转型和全球化带来的负面后果，而是采取积极的措施来重塑国家制度，并促进中国的现代化。②

这也正是经济学家们谈论全球化的利弊分析，研究成果汗牛充栋，在此不再赘述。利弊不过是表象，是可以扭转的结果。如何扭转，化弊为利，关键是要把握国家经济自主性。总体而言，国际规则可以增进也可以削弱国家经济自主性。"在国际上，国家自主性取决于国家在权力分配的位置和它对国际机制与组织的内嵌性。"③

2. 国际规则催化国家与社会的关系模式，从而影响国家经济自主性

经济全球化对参与全球博弈的国家的国内结构尤其是国家—社会关系产生了重大的影响。首先，随着贸易自由化带来新的机遇，贸易和投资壁垒的减少拉大了能够利用国际经济交往机遇和不能利用此机遇的社会群体之间的收入差距，社会收入分配不平等现象可能加剧。其次，经济全球化引发了一国之内及国家之间生活观念、社会习俗、意识形态等社会规范的冲突。最后，全球化模糊了国家管理内外事务的界限，影响到国家原有的统治能力，"使政府更难于提供社会保障——而这是政府的核心功能之一，也是帮助二战后以来一直进行着的自由化获得国内政治支持并保持社会凝聚力的重要原因"④。

以中国为例，在中国的全球化进程中，国家与社会的关系也经历

---

① Yongnian Zheng, *Globalization and State Transformation in China*, Cambridge University Press, 2002, p. 36.

② Ibid., p. 2.

③ Thomas Risse - Kappen ed., *Bringing Transnational Relations Back in: Non - State Actors, Domestic Structure and International Institutions*, Cambridge: Cambridge University Press, 1995, p. 19.

④ ［美］阿里夫·德里克：《全球资本主义的现代性》，胡大平译，南京大学出版社2012年版，第4—7页。

了重大变迁。伴随市场经济的发展，中国逐渐从一个意识形态建构的政治社会，转变为一个基于利益的经济社会，从基于整体利益、长远利益高于一切的理念下的国家、集体、个人三者关系的社会结构模式，变成了整体利益弱化的国家与社会各市场经济主体的关系，并逐渐出现社会分层。换言之，国际制度对国内社会结构的影响可能产生的后果，在资本主义国家可能是强社会弱国家或者强国家弱社会的变迁，但对中国而言，原先的国家与社会高度重合的国家与社会关系模式，出现了国家与社会一定程度的分离。同时，随着基于经济利益的社会关系模式的建构与发展，社会行为体由经济发展的诉求，转变为政治参与的冲动，正在出现的社会秩序和现存的政治秩序产生了巨大的矛盾。如何建构一个新的经济政治秩序，把握国家经济自主性，成为当代中国经济自主性的一个巨大挑战。"它把注意力集中在经济发展，忽视了经济增长是在广泛的经济、政治、军事以及社会策略中进行的。"① 具体而言，以 GDP 论官员政绩的考核指标，造成许多低效率的投资，政府的社会服务功能滞后，在维护弱势群体的经济权益方面，难以充分发挥作用。以推动经济发展为主要目标，以经济增长作为社会稳定器的国家管理思维受到了挑战。

随着国际经济技术交流的深入和拓展，国际规则不仅催化了国内的社会关系模式，使社会行为体的利益诉求和运行逻辑也发生了改变，它们必然对国家的服务理念和管理模式造成新的诉求和压力，从而挑战国家经济自主性的发挥程度。得益于全球自由贸易原则的社会经济体、分享国际社会规范的社会集团等，往往愿意以"国际制度替代国内制度"。根据这个逻辑，决策权威转移的倾向往往会削弱国家的经济自主性。

3. 国家会利用国际规则增进其经济自主性，也会因自主性问题排斥国际规则。同时显示了国家开放程度与经济自主性强弱并不成正比

国家作为国内治理的规制者，需要为市场经济的健康发展提供必

---

① Bob Jessop, A regulationist and scate - theoretical analysis, in Richard Boyd and Tak - Wing Ngo (ed.), Asian States: *Beyond the Developmental Perspective*, RoutledgeCurzon, 2005, pp. 19 - 42.

要的基础设施和公共服务设施，协调社会各阶层的收入分配，并承担全球化带来的日益繁复的国内和国际治理任务。在经济全球化进程中，一方面，国际商品、资本和劳务的自由流动，造成对国家主权的抵消、侵蚀或约束，削弱了国家对外经济决策权；另一方面，随着融入全球共同体，越来越多的社会经济体要求推进民主政治分享原来属于国家的政治权力，推动决策权威从国内层次向国际层次的转移，国家的管制范围必然受到限制，也会削弱国家经济自主性。在双重压力下，国家显然需要审视，是诉诸扩大国家经济管制范围，还是致力于增强国家经济调控能力和应对能力。

尽管全球资本流动和国际制度的确对国家产生了结构性的压力，但是全球化对国家经济自主性的影响还有另外一个层面——全球化的激活面（enabling face of globalization）。[①] 林达·维斯（Linda Weiss）在《全球经济中的国家：将国内制度带回来》中曾指出，面对全球化的挑战，国家会主动采取行动以强化社会创新和社会保护的国内体系。"国家自主性不是任何体系固有的结构性特征。它可以被获得也可以被失去。"[②]

"当国际制度所发挥的功能与国家目标基本一致时，国家会将国际制度引入国内治理来增强经济发展的自主性。"[③] 作为具有独立意志的行为体，国家更希望参与和自身意愿相一致的国际制度。尽管国家有时是在"两害相权取其轻"模式下的被动参与，[④] 但国家在大多时候还是以增进自身利益作为其参与国际制度的主要动力。

（1）在政策网络"强社会、弱国家"的情形下，国家会利用国

---

① Linda Weiss ed. , *States in the Global Economy：Bringing Domestic Institutions Back in* , Cambridge：Cambridge University Press, 2003, p. 15.

② Theda Skocpol, "Bringing the State Back in：Strategies of Analysis in Current Research", in Peter Evans, Dietrich Rueschemayer, and Theda Skocpol, eds. , *Bringing the State Back in* , p. 14.

③ 舒展：《发展的自主性对世界经济体系不合理性的可能超越——科学发展观视域的全球化与民族国家关系探讨》；程恩富：《激辩"新开放策论"》，中国社会科学出版社 2011 年版，第 141—142 页。

④ 参见 Lloyd Gruber, Ruling the World：*Power Politics and the Rise of Supranational Institutions* , New Jersey：Princeton University Press, 2000。

际经济制度来增强其自主性。即国家通过参与国际经济协调组织来摆脱某些社会行为体对其的"俘获",从而增进国家的经济自主性。如20世纪90年代的意大利,由于国内各种强大的利益集团的存在,多党选举制下不得不维持高通胀和高福利的损害国家经济的政策。后来国家精英们以签约加入欧盟协议的方式来施加压力,终于经过几年的努力使通货膨胀率和公共财政赤字降到合适的水平。

(2)制度化较高的国际制度安排,有时会给国家带来较高的经济自主性。国际制度虽然限制国家经济主权范围,削弱国家对外经济决策权,但其对国家经济自主性的影响,在某种特定情况下,反而会给国家带来较高的经济自主性。例如,世界贸易组织(WTO)是制度化水平较高的国际制度,缔约国在政策制定和实施过程中有更严格的守约要求。当国家的意愿与国际制度的功能要求相一致,而与一些国内社会经济主体的偏好相冲突时,国家可以将国际制度的约束刚性作为政策合理性与合法性的重要源泉,从而有效地推行那些曾经招致国内改革阻力的经济改革政策,最终实现自己的经济改革目标。例如,中国在"改革攻坚阶段"的历史关节点上,通过加入具有一定超越国家属性的世界贸易组织,形成一种倒逼机制,援以缔约国必须严格履行国际承诺的外在,来尽快突破国有企业改革过程中的若干"瓶颈"。

国家在主动利用国际规则增进自主性的过程中,基于国际规则对经济主权和经济自主性的削弱,理性的国家会主动采取行动以强化国内技术创新和管理创新,创造保持和维护国内稳定的经济体系,增强国家经济调控能力和应对能力,进一步提高国家参与和管理全球化的素质和能力等积极的姿态。

当国际规则与国家追求的经济利益和安全目标不一致时,诉之于国家经济管制范围的扩大等强硬的姿态,限制国际规则在国内的扩散,甚至排斥全球化的国际制度。如中国在计划经济时代,国家与社会的胶合状态,国家利益与社会各经济主体的利益高度重合,在西方霸权主义淫威下,中国走独立自主、自力更生的道路,国家经济竞争力虽弱,但国家经济主权和经济自主性却极强。再如,中国在走市场经济融入全球化道路上,坚持走中国特色社会主义道路,在历时15年的入世谈判过程中,在坚持发展中国家地位、逐步开放国内资本项目市场管制等领域都进行了艰难的斗争，只承诺在履行 WTO 成员国责任时，承担与经济发展水平相适应的义务。

综上所述，国家经济自主性在国家走向国际化过程中所呈现的状况，是国际、国家与社会三股力量博弈的结果，国际规则对国家经济自主性和国内社会稳定可能产生正反两方面的影响，而国家在国际规则面前也不是无为的，它可以根据自己的目标选择利用或者排斥国际制度，从而增进国家经济自主性。国际国内因素如何影响国家经济自主性，国家又在什么条件下通过什么措施增进经济自主性，以及各影响因子的特质，将在第三章、第四章具体阐述。

三　国家经济自主性国际国内两个维度的关系

国家经济自主性，作为国家行为体的自主决策能力和意志力的体现，国家在经济发展过程中的自主性，面对国际、国内两个维度的关系。

从国际维度看，国家经济自主性是指传统的民族国家经济主权在国际经济关系上的表现形式，表现为一国自主地参与国际经济活动而不受外来势力根本威胁，具有自主决策国家对外经济活动的能力。国家在一定的国际经济体系中，开展对外贸易、资本、技术交流活动，接受国际制度和国际规则的影响和制约，同时为了保护自身的利益安全与之周旋博弈，表现为一种确保国家经济利益安全的能力综合，包括对外经济控制力、竞争力和危机应变力。在国际维度下，我们需要考察国家在对外贸易、利用外资和国际投资、国际金融、对外技术交流等活动领域，在与国际经济协调组织、外国政府、跨国公司等各类国际经济行为体的利益交往中，在一定的国际制度和国际规则下，所表现出来的能力和获益程度。

从国内维度看，国家经济自主性表现为，国家被宪法赋予管理权力之后，就具有管理国家经济的相对独立的意志力，特别体现在谋划国家经济长远发展的经济发展战略、调控宏观经济、制定经济政策等方面的意志力。这种意志力，具有相对于各种局部的社会阶层或利益集团的"中立性"，这种"中立性"不是绝对的独立意志，而是维护公共利益的独立性，是指国家在制定公共经济政策时，国家权力不受个别势力的干预，也不拘泥于个别领域的局势，通过"中立性"获得凝聚力，从而使国家的意志力得到有效贯彻和执行。国家与各社会阶层的利益关系主要集中在收入分配、资源环境治理、企业责任等民生关注的领域。

在开放体系或者经济全球化条件下，国家处于国际体系和社会这两者之间。两个维度也是密切相关，而不是割裂的。两个维度下的国家经济自主性存在相互促进的关系。一国国内政局稳定、政通人和，国民经济各项事业顺利发展，国家实力强大，国内维度的经济自主性自然强大。国家经济实力强大，在国际经济体系中与各国开展的对外经济活动中，更能保证国家利益和安全，有助于对外经济交往中各种摩擦和争端的解决，国际维度的经济自主性也更强大。而强大的国际维度的经济自主性所带来的国家形象和影响力提升、国际比较利益获得、国家安全的保障，使国内民众对政府的信任感和拥护感也会增强，国家凝聚力和政策执行力也相应受益，从而进一步提升国内维度的经济自主性。

因此，国内维度和国际维度的经济自主性共同构成国家经济自主性的整体，表现为经济自主性的能力综合。我们在第五章关于国家经济自主性能力测量，即国家经济自主性指数测算时，将国内维度和国际维度综合，按控制力、竞争力、获利性三个领域 8 个一级指标、20个二级指标，测算 1998—2015 年的经济自主性综合指数。并在此基础上，分类诊断、综合施政。

第二节　国家经济自主性与相关概念的关系

国际经济学术界关于经济全球化对于国家利益和安全的利弊分析，研究成果浩如烟海，十分详尽，他们从经济安全、经济利益、经济主权、综合国力、国际竞争力等各个关注点，从国家利益和民族经济立场进行了大量的卓有成效的研究，为我们进行国家经济自主性的研究积淀了丰富的成果。只有为数不多的文章，以国家经济自主性为切入点但他们的研究并未提及国家经济自主性概念，更缺乏专门的阐述与界定，因此，有必要在此将相关概念作一番比较性的梳理工作。国家经济自主是国家经济主权的内在属性，国家经济自主性与国家经济安全正相关——它们是能力与状态的关系；而增强国家经济自主性是捍卫国家利益的根本路径。国家综合竞争力是国家经济自主性的重要构成因素。

一 国家经济主权与国家经济自主性的关系

1. 国家经济主权概念

国家主权概念产生于 17 世纪的欧洲，随着民族国家的兴起而确立，是近代国际关系的一项基本法则。对于国家主权概念，最权威的解释是 1968 年的《威斯特伐利亚和约》。根据《威斯特伐利亚和约》，国家的主权是国家的固有权力，具有双重属性，国家对内享有最高的、排他性的管辖权，对外享有完全独立的自主权。即主权在国内是最高的权力，是对内立法、司法、行政的权力来源；主权对外是独立自主的一种力量和意志，不受任何外来力量的干涉和侵犯，不俯首听命于任何其他强权国家。主权是国家作为国际法主体所必备的条件，互相尊重国家主权是现代国际法确认的一条基本原则，各主权国家一律平等是一项基本的条件。威斯特伐利亚体系形成后的几百年时间里，虽然签订了许多条约，建立了各种体系和国际组织，但是这些体系和国际组织都没有超越《威斯特伐利亚和约》规定的国家主权平等原则。直到今天，民族国家仍是全球化的实际参与者，而国家主权仍然是现实国际政治经济生活的核心内容。国家主权的丧失意味着国家的解体或灭亡。

国家的经济主权，是国家主权在经济领域的权力表现。国家经济主权，指国家对本国内部以及涉外的一切经济事务，享有充分、完全的独立自主权，不受任何外来力量的干涉和侵犯。1974 年联合国大会第 29 届会议通过的《各国经济权利和义务宪章》和第 6 届特别会议《建立国际经济新秩序宣言》明确指出："每一个国家对本国的自然资源以及一切经济活动拥有完整的、永久的主权。为了保护这些资源，各国有权采取适合本国情况的各种措施，对本国的资源及其开发事宜加以有效地控制管理，包括有权实行国有化或把所有权转移给本国国民。这种权利是国家享有完整的永久主权的一种体现。任何国家都不应遭受经济、政治或其他任何形式的胁迫，阻挠它自由地、充分地行使这一不容剥夺的权利。""一切遭受外国占领、异族殖民统治或种族隔离的国家、地区和民族，在它们所固有的自然资源以及其他一切资源受到盘剥榨取、严重损耗和毁损破坏时，有权要求物归原主，并向施加上述侵害的外国殖民主义者索取充分的赔偿。"同时指出各国对境内的外国投资以及跨国公司的活动享有管理监督权；各国对世界性经济事务享有平等的参与权和决策权。

2. 国家经济主权与国家经济自主性的关系

"不可阻挡的经济全球化进程已经对民族国家的主权构成了重大挑战。但是，全球化改变的不是国家主权原则，而主要是国家经济自主性。我们所谈论的全球化对国家主权的削弱，实质上只是对国家经济自主性的削弱和限制。"[①] 因此，"有必要把主权（统治固定领土的权力）与国家自主性（民族国家实际拥有的独立宣布和实现自己政策目标的权力）区别开来"[②]。在国家主权的宽泛内涵中，将国家经济自主性剥离出来。

国家经济主权是国际关系法明确规定的民族国家所拥有的至高无上的对内对外的管辖权力，而国家经济自主性是国家实际拥有的独立宣布和实现自己经济政策目标的权力，这种权力不是显在的，是国家对内对外经济自主决策的实际能力。可以说，国家自赋予了统治和管辖的主权，就拥有了潜在的国家经济自主性，国家经济自主性是国家主权的本质的内在属性。英国学者戴维·赫尔德（David Held）把国家经济自主性称为国家主权的管辖权、独立和自卫权、平等权之外的"第四个属性"[③]。

经济自主性是主权的内在属性，但是在当代世界经济全球化的背景下，国家经济主权是否受损害，与经济自主性的实际损益情形并不一致。有时候，国家主权似乎毫无影响，但国家经济自主性却遭受较大的侵蚀。也就是说，在全球化进程中，国际制度对国家主权的侵蚀，主要不在于他国的军事霸占对某国领土主权完整性的侵犯和管辖权剥夺，而

---

① 舒展：《经济全球化与国家经济的自主发展》，《红旗文稿》2010 年第 11 期。

② ［英］戴维·赫尔德等：《全球化大变革》，曹荣湘等译，社会科学文献出版社 2001 年版，第 40 页。

③ 同上。

是对国家经济自主性的无声无息地削弱。随着技术、经济、货币、网络资讯、交通等在全球的扩散，在领土主权之上产生了"时空压缩"的效应，主权的能力与国家自主性并不一致，在经济主权没有损害甚至还是获利的情况下，经济自主性可能正悄然流失中。所以民族国家面对以资本主义发达国家主导的国际经济体系不合理的情况，在国家主权和国家利益的保护方面，要注重国家经济自主性的实际情形。

3. 全球化对发展中国家经济主权的损害

经济全球化是在由主权国家组成的国际经济体系中发生的，主权国家的经济实力强弱不等，各国在国际经济体系中的地位也就不同，在强国主导遵循丛林规则的不平等的国际经济体系中，弱国的经济主权必然在全球化过程中受到挑战和限制。因此，发展中国家在加入经济全球化，分享全球化的经济便利所带来商品、劳务、资本、技术等自由流动，促进本国经济繁荣的过程中，应该加强国家经济主权，特别是在制定涉外经济政策、干预经济生活方面强化国家的作用，以期增强经济自主性。

当今世界，各国的生产和金融网络已经被经济全球化打破，全球化的国际传导机制将不同社会制度和意识形态之上的经济体紧密地联系在一起。发展中国家加入国际平台，一方面，通过对外贸易、对外资本市场的开放战略，摒弃过去的闭关自守、力求自给自足的封闭型发展战略，换来国民经济的迅速发展和人民生活水平的提高。另一方面，能在矛盾冲突中有共同接受的协调机制，通过协商谈判，达成大家都能接受的安排，为本国找到更好的出路，更好地利用经济全球化的机遇而又确保自身的经济安全。

但是，国家主权与经济全球化之间客观上存在一种相互促进又相互排斥的关系。一方面，加入某些国际经济组织或国际条约要求有关国家让渡一些经济主权，尽管这种主权让渡本身是建立在平等基础上的主权行为，毕竟也是对主权国家的限制。国家制定经济政策不能不更多地考虑国际的情况和因素，不但配额和关税税率要受到国际的限制，而且连产业政策、商业竞争等方面的国内立法也要受到来自国际制度的影响。另一方面，国际体系存在着不合理的因素，造成发展中国家经济主权受损。

（1）经济全球化进程在很大程度上是以美国为首的发达国家主导和推动的，国家制度对于发展中国家经济主权的约束，甚于发达国家。制定全球化"游戏规则"的主要是发达国家，发达国家在全球体系中具有先发优势，这种先发优势不仅体现在物质力量上，更体现在对全球规则制定的主导作用上。这就使得历史形成的权力结构的平等现象难以克服。并且，世界银行、世界贸易组织、国际货币基金等国际经济协调组织主要由发达国家把持，对主权国家的经济行为具有越来越大的约束力。有关国际贸易、金融等各方面的"游戏规则"往往有利于发达国家的利益，一些适合某些发达国家利益的做法被视为普遍规律而推行于全世界。例如，对于商品和资金的全球性流动尽量予以便利，实行自由化，显然对于发达国家是更有利的。美国彼得森国际经济研究所所长弗雷德·伯格斯坦研究指出，仅美国每年从经济全球化当中获得收益就超过1万亿美元，而付出的成本只有500亿美元。① 但是，对于可以给发展中国家带来更多利益的技术和劳动力跨国界自由流动，现行的"游戏规则"却规定了严格的限制。例如，发达国家竭力推行把劳工标准与国际贸易挂钩的单边行动，否认发展中国家的生产成本优势，是对发展中国家最盛行的非贸易壁垒。世界贸易组织总干事穆尔曾经指出，发达国家向最贫困发展中国家的商品实施的平均关税，事实上比它们向其他发达国家征收的关税还要重，最高多达四倍。穷国削减的关税比富国削减的更多。② 近十年来，国际上贫者越贫、富者越富的现象十分突出。据瑞信银行所发布的《2014年度全球财富报告》显示：从区域分布看，欧洲和北美分别拥有世界总财富的32.8%和31.7%，相比之下，拥有世界人口总量58%的最不发达的发展中国家和地区仅拥有全球财富的16%。从人口分布看，占全球人口数量将近一半的人群仅分享全球总财富的1%，全球财富的86%掌握在全球最富的10%群体手中，全球1%的顶尖富豪群体更是支配着其中的46%的财富，俨然形成了一个由人

---

① 参见杨多贵、周志田《霸权红利：美国不劳而获的源泉》，《红旗文稿》2015年第5期。

② 参见张毅君《经济全球化与国家主权》，21世纪政协论坛2005年会议，2005年8月8日（http：//cppcc. people. com. cn/GB/34961/51372/51376/51494/3600204. htm）。

口数量与财富数量构成且呈负相关的"金字塔"。①

（2）推动经济全球化的主要力量是发达国家的大跨国公司。它们的动机就是谋取经济利润，而不是东道国的就业增长、人民生活质量的提高和文化传统保护，更不是社会公正和民主进程。大跨国公司所拥有的雄厚资金和先进技术，确实给发展中国家带来了比较迅速的经济增长，但是 GDP 增长不等于经济发展。为了维护国家的政治和社会稳定，避免因收入差距过大而出现社会动荡，要提高人民的生活质量，增加人民发展的机会，并保存其本国文化中的优良传统。而跨国公司所推动的活跃的市场机制并不能在这些领域起作用，甚至给主权国家维护国家经济社会秩序的稳定增加了难度。发展中国家不得不在发展与稳定之间努力寻找平衡点，运用国家主权制定政策并予以实施。

对于发展中国家而言，它们迈入的"市场"，是一个由庞大的跨国公司支配、发达国家及其掌控的国际经济组织制定国际规则的真正的全球大市场，在严峻的市场竞争之下，想尽可能地保护自己的利益和争取较好的国际贸易和金融条件，不得不利用主权的武器。发展中国家的市场机制发育不成熟，必须采取国家战略措施，培植民族经济，将公共资源引向那些能实现资源最佳开发和利用的经济部门。为此，国家要有强大的经济发展自主性，不受国内外特殊利益影响，避免出现效率低下的"寻租"式院外活动集团，并且得到广泛民众支持。联合国开发计划署《1999 年中国人类发展报告：经济转轨与政府的作用》对于这一点作了很好的论述。该报告指出，在世界上市场机制健全的国家和地区，市场机制的形成很大程度上依赖于国家的行动，而不是自发出现的。例如，西方国家的股份有限公司这种商业组织模式的出现，并不是因为它们在市场竞争中更有效率，而是因为这些国家的政府刻意创造并推行这种形式。再比如，英国市场经济的兴起，得益于干涉主义的持续的强力的集中组织和控制，开辟了通向自由市场的道路并保持道路的畅通。对于那些继英国之后经历工业化的

---

① 参见付小红、肖斌《全球财富分配失衡的现状与解析》，《红旗文稿》2015 年第5 期。

国家，这种干涉主义比英国有过之而无不及。美国、日本和东亚新兴工业经济体的发展情况同样表明，自由放任体制并不是通向人类发展的历史必由之路。[1]

总的来说，经济全球化对于发展中国家的经济主权，既有有利的一面，又有由于全球化本身的不合理性所带来的不利一面。因此，发展中国家要加强经济发展自主性，维护国家经济主权，注重制定有利于实现国家持续稳定的战略目标。不仅要在经济主权上展开斗争，更要在经济自主性上展开竞争。

二　国家经济自主性与国家经济安全

1. 国家经济安全概念

国家经济安全是国家安全的重要组成部分。关于国家经济安全的内涵，学术界主要有两种界定。第一种是"状态论"。他们认为，"国家经济安全是指在经济全球化条件下，一国经济发展和经济利益不受外来势力威胁的状态。它具体体现在国家经济主权独立，经济发展所依赖的资源供给得到有效保障，经济的发展进程能够经受国际市场动荡的冲击等"[2]。"经济安全是指一国在世界经济一体化条件下保持国家经济发展的独立性，所有经济部门稳定运行，公民具有体面的生活水平，社会经济稳定，国家完整，各民族文化具有自己的独特性。"[3] 第二种是"状态与能力并重论"。他们认为，"经济安全是指在开放的经济条件下，一国为使国民经济免受国内外各种不利因素干扰、威胁、侵袭、破坏而不断提高其国际竞争力，从而实现可持续发展、保持经济优势的状态和能力"[4]。"国家安全是指一国最为根本的经济利益不受伤害，在国际经济生活中具有一定的自主性、自卫力和竞争力。"[5]美国著名国际关系学者罗伯特·吉尔平（Robert Gilpin）将经济安全

① 参见联合国计划发展署《1999年中国人类发展报告：经济转轨与政府的作用》，中国财政经济出版社1999年11月1日。
② 史忠良：《参与经济全球化必须注意国家经济安全》，《经济经纬》2002年第1期。
③ ［俄］B. 梅德韦杰夫：《俄罗斯经济安全问题》，《国外社会科学》1991年第1期。
④ 柳辉：《扩大内需：我国经济安全的战略选择》，《华东经济管理》2001年第4期。
⑤ 雷家骕：《国家经济安全理论与分析方法》，清华大学出版社2011年版，第4页。

定义为"经济竞争力及其带来的相应的国际政治地位和能力"①。

中国学术界对国家经济安全的关注，始于改革开放初期，当时讨论的热点在于参与经济全球化对于我国经济发展的利弊分析，核心是经济全球化，而不是国家经济安全问题本身。随着国际金融危机的爆发，国家经济安全问题的讨论进一步聚焦，讨论焦点在于中国更深层次参与经济全球化过程中，如何抵御和防范世界性危机的外部冲击，确保国家经济安全。

2. 国家经济安全与国家经济自主性的关系

关于国家经济安全内涵"状态论"和"状态与能力并重论"的分歧，实质是没有区分国家经济安全和国家经济自主性的边界。国家经济安全是一国经济发展和经济利益不受外来势力根本威胁的状态；国家经济自主性是一国自主地参与国际经济活动而不受外来势力根本威胁的能力。国家经济安全是存在状态和表象；国家经济自主性是内在素质和本质。强大的国家经济自主性，是国家经济长期处于安全状态的保障；国家经济的安全状态，反映了国民经济体系具有较强的自主性。因此，国家经济安全和国家经济自主性正相关，但两者并非一回事。有时，国家经济表面看来是安全的，但国家经济发展的自主性却有削弱的迹象，经济发展存在隐患，最终是不安全的。

国家经济安全问题的研究对象，不仅涉及国家经济全局性安全，还包括能源安全、粮食安全、金融安全等各个子领域，研究目的在于通过对存在状态的监测、预警、应对等，维护国家可持续发展。国家经济自主性的研究对象，是国家经济可持续发展的能力，包括经济竞争力、应变力和凝聚力。研究国家经济自主性的目的，在于确保国家安全战略制定的准确性，从而实现国家经济利益的长治久安。无论是考量经济全球化还是资本主义经济危机对民族国家经济发展的影响，其中都应注重经济发展长期安全的保障问题，即经济发展的自主性问题。

3. 基于经济安全状态与自主性的四种国家类型

上文提到，国家经济自主性是一国自主地参与国际经济活动而不

---

① ［美］罗伯特·吉尔平：《世界政治中的战争与变革》，宋新宁、杜建平译，人民大学出版社1991年版，第125页。

受外来势力根本威胁的能力，而国家经济安全是一国经济发展和经济利益不受外来势力根本威胁的状态；两者是表象和本质、存在状态和内在素质的关系，两者正相关。但表象与内在有时候并不一致，根据自主与依附、安全与危机两组对立状态四个概念，我们通过象限图可以清晰地呈现一国经济能力与状态的基本描述。

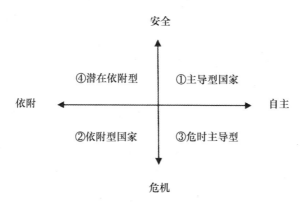

图 2-1　基于经济安全与自主性的国家类型二维图

第一种：主导型国家，国家经济自主性和国家经济安全都是状态良好，整体经济的国际竞争力和应变力很强，是国际体系中的主导者。它是非危机时期的发达国家，其国家安全战略的特点是，维护在国际体系中的地位和既得利益，同时以主动进攻的方式，寻求未来战略格局的制高点。如美国强调"国家核心利益"的国家安全战略体系，是一种立足于世界范围的"全球战略"。在制定国家经济安全战略时，美国关注如何控制世界市场能源资源的关键产地；为实现全面的经济政治霸权，将其利益延伸到全球化的"侵略"。

第二种：依附型国家，国家丧失经济发展自主性、国家经济处于经济或政治危机状态。殖民主义时代的亚非拉国家，源于不平等的国际分工体系造成对宗主国的依附，属于这种类型。今天一般指陷入经济困境的发展中国家，本身国民经济体系不健全、处于国际分工体系底端，依赖于主导国的市场、资本和技术，又陷入经济债务危机，或者依赖性缓慢发展。在制定国家安全战略时，难免陷入被动的局面。

不少国家以通过保障国家经济安全来保证其经济独立性，减少和摆脱对西方发达国家的依赖。

第三种：危时主导型国家，国家经济自主性强但当前经济仍未摆脱危机阶段。一般是处于经济危机状态的发达国家，虽然暂时陷入经济危机，但基于其有高度化的产业结构，较完善健全的市场体系和金融制度，有较强的科技创新能力，因此经济发展自主性较强，尽管处于危机状态或不安全状态，但较有能力走出危机。因此短时看其国家经济不安全，长期看安全系数较高。此类国家的安全战略主要是在克服危机的过程中通过技术革新，谋求既能走出危机，同时又能抢占未来战略空间，维持国际体系中的中心国地位。

第四种：潜在依附型国家，国家经济处于安全状态但经济发展自主性弱。一般是工业化早期和中期的发展中国家。表面看来国家经济处于安全状态，但由于产业结构低端化，科技创新能力较弱，并且市场经济体制不健全、金融监管能力不足等，经济发展的自主性较差。表面的经济安全往往是国家保护或者市场开放度不够的结果。应对和抵抗危机能力较弱，在融入全球化进程和国际经济动荡时期，稍有不慎，会重新陷入依附国局面。此类国家的经济安全战略应着重增强国家经济自主性，以确保国民经济的持久安全。

三 国家经济自主性与国家利益

增强国家经济自主性的目的，是捍卫国家行为体的经济利益。法国资产阶级启蒙思想家孟德斯鸠曾在《论法的精神》中提到，世界上的一切国家都有一个相同的目的，就是"自保"，同时每个国家又各有自己的特殊目的。借用孟德斯鸠的这番话，"自保"就是指国家的独立主权与自主发展；所谓"特殊目的"即是国家利益。各国为了捍卫国家经济利益，必然会想方设法增进国家经济自主性。

1. 国家利益概念

国家利益的涵盖范围十分宽泛，涉及经济、政治、军事、外交、文化、地理等诸多领域。国家利益是客观存在的，它的形成不以人们是否具备国家利益意识或国家利益观念为转移。关于国家利益的概念，目前学界没有统一的定义。从客体来看，一切能够满足国家生存和发展需要并且对国家有益的事物，都是国家利益。尽管国家利益以客观物质为基础，但不同的价值取向，使不同国家不同社会集团对国家利益作出各种不同的解释。西方学者从国家利益的本源角度提出了各种看法。有人认为国家利益就是"国家需求"；也有人认为国家利益就是"能够提高所希望的事务状态的价值的一些要素"；还有人将它看作是"国家在追求国家目标过程中的一种价值与需求的确定关系"。比较有代表性的看法是现实主义代表人物汉斯·摩根索（Hans J. Morgenthau），他认为国家利益应当用权力来界定，而这种权力是与"人性的客观法则"相联系的。[①] 他认为国家利益应当包括三个方面的重要内容，即领土完整、国家主权和文化完整，在这三个方面中，最本质的问题就是国家的生存问题。而新自由主义学派代表人物基欧汉主张三种国家利益，即生存、独立、经济财富。王逸舟认为，国家利益是反映这个国家全体国民和各种利益集团由内生变量和外生变量两方面因素构成的动态的各种利益体的综合加权。[②]

如果从国家本源角度来考虑，国家是最高的本源，国家主权至高无上，国家利益自然就源于国家主权。于是，国家利益就是国家的最高目标，即国家行为的出发点和归宿。国家利益成为决定国家对外政策与行动的基本驱动因素，以及影响国家之间关系的核心因素。每个民族国家都极力强调其国家利益的重要性和不可替代的独特性。

2. 国家利益与其他利益的区别

国家利益可以根据利益客体的不同划分为不同的类型，例如，实物利益与过程利益、物质利益与精神利益、当前利益与长远利益、现实利益与潜在利益，等等。从主体来看，国家利益只能是以国家为完整主体的利益。

（1）国家利益是以国家为利益主体的利益，国家利益与国家内部的任何个人利益以及任何形式的群体利益都是有区别的。具体地说，它既不同于国家内部以国民个体为主体的国民个体利益，也不同于由

---

① ［美］汉斯·摩根索：《国家间的政治——寻求权力与和平的斗争》，徐昕等译，中国人民公安大学出版社1990年版，第4页。

② 王逸舟：《国家利益再思考》，《中国社会科学》2002年第2期，第160—170页。

国家内部以不同的国民群体为主体的国民群体利益，甚至不同于以全体国民为主体的国民整体利益。国家利益在更多更大的程度上反映着或体现着统治者的利益，但是它并非完全等同于统治者的利益。无论是历史上的剥削阶级国家，还是现实的社会主义国家，甚至是曾经出现过的暴君专制国家，国家利益与统治者利益之间都存在着一定的差距，这种差距在不同类型的国家制度下时小时大，但无论如何都不可能完全等同。当然，由于国家利益与这些不同主体之间的现实利益关系，在不同时代具有不同的表现，还需要根据其不同历史时期的社会制度和表现形式，具体地加以分析和研究。

（2）国家利益总是以不同形式在不同程度上体现着国民的个体利益和国民的公共利益，并最终服从于国民利益。由于国家是由国家内部的国民个体及其他各种不同形式的社会群体组成的，国民整体是国家必不可少的构件之一，因而国家利益也就与这些不同利益主体的利益存在着不同形式和不同程度的不可分割的联系，它们之间相互包含并相互体现着对方。国家利益在一定意义上应该是全体国民共同的公共利益，保证每个社会成员在概率上能够平等分享的公共利益，国家通过各种形式，为社会成员提供义务与权益对等的可能性，将利益分享造成的机会不均保持在合理的范围之内。

国家利益有理论形态、理想形态、现实形态三层定义。理论形态的国家利益，以国家本身为衡量标准，以国家的存续和发展作为唯一坐标。理想形态的国家利益，以国民立场为衡量标准，追求全体国民的共同利益，保证国民平等分享公共利益。现实形态中的国家利益则是在各种现实条件限制和各种利益冲突中形成的国家利益。在现实社会中，个人利益可能与公共利益发生冲突，现实的国家利益可能与理想的国家利益相冲突，甚至发生严重背离。尽管在社会进步的过程中，现实的国家利益与理想的国家利益开始逐渐趋近，但它们永远不可能完全重合。人们的任务是努力缩小这种差别，但至少在可预见的将来，不可能彻底消灭这种差别。在经济关系上，社会主义中国的国家利益最终是中国人民的整体利益。整体利益与集体利益（群体利益）、个人利益之间必然有差距，社会主义国家的目标是国家整体利益至上，兼顾集体利益和个人利益。

3. 增进国家经济自主性是捍卫国家利益的根本路径

从国家利益的概念和具体特征可以看出，国家利益作为国家为主体的利益，它如同国家这个本源一样，处于国际和国内两个界面之间，国家利益，一是国际关系中的民族国家利益；二是相对于国内的群体利益和个人利益而言的国家公共利益。

从国际维度来看，不同国家有各自不同的国家利益，国家利益代表了民族利益，维护国家利益就是维护民族的利益。国家利益表现为国家的主权、安全、经济发展、国际地位与尊严等诸多方面。只要有国家之间不同利益的存在，那么国家之间必然存在竞争。当前的国际体系仍然是发达资本主义国家主导的霸权主义和强权政治阴影下的不合理的体系，全球化既是一个客观的历史进程，同时也是垄断资本主义的主观作为。发展中国家不可能完全指望、更无法依附现有的国际政治经济秩序来获得自己的国家利益和国家发展。一方面需要与不公平的国际秩序作斗争，1989 年 10 月，邓小平在会见美国前总统尼克松时谈道："我们都是以自己的国家利益为最高准则来谈问题和处理问题的。"[①]"国家的主权和安全要始终放在第一位"[②]，旗帜鲜明地反对外部势力干涉中国内政和威胁中国安全，是维护国家利益的根本性要求。另一方面，在国际交往中，各国在国家利益上存在着明显的相关性，尤其是经济全球化时代，国际经济传导机制几乎将所有国家都深深卷入了全球经济体系，任何国家自身利益的实现都不可能独善其身。并且，国家利益的内容和表现形式是动态变化的，恐怖主义、饥荒与难民、生态灾难、核扩散、环境污染、资源破坏、一些动植物的灭绝等，这些全球性威胁需要采取全球性的集体行动，需要各国的配合。一个国家利益的变化，有可能涉及其他国家的国家利益。因此在思考国家利益之际，必须综合考虑各种因素，以确定国家利益及寻求实现自身利益的最佳途径。"考虑国与国之间的关系主要应该从国家自身的战略利益出发，着眼于自身长远和战略利益，同时也尊重对方

---

① 《邓小平文选》第 3 卷，人民出版社 1993 年版，第 330 页。
② 同上书，第 347 页。

的利益。"①

在既要斗争又要合作的国际环境下，捍卫国家利益的路径，只能依靠自身的强大。在改革开放之初，邓小平将经济利益作为国家利益的核心，把实现国家现代化建设作为捍卫国家利益的关键。1978 年后，邓小平在不同场合多次指出："中国能不能顶住霸权主义、强权政治的压力，坚持我们的社会主义制度，关键就是看能不能争得较快的增长速度，实现我们的发展战略。"② "现代化建设是我们解决国际问题、国内问题的最主要条件。一切决定于我们自己的事情干得好不好。我们在国际事务中起的作用的大小，要看我们自己经济建设成就的大小。如果我们国家发展了，更加兴旺发达了，我们在国际事务中的作用就会更大……"③ 30 多年的改革开放和现代化建设之后，在推进现代化进程、实现中国民族复兴的道路上，不仅要有发展速度和长远的经济发展战略，更重要的是在经济快速发展的同时，增强国家综合国力和国家自主性，才能最终赢得包括经济利益和安全利益在内的国家利益。

从国内维度来看，国家是不同利益集团达成的调和它们之间利益冲突的契约或组织，国家具有潜在自主性。从规范意义上讲，国家利益应该代表全体人民的利益。但是，从实证意义上讲，国家利益不能完全反映公众利益或者整体利益，只能在不同程度上反映群体利益和个人利益，甚至只能代表一部分人或利益集团的利益。当国家内部不同主体或每个集团的利益完全一致时，它们的共同利益才是国家利益，国家利益也才是每个人的利益。然而，国家内部所有人利益一致的情况却很少出现。这样，当国家内部不同主体的利益存在冲突或不完全一致时，就需要由国家协调各主体的利益冲突，以实现国家利益尽可能与大多数人的公共利益的目标一致，避免冲突，实现整体利益的最大化。作为社会主义国家，需要协调国家、群体与个人的利益关系、眼前利益和长远利益的关系。这要通过增进国家经济自主性，使个人的发展符合国家长远利益的发展方向，同时兼顾个人利益。

① 《邓小平文选》第 3 卷，人民出版社 1993 年版，第 330 页。
② 同上书，第 355—356 页。
③ 《邓小平文选》第 1 卷，人民出版社 1994 年版，第 340 页。

　　如何兼顾国家与群体、个人的利益，有必要提到公共选择理论。公共选择理论的代表人物詹姆斯·布坎南（James Mcgill Buchanan）和阿马蒂亚·森（Amartya K. Sen）。公共选择理论从实证主义出发，以经济人的基本假设，运用微观经济学的成本—效益分析方法，借鉴并改进福利经济学的社会福利函数，分析个人、利益集团、政府三种主体在公共分配领域的行为，期望研究并通过研究结果影响人们的公共选择过程，从而实现其国家利益的最大化。

　　从公共选择的角度看，国家利益的实质就是一国公民一致同意能够为他们带来效益的能力或手段，国家利益就是一致同意。布坎南反复强调，一致同意与帕累托最优毫无二致。但是，由于资源存在稀缺性，每个人的目标不同，个体之间的利益并非总是一致的，存在冲突不可避免。虽然国家需要维护全体人民的利益，当不同个人、不同利益集团的利益存在冲突时，国家就只能牺牲一部分人的利益，以维护另一部分人的利益。这就决定了一致同意规则虽然是国家利益的最完美的实现形式，但它并非适用于所有问题的决策。解决的办法：一是通过补偿原则使受损者的利益得到补偿；二是由于交易成本的存在，补偿原则不可行时，用多数原则替代全体一致同意的规则。公共选择理论同时分析了利益集团的寻租对于公共政策选择和国家利益的影响。如果利益集团的存在不可避免，多个利益集团的存在与竞争可能有助于纠正政策扭曲带来的资源配置低效率，这对国家利益的实现至少不是最差的选择。但同时，利益集团的游说活动又会造成资源的浪费和社会效率的损失。

　　公共选择理论在传统政治学看来是离经叛道，因为传统的理论是假设政府是代表全体公民利益的，政府官员和政治家的目标是社会利益最大化。不过，公共选择理论用实证的方法，将"经济人"假设推广到政治市场上供求双方的行为分析，分析"政府失灵"的基本原因并提出了矫正"政府失灵"的两大思路，研究范围涉猎当今社会所有的热点问题，其理论体系、前提假设、基本结论及改革举措还是具有相当启发和借鉴意义的。特别对分析当今中国随着经济体制改革的不断深入和社会快速转型，在同一阶级内部由于收入差距和经济社会地位的变化带来新的社会分层的情况下，具有一定的参考价值。

收入差距的急剧扩大和结构性矛盾，造成各个阶层利益关系的严重扭曲，正确处理国家利益与群体利益的关系，关系到国家长治久安和民族复兴的伟大实践。

四　国家经济自主性与综合国力

综合国力是反映一个国家经济、政治、军事、文化、科技、教育实力的综合指标，我们在谈论国家综合国力的时候，国家自主性和国家经济自主性概念与之在同一层面。作为"二战"后国际竞争中越来越重要的一个衡量国家实力的概念，综合国力指标不断地被细化和量化。综合国力指标测量和反映的正是国家自主性的强弱。一国在世界舞台上的竞争力、控制力、应变力、凝聚力等自主性特质，正是通过国家综合国力指标体系的计算，得以准确掌握和反映的。综合国力指标从竞争力和控制力方面反映了国家经济自主性的强弱，它们构成经济自主性的主要禀赋。

1. 综合国力概念

综合国力是衡量一个主权国家赖以生存和发展的基本国情和基本资源，包括经济、政治、军事、文化、教育、技术等各方面实力和影响力的综合性指标。它既反映一国的综合发展水平，也支撑一国在世界中的地位。如何界定一国综合国力，目前国际上尚无统一定义，也没有如何衡量的统一标准。美国卡内基基金会高级研究员阿什利·泰利斯等（Ashley Tellis et al.）将综合国力定义为一个国家通过有目的的行动追求其战略目标的综合能力，包括技术创新力、经济控制力、军事能力、社会秩序稳定力、发展的持续动力等确保国家的战略优势以及从国际体系中获取国家利益的能力。美国著名国际关系理论家肯尼思·华尔兹（Kenneth Waltz）把综合国力定义为被动员和利用来实现一个国家的战略目标的各种能力的分布。黄硕风认为综合国力是一个主权国家生存与发展所拥有的全部实力（物质力和精神力）与国际影响力的合力，包括政治力、经济力、科技力、国防力、文教力、外交力、资源力七大要素。[①] 王诵芬等认为，综合国力就是在一定的

---

① 黄硕风：《综合国力新论：兼论新中国综合国力》，中国社会科学出版社 1999 年版，第 12—13 页。

时空条件下，从整体上来计量的社会生存发展诸要素的凝聚总和。"它主要包括资源、经济活动能力、对外经济活动能力、科技能力、社会发展程度、军事能力、政府调控能力、外交能力。"[1] 杨承训认为综合国力是一个国家系统的实力，不仅表现了整体经济的总数量，而且表现经济的质量与后劲，"它包括国际市场竞争力、科学技术创新力、改善民生的积蓄力、可持续发展的恒动力、生态环境的修复建设力、推陈出新的软实力、对应风险抵御的化解力（尤其是国防实力）、社会秩序的稳定力、社会制度的优胜力（尤其是维护国家统一性）、参与国际事务的支持力（包括援助其他国家）和世界范围的影响力（话语权）11 个方面的内容，是一国屹立于世界之林的重要根基"[2]。国内外学者对综合国力的定义各有差异，这些观点其实没有本质上的区别，一致认为综合国力是一个主权国家可资利用的全部资源的总和，既包含物质层面也包含精神层面。

在提出定义的基础上，各学者纷纷给出综合国力的动态方程和计算方法。克劳福德·哲曼（Clifford German，1960）提出以核能力为中心的国家实力指数方程：$G = N(L+P+I+M)$（式中，G 为国家实力；N 为核能力；L 为土地；P 为人口；I 为工业基地；M 为军事力量规模）。认为一个国家拥有核武器有特殊重要性，国家的综合实力与拥有核武器能力成正比。

雷·克莱因（Ray Cline，1975）提出硬实力与软实力两者乘积的综合性的国力方程：$P = (C+E+M) \times (S+W)$（C 为土地和人口；E 为经济实力，包括收入+能源+非燃料矿产资源+制造业+食物+贸易；M 为军事能力，包括战略平衡+作战能力+激励；S 为国家战略系数；W 为国家意愿，包括国家整合水平，领导人能力与国家利益相关的战略）。

黄硕风提出的综合国力动态方程：$NP(t) = \sum [a_i \times R_i(t)]$（式中，$NP$ 为综合国力；R_i 为某种资源占世界总数比重；a_i 为某种

① 王诵芬等：《世界主要国家综合国力比较研究》，湖南出版社 1996 年版，第65—68页。
② 杨承训：《论加快提升综合国力的战略定位》，《中州学刊》2012 年第6期。

资源的权重）。动态方程采用无量纲的比重法，计算各国主要资源占世界总数比重，定义了八种战略资源，对 23 个主要指标采取不同的权重，比较全面地反映了不同国家的战略资源和综合国力，用以反映一国的综合国力与他国的相对实力以及动态的变化。

2. 综合国力与经济自主性的不同研究价值所在

综合国力与经济自主性是一对联系极其密切的概念。主要从以下几个方面去理解。

（1）国家综合国力是一个主权国家可资利用的全部资源的总和，这里的"资源"既包括物质层面上的资源，也包括非物质层面的资源；一个主权国家的各方面表现都包含在综合国力这个范畴之中了，它是一个数量概念。综合国力包含了资源、经济活动能力、对外经济活动能力、科技能力、社会发展程度、军事能力、政府调控能力、外交能力等林林总总的指标。而国家自主性是指国家在掌控自己所有资源的基础上的行动能力，这种行动能力是基于各主权国家综合国力之上的一种较量，是一个强度概念，更注重主体之间的比较关系，包括国家面对国际领域的各类主体及状况时，表现出的将实力转换为行动力的能力，即竞争力和应变力；面对国内社会群体时表现出的基于实力之上的行动力，即凝聚力、控制力。我们对国家自主性指标的测量基于国家综合国力，并且是对综合国力的各项指标的甄别和"扬弃"，其中经济自主性是侧重对国家综合国力在经济社会发展方面的影响力的甄选。

举例说明。从 2008 年国际金融危机以及对危机的应对能力来看。第一，正是综合国力排名世界第一的美国，爆发了危机；而当年综合国力排名落后于它的中国，却是自建立社会主义国家以来没有发生过危机。第二，美国在 2008 年金融危机发生之后，通过国际经济体系的主导地位和重走工业化等战略措施转变，较快地走出危机，尽管是否完全走出危机尚且存疑。但受国际金融危机拖累也爆发危机的综合国力薄弱的希腊，至今仍深陷危机且出现社会动荡。第三，综合国力排名不相上下的中国与西欧发达资本主义国家相比，中国较好地克服了国际金融危机对本国经济体的冲击和影响，表现出超强的危机应对能力，而西欧各国却受国际金融危机拖累，之后不久爆发了国家债务危机。从这里可以看出，综合国力强大的国家危机应变力也相对较强，但中国克服危机以及应对危机的能力显然超过综合国力更强或相当的国家，这里就不单是综合国力的问题，而是社会主义中国的国家制度优越，使国家具备强大的国家控制力和应变力的问题，这是国家自主性强大的胜利。

当然综合国力作为一个整体是国家自主性形成的基础，脱离了综合国力，国家自主性就成了无源之水。没有现实的综合国力为依托，也就不可能有强大的国家自主性。一般而言，一个国家的综合国力水平越高，它的自主性就越强，两者在很多情形下是相辅相成的，呈正相关关系。

（2）国家综合国力与国家自主性的区别也是很明显的。国家综合国力与国家自主性之间在研究对象、研究内容、研究目的等方面都存在着很大的区别。因此，更凸显经济自主性在国家经济发展战略研究中的独特性和重要价值。

第一，从研究对象来看，综合国力研究的行为体是主权国家或民族国家，但经济自主性研究的行为体不只是国家，还包括能够对国家行为体产生影响力或牵制力的国际组织、群体（政党、特殊利益集团、非政府组织）、企业和个人等，自主性研究的是主体间关系，它研究的是各行为体施加给国家行为体的影响而导致的国家活动能力的强弱状况。

第二，从研究内容来看，综合国力研究更关注数量上的多少，而经济自主性研究更为关注力量对比下的状态。综合国力是巨大系统，涵盖的要素纷繁复杂，研究的基本模式是，对处于动态发展过程中的各个变量，进行某一时段的静态分析，得出对过去发展程度和水平的一个"总结"，并且通过主权国家综合国力的排名比较，找出差距为国家制定未来发展战略提供依据。[①] 国家自主性同样是一个巨大的系统，它考察国际国内各种外生变量和内生变量怎样影响国家能力，同时分析如何克服不利影响，增强国家行动能力，从而保证国家利益的实现。因此，与综合国力注重收集和统计要素的研究内容不同，国家

----

① 宋瑞玉等：《综合国力度量理论》，湖北教育出版社 1994 年版，第 22 页。

自主性的内涵本身就已经包含了选择要素的标准，它是在选择要素的基础上侧重分析要素的影响和作用，以及国家的反作用力。

第三，从研究目的来看，综合国力研究旨在为主权国家制定发展战略提供参考依据，而自主性研究探寻的则是如何有效地维护和实现主权国家的国家利益。

正视综合国力和自主性研究的区别，才是研究自主性的价值和意义所在。

综合国力研究的不足在于：一是孤立地强调某一个或某几个要素，在理论上不能正确分析和评估一个或几个国家的综合国力。要全面深入地衡量各单个力间"相互作用力"，辩证地看它所产生的国际影响力，要从国际社会相互依存的趋势中分析各方的力量对比，不能局限于自身力。二是"综合国力以构成力为依据、显现出来的则是一种'合力'"①。不能将"和力"等同"合力"。现有的综合国力计算公式大多是加、减、乘、除四则运算，将一些难以理解内在关联的数字机械地套用在一些公式中，所得出的结果往往难以反映不断变化的国家实力的状况。"为了便于描述以不同方式结合的国际权力要素，才想出将这些要素联系在一起的公式"。$PP = (C + E + M) \times (S + M)$ 这一公式"不是魔术测量棒"，例如，对外交力的探讨和计量纯粹是量的计算，而其数字背后"质"的意义很难看清，其所作的许多判断，要随着情势的变化可能需要进行重新修正。

经济自主性研究是以综合国力研究为基础，侧重于国家在现有国力条件下，国际行为体和国际制度如何影响国家的行为能力，特别是应对危机与挑战的能力，以及如何平衡和协调国内利益集团或者社会阶层、群体的利益诉求，形成国家合力，特别是凝聚力。也就是说，经济自主性研究更为关注国际要素、应对机制与国内要素三者之间以及各个要素内部诸多子要素之间的内部关系，这在一定程度上是对综合国力各个要素之间的孤立性"外观"的克服。综合国力研究对于国际资源的关注多集中在"外交力"上，国家自主性研究则可补其不足，关注的是积极充分地利用国际资源。特别是在全球化迅猛发展

---

① 梁守德、洪银娴：《国际政治学概论》，中国编译出版社1994年版，第90页。

的今天，整个世界形成了所谓的"你中有我，我中有你"的关系态势，一国的国家利益是国内利益和部分国际利益的总和，国际资源日益成为实现国家利益的重要条件。当代国际竞争主要是综合国力的较量，更是国家自主性的竞争。如何提高国家自主能力，实现国家利益，已经成为各国国家战略的重中之重。

第三章　国际维度下国家经济
自主性的影响因素

　　对于国家经济自主性影响因素的分析，以第三、第四两章，分别从国际维度和国内维度，分析经济自主性影响因子，仍属基本理论分析部分。第五章在第三、第四两章的基础上进行综合，构建国家经济自主性的评价指标体系。

　　从国际维度看，国际经济体系实质影响各国在该体系中的地位，对国家经济自主性产生重要的影响。在第一章已经分析国际经济体系特别是国际经济体系下的国际规则和国际制度，对于自主性的影响既可能是促进也可能是削弱，关键看规则制定权掌握在谁手中，以及国际经济体系运行规则与国家意愿吻合程度。国际行为体包括民族国家、跨国公司和各类国际组织，它们的活动也会影响到国家经济自主性的强弱，特别是跨国公司实际上是经济全球化的推动者。我们对国际维度的经济自主性的测算将侧重以对外经济活动，包括进出口贸易、国际投资和证券交易、技术和服务贸易当中的行动反应力来表达，从对外控制力、危机应变力、贸易竞争力、企业竞争力、显示性优势和技术创新力等几个方面进行实证分析。

　　国家处于国际社会和国内社会的边界，国际因素必然影响和改变着国家经济自主性的环境。因为自主性首先源于国家的主权属性，国际因素对于国家经济自主性的影响力显然大于国内因素。国际经济体系的实质、国际经济体系中的各类行为主体，它们成为影响经济自主性的恒量因子，限制或助推着经济自主性的强弱，使强者从国际经济体系中获取更多的国家利益。而国家的对外经济控制力和国家在国际商品贸易、国际金融、国际投资、国际技术转让和服务贸易等领域的竞争力，则是国家经济自主性的变量因子，它们的数量变化既影响经济自主性，又反映经济自主性在一定时间上的增减强弱变化。

第一节　国际经济体系实质

一　国际经济体系及其历史演变

体系作为一个科学术语，泛指相同或相类似的事物按照一定的内部联系和秩序组合而成的整体。在国际关系学和国际政治经济学中，国际经济体系是指在国际社会中，由各个相互影响和作用的国际行为主体组合而成的有机统一整体。其中，国际行为主体分为国家和非国家两类，二者之间通过相互冲突、竞争、合作和依存进而相互影响与作用。国际经济体系是建立在各国、各地区经济之上，作为一个更高层次的经济体系，有其自身的运行方式与发展规律，既不是各经济主体的简单总和，也不是各国各地区经济运行的延伸与叠加。从微观上看，国际经济体系的主体有各民族国家或国家集团、跨地域经济组织、企业、消费者等，但是国际经济体系的宏观主体并不存在，也就是说国际经济体系是无政府的宏观状态，尽管随着经济全球化的深化，国际经济体系越来越具有全球规模和整体性质。在这个无政府状态的国际经济体系中，谁为主导，谁就是国际经济体系的最大受益者。

现行的国际经济体系是资本主义制度诞生和形成世界市场后的产物，随着资本主义在全球的扩张而逐步发展起来的。始于15世纪末的资本主义殖民行为将世界各地原本相互隔绝的地域连接起来，经历了商品国际化、资本国际化和生产国际化的过程，以19世纪末20世纪初资本主义世界殖民体系的最终确立为标志而最终形成。国际经济体系是随着社会生产力和科技革命的不断推进，随着经济全球化的不断深化，而不断发生变化的过程。随着各国经济和军事实力、技术竞争力等的改变，国际经济体系中的权力分配、制度规则、各国在国际体系中的地位、国与国之间的关系等都会相应发生改变，从而形成新的国际体系格局。鉴于我们接下来需要考察国际经济体系的实质和特定国际经济体系下的国际制度（规则）对于经济自主性的影响，因此，这里简单地从国际制度（规则）更替的角度来梳理一下国际体系的历史演变之路。

1648 年，依据欧洲国家的《威斯特伐利亚和约》形成的威斯特伐利亚体系，是国际体系的雏形，它所确立的有关国家主权间关系的基本原则，成为现代国际制度的基础。之后的 100 多年，随着资本主义经济生活的日益国际化，迅速向外扩张，世界其他地区变成了欧洲的殖民地或半殖民地，纳入了这个以欧洲为中心的国际体系中。

1814—1815 年以欧洲国家《最后议定书》为标志的维也纳体系，是历史上第一个世界性的国际体系，它的特点是强权政治和实力均衡下的利益协调，亚非拉地区各国是作为欧洲列强侵略和资本扩张的对象而进入这个体系的，是宗主国与殖民地的从属关系，农业国与工业国的垂直经济分工体系。随着 1914 年第一次世界大战的爆发，维也纳体系彻底崩溃，实际结束了欧洲的全球霸权时代。

第一次世界大战结束后形成的凡尔赛—华盛顿体系，反映了 20 世纪的世界经济已经形成了一个息息相关的整体的现实，具有真正的世界性，但它也只是一个由英国、美国、法国、日本、意大利等国为主导的多极均势结构的体系，强权政治贯穿其中。

"二战"后建立的以美苏对峙的两极格局为基石的雅尔塔体系，是建立在两极的战略力量相对平衡的基础之上，同样带有大国强权政治的深深烙印。以维护世界和平根本宗旨的联合国，尽管存在着各种问题，但在国际经济和政治舞台上，具有普遍性和权威性。国际货币基金组织、世界银行、关税及贸易总协定（世界贸易组织）等国际经济协调组织的成立和运行，极大地推动了世界经济的发展和深度融合。同时，"二战"后，随着发展中国家新兴力量的发展与全球去殖民化进程的深入，西欧、中国和日本等实力的增长，两极格局开始不断向多极并存演变。而后，随着苏联解体与冷战结束，这种格局成为历史的陈迹。

雅尔塔体系之后，政治上出现一超多强的多极化局面，经济上呈现全球经济一体化和区域经济集团化的趋势。经济全球化浪潮虽然使各主要国家的观念和国家综合国力有了深刻的变化，但新的国际经济体系进程却缓慢。进入 21 世纪以来，经济全球化的速度明显加快，有的学者认为随着经济全球化过程的不断发展，国家主权消亡成为必然趋势，国家主权与全球化反向相关，"后威斯特伐利亚"时代已经来临，这种认识未免偏激。经济全球化并不会去国界化，不管是在国内还是国际政治经济生活中，处于核心地位的仍然是民族国家及国家主权。各国依然牢牢把守着国家主权，通过增进国家自主性，在参与经济全球化过程中捍卫国家的根本利益。

二 当前国际经济体系的特征

当前的国际经济体系呈现出以下几个特征。

1. 新的国际经济体系在对旧体系的改革和完善中和平推进

当前的国际经济体系仍处于冷战结束后的过渡期。主要世界大国的实力对比，正朝着相对均衡的方向推进，中、俄、印等"新兴大国"悄然崛起，国际体系中的"非西方色彩"有所增强。不过，虽然国际体系内部结构上出现了"一超走弱、多强易位"的情形，但既有的国际体系规则在维持全球秩序稳定上仍有重要地位。

根据美国著名的国际政治经济学学家罗伯特·吉尔平的观点，体系的变革是体系中主要行为体的单位性质和特征的变化。然而，雅尔塔体系的瓦解是在和平演变的情况下结束的，从国际规制角度而言，雅尔塔体系下形成的国际经济制度（包括国际机制、国际经济组织和国际经济条约）仍然存在，尽管旧的体系存在诸多缺陷且已滞后于国际经济形势新发展。但是，美国仍然是冷战后唯一的超级大国，包括以美元为中心的国际货币体系等经济霸权地位，是其他任何一种货币和国家难以挑战的，尽管其经济霸权受到重创，近十年的经济金融危机的打击仍未散尽，其世界领导力也遭到质疑；尽管美国政府发布的《2010 国家安全战略报告》，不得不承认美国的霸权是有限的。另外，随着经济全球化的发展，各国相互依存不断加深，体系中各主要国家的观念都发生了深刻变化，和平与发展成为建构新的国际体系的"物质基础"，大部分国家认同在现有国际制度框架内实现有序的互动，并对其进行不断改革和完善，而不是建立一套全新的国际经济体系。

2. 全球化环境下的竞争优势和适应力是国际经济体系结构变化的动力

在全球化大趋势推动下，世界生产力和生产关系正在突破工业文明的框架，基于全球市场、全球资源配置和分工的全球经济日趋紧密并相互依存，在竞争机制的全球作用下，世界市场上的经济格局不断发生深刻的变化。竞争优势不断从一国向另一国流动。经济全球化加速了知识和技术的扩散，在信息快捷传播和广泛共享的情形下，后起国家有可能依靠习得，将外国经验与本土实践相结合，建立起支撑该经济高速增长的现代国家能力结构，从而在短短几十年的时间内，便威胁到西方国家经过几百年积聚起来的经济科技实力和优势。经济全球化时代，衡量一国经济实力的标准，不在于是否拥有经济资源，也不在于现有生产规模的大小，或者对某种技术的垄断，而在于该国是否具备经济自我改造的能力，以及对全球经济变化的适应能力。这种由于经济全球化带来的权力再分配，对于传统的占主导地位的国家而言，其保持国际经济体系的成本相对增加，而新兴国家改变经济体系的成本却下降了。有学者认为，力量结构的变动既是国际经济体系变革的根本动力，也是国际经济体系变革自身的重要内容。不过，国家实力的变动并不能自动带来国际经济秩序的变迁。例如，对于新兴国家而言，对于突然到来的大国地位也许并没有做好准备，或许并不打算推翻现有国际体系，只是在国际现状中渐进寻求新的利益空间，达到成为新兴大国的基本诉求。

3. 国际体系中的行为体多元化和民族国家主权的侵蚀加深

全球化进程的日益加快，在国际舞台上除国家行为体和跨国公司之外，各种各样的非国家行为体大量涌现，既包括跨政府间国际性组织，还包括各种国际非政府组织，这些组织涉及经济、政治、文化、科技甚至军事等各个领域。同时，国际经济体系组织载体的改革与创新也在加快，如联合国成立的建设和平委员会和人权理事会，G20 峰会等；地区一体化步伐加快，北美自贸区、跨太平洋伙伴关系协定（TPP）、跨大西洋贸易与投资伙伴协定（TTIP）、东亚峰会、上海合作组织等各种区域合作组织方兴未艾。国际体系的"游戏规则"的变化调整加快，"全球治理"成为大势所趋。国际体系的行为体不再单纯地主要为主权国家，民族国家的中心地位有所削弱，传统的国家主权受到侵蚀。随着全球性和跨国性问题的显著增加，国家体系的议题也呈现多样化，从传统安全发展到非传统安全，包括能源保障、金融稳定、信息安全、气候变化、民主、防核扩散、反恐等诸多议题，多边主义凸显，外交与内政日益交织互动，国家内政更易受到国际社会的关注与批评，迫使国家在内部治理上更强调"善治"与"良治"，以表现出对国际社会负责的态度。在以西方价值观为主导的全球化体系中，发展中国家普遍面临着发达资本主义国家施加的"民主化"压力。

4. 国际经济体系演进的道路漫长

2008 年国际金融危机使美国经济受到重创，为了摆脱危机的影响，国际体系的核心国家——美国开始战略转向，主张国际合作和多边主义，例如，世界银行和国际货币基金组织投票权的改革，"G8"向"G20"机制的转变等。目前，美国的国际地位从绝对优势向相对优势转变，当然这种转变是一个逐渐下滑的漫长历史过程，基于它的国家创新能力和修复能力，以及对于世界事务的操控能力，在未来一个相对较长时期内，美国依然是世界最强大的力量，旧有的国际经济体系比人们想象得更有韧性。此外，维护美国霸权的同盟力量不少，日本只是想在目前的体系不变的情况下寻求修补，得到更多的国家承认和利益，并不想改变目前的国际体系。欧盟、加拿大、澳大利亚等西方发达国家，以及东南亚、韩国等新兴市场国家等，几乎都是现存秩序的维护者，而非改造者。在各种维持性力量的支持和努力下，以美国为中心的现存的国际体系，即单极的霸权秩序，仍将持续，并再一次被强化，而新的非霸权的、多极的世界秩序道路尚远。

5. 国际经济体系演变缓慢的原因深刻复杂

当前推进国际经济体系演变的根源，是全球化、信息化与多极化的交织与深化。虽然，国际经济体系的规范性、有序性和组织性在不断增强，但国际经济体系的无政府本质仍然没变。国际经济体系演变的深刻复杂性在于两个方面。首先，虽然世界经济政治发展的不平衡，必然会导致国际经济格局的演变，各方在国际经济体系中的权力、地位和利益势必面临调整和重组。但这种调整与改变势必引起既得利益方和后起者之间的矛盾对立，由于既得利益方的抗拒与抵制，从美国霸权衰落时代走向新的国际经济新秩序的过渡，将继续步履艰难。其次，在经济全球化纵深发展的背景下，随着全球性问题和跨国问题的日益凸显，国际关系的内涵发生了改变，强调通过多边合作、着眼于人类共同利益、以实现"全球治理"为目标的"世界政治"诉求不断走强，而以民族国家主权为本体的传统的"国际政治"正受到冲击。但是，"各国在经济和政治上相互冲突的目标，使得国际合作和世界多元化领导不可能实现。民族经济往往抵制为适应比较优势和全球经济活动分布的变化而进行的调整"①。传统国际政治的合理性依然存在，其"惯性"依然极为强大。

三 国际经济体系的实质

吉尔平将国际体系的变革分为三种类型，体系的变革、系统性变革和互动变化。而体系的互动变化，指行为体之间在经济、政治等方面的进程性变化，即新兴国家的崛起，它是引起体系结构性变化的最重要原因。从"二战"后的凡尔赛—华盛顿体系，到雅尔塔体系，直到今天旧的体系已经式微，在新的国际经济体系缓慢进展中，这一期间是体系的系统性变革阶段，而不是体系的变革。国际经济体系的实质并没有发生根本的改变，仍然是发达资本主义国家占主导和支配地位的不平等和不合理的国际经济体系，仍然落入资本主义殖民体系的国际经济旧秩序的窠臼。

随着经济全球化进程的加深，世界各国经济的相互依赖也随之加深，呈现出国与国之间依赖的双向性。但这种双向依赖性往往是不对称和不均衡的。就发达国家总体而言，它们之间大致处于同行的发展水平和经济地位，其相互依赖是对称和均衡的，彼此可分享相互依赖的收益。而发达国家与发展中国家之间的经济相互依赖关系，由于发达国家占据支配地位，并得到相互依赖的大部分好处，发展中国家则处于从属或依附地位，这种相互依赖一般是不对称和不均衡的。

全球化的过程是消除资本跨国活动障碍、构建全球经济自由竞争格局的过程，在这个全球化的各国经济资源要素整合过程中，不同规模经济体之间展开不对称的竞争与合作。在国际规则的制度建设上，经济全球化或多或少是在平等的磋商谈判中进行的，但是在运行机制

---

① ［美］罗伯特·吉尔平：《国际关系政治经济学》，扬宇光译，上海世纪出版集团2011年版，第374页。

的形成上，经济全球化却是在市场竞争中进行的，大国和大跨国公司居于绝对优势地位。而机制形成的特点又必然决定着国际规则建设的特点。这就必然导致大国在世界经济中居于支配地位、大跨国公司在全球竞争中处于更加有利地位的局面。换言之，世界经济体系的发展历来遵循强国主导规律，因此，现存的国际经济体系仍然是不合理的国际经济体系。这种不合理性表现在以下几个方面。

第一，决策参与不平等。由于各国经济实力不同，各国的贸易投资规模及相应地在国际组织中的影响力也不同，发达国家往往掌握国际规则的制定权和话语权，而发展中国家由于外部市场和资金的依赖，只能被动地接受由发达国家制定的国际规则。

第二，成本付出不平等。经济全球化是产业分工不断升级和市场不断调整的过程。发达国家处于国际分工产业链的顶端，随着生产力发展和技术变迁，发达国家通过世界贸易组织（WTO）的知识产权保护措施，保护高端技术向国外的输出；同时又通过技术贸易壁垒（TBT），制定严苛的质量标准、安全防护标准、环保标准、包装认识标准、卫生标准等措施，限制他国商品进入，保护本国产业结构。然而，发展中国家由于现代化起步晚，处于国际分工体系的底端，为了获得经济的发展，不得不接受国际产业转移过程中的劳动密集型、资源消耗型、环境污染型等产业，在获得发展机遇的同时，付出了环境污染、资源破坏、本国产业大量破产的发展代价。

第三，利益分配不平等。经济全球化的本质是市场的全球化，这样的全球化理论上是一种平等的市场自由竞争的格局。然而，事实上，由于国家竞争力不同，不同发展水平的国家从经济全球化中获得的利益也是不同的。发达国家通过利用跨国公司加大资本的国际投资，充分利用发展中国家的廉价劳动力，攫取大部分发展中国家的"生产剩余"。"而广大发展中国家由于发展资金匮乏、债务负担沉重、贸易条件恶化、金融风险增加，在国际分工和商品交换中，沦为发达国家资本积累的对象，而且有恶化的趋势。"[1]

第四，国际地位不平等。经济全球化中的国家基本上分为主导型

---

① 柯雪青：《当代资本主义世界体系的主要特点》，《科学社会主义》2005 年第 4 期。

国家和从属型国家。国际分工结构由发达国家所决定，国际经济秩序由发达国家所主导，当前表现为由以美国为首的发达国家所主导。"二战"以后的世界经济体系或称国际经济秩序，虽然表面看来，战后资本主义殖民体系瓦解，广大第三世界国家获得民族独立，建立了民族国家，但是这些发展中国家的工业化过程一开始就被纳入西方国家经济活动中，依然在国际垄断资本主义主导的世界体系中处于不平等的经济地位，在国际分工和商品交换中，沦为发达国家资本积累的对象。"经济全球化是国际垄断资本的理论体系，对发展中国家和发达国家实行双重标准，其目标是建立以发达国家为主导的全球经济新秩序和资本主义的全球扩张。"[1] 英国记者保罗·哈里森在1979年出版的《第三世界——苦难、曲折、希望》一书中揭示了广大第三世界国家陷入发展困境的两个主要原因，殖民主义者的长期统治和第三世界国家独立后过分依赖西方大国。发展中国家与发达国家之间的经济关系，绝不是什么"失衡"的问题，而是不平等、不公正的问题。[2] 在经济全球化的种种不平等关系中，核心是发达国家与发展中国家的不平等，发展中国家处于相对不利的地位。经济全球化的过程既是一个全球生产力进步的过程，同时也是发达国家与发展中国家差距扩大的过程（见表3-1）。

表3-1　　　　人均GDP水平和地区间差距（1000—1998年）

单位：1990年国际元

国家/地区＼年份	1000	1500	1820	1870	1913	1950	1973	1998
西欧	400	774	1232	1974	3473	4594	11534	17921
西方衍生国	400	400	1201	2431	5257	9288	16172	26146

---

[1]　程恩富、王中保：《经济全球化与新自由主义的范式危机》，《社会科学研究》2005年第2期。

[2]　参见舒展《发展的自主性对世界经济体系不合理性的可能超越——科学发展观视域的全球化与民族国家关系探讨》；程恩富：《激辩"新开放策论"》，中国社会科学出版社2011年版。

续表

年份 国家/地区	1000	1500	1820	1870	1913	1950	1973	1998
日本	425	500	669	737	1387	1926	11439	20413
亚洲（不含日本）	450	572	575	543	640	635	1231	2936
拉丁美洲	400	416	665	698	1511	2554	4531	5795
东欧和苏联	400	483	667	917	1501	2601	5729	4354
非洲	416	400	418	444	585	852	1365	1368
世界	435	565	667	867	1510	2114	4104	5709
最大地区间差距	1.1:1	2:1	3:1	5:1	9:1	15:1	13:1	19:1

资料来源：张幼文等编著：《世界经济概论》，高等教育出版社2004年版，整理自〔英〕安格斯·麦迪逊：《世界经济千年史》，北京大学出版社2003年版。

不平等一直是资本主义市场经济的痼疾。库兹涅茨曲线（Kuznets curve）认为随着经济的增长，收入不平等的程度会先升后降。然而，法国经济学者托马斯·皮凯蒂（Thomas Piketty）教授在《21世纪资本论》中，用历史数据表明资本主义国家内部的不平等，即90年代以来，发达国家的不平等现象进一步加剧，尽管20世纪曾一度出现缓解的迹象。由于资本收益率大于经济增长率，随着资本规模的进一步扩大和集中，两极分化现象有可能进一步加剧。国家之间的不平等也在加剧，俄罗斯普列汉诺夫经济大学鲁斯兰·扎拉索夫教授（Ruslan Dzarasov）表示，"全球价值链的实质是根据附加值水平的高低，将生产过程分为不同的链条，现代跨国公司股东的财富价值在很大程度上是基于其在全球产业链中所占有的位置"[1]。

全球收入不平等现象源于经济全球化中的结构性不均衡，这种不均衡性表现在：第一，新兴高附加值的产业一般集中在发达国家手中；第二，作为主导性资源的金融和信息只掌握在少数最发达国家手中；第三，各国、各利益集团都会从自身利益出发推动全球化，然而从经济规模上看，发达国家和大跨国公司居于竞争的绝对优势。因

---

[1] 姜红：《西方国家不平等状况恶化——收入差距拉大》，《中国社会科学报》2015年12月25日。

此，全球化进程中，国际经济关系上的不平等现象仍然存在。全球经济现象上的不平等，源于全球经济结构的不均衡，而根源在于国际经济体系是西方垄断资本主义推动和主导，为国际垄断资本主义经济利益服务的不合理的经济体系，这就是国际经济体系的实质。

从本质上说，经济全球化是国际经济体系发展的一个阶段，是人类社会生产力发展的必然结果。但迄今为止，它又一直处在国际垄断资本的支配之下，是不公正的国际经济体系。从国际垄断资本的立场看，它所要求"外围"国家的，就是依附；如果"外围"国家主动适应"中心"的要求，也就是承认依附，并按依附的标准来改变自己的制度、体制和经济结构。然而，全球化绝不应当是由个别国家主导下的全球化，而应当是在国际协调合作中使各类国家都得益的"双赢"的全球化。

这种国际经济体系的不均衡和不平等性仍将持续相当长的时间。第一，国际经济制度的既有规则仍然是维持全球秩序稳定的支柱，虽然在议程设定和行动能力上国际体系显得力不从心，但其仍具有强大的自我调适和不断更新功能，国际金融体系、国际贸易体系也没有改变，旧的国际经济组织、国际机制和国际经济条约，仍然在发挥作用。第二，尽管旧的体系存在许多不合理、不公正、不完善的缺陷，大部分国家仍认同通过现有国际制度框架，实现有序的互动，并对其进行不断改革和完善，而不是进行体系变革，建立一套全新的国际经济体系。

第二节　国际维度的变量及测算

从国际维度看，影响国家经济自主性的因素有哪些，本书认为要从国家经济所处的国际背景和国家经济自主性内涵两大方面入手。国际经济体系的实质是影响国家经济自主性的首要因素，每个国家在经济体系中的地位不同，它的对内对外政策所能发挥的程度也不同，这是一个相对恒定的因素，类似于数学运用中的一个系数。国家经济自主性是维护国家经济利益安全的能力综合，在国际上表现为一国政府对外经济活动中的自主决策能力，包括对内对外经济控制力和危机应变力。因此，凡是能够影响国家经济控制力和应变力的所有因素，都是国家经济自主性的影响因素。

一　影响经济自主性的国际地位因素——一个系数

在第一章已经分析国际经济体系，特别是国际经济体系下的国际规则和国家制度，对于自主性的影响既可能是促进也可能是削弱，关键看规则制定权掌握在谁手中，以及国际经济体系运行规则与国家意愿吻合程度。上文分析中提到，国际经济体系虽然是一直在缓慢演变过程中，但国际经济体系的实质并没有发生改变，仍然是发达国家主导的不合理的国际体系。各国在国际经济体系中的地位基本上相对稳定，在一个相当长的时间内不易改变，各国的国际地位决定了该国在国际经济体系中实现国家决策目标的意愿程度。因此，各国在国际经济体系中的地位，是影响该经济自主性的重要因素，这个相对恒定的因素，类似于数学运用中的一个系数。

在不均衡发展的国际经济体系中，各国均欲并且理论上均能从中获益，但获益的程度是不一样的。对于发达国家而言，它们寻求的是更广阔的商品、投资、金融、技术等市场，其长期的巨额金融资产、不断新生的技术产业、实力雄厚的庞大金融帝国，能够短时间内从经济全球化中直接获益。而发展中国家在从经济全球化中获得急需的技术、资金和出口市场的同时，顾虑国际竞争的冲击下民族产业本身的生存困境，以及承担国民经济关键部门的失败可能付出的更大代价，他们难以在短时间内直接获益，只能在短期之弊中，经营长期获取利益的可能性。因此可以发现，在国际经济体系中，同样的经济活动给不同的国家带来的效益不一样，同样的对外经济政策创造的效益不一样，其对国家经济自主性的影响也是不一样的。

我们按照各国的综合竞争力、国际影响力，结合国家政治制度倾向，划分四大类国家。

第一类，以七国集团（G7）为代表的西方发达资本主义国家，在国际体系中占主导地位。尽管在 1991 年纳入俄罗斯后成为八国集团（G8）、2009 年又纳入新兴工业国产生 G20 集团，但七国集团是核心成员。作为非正式机构和松散型国际组织，七国集团虽然并没有任何实际的决策权,但其在经济领域具有强大的协调和促进功能。七国集团在经济领域共同的利益诉求和整合程度,决定了它们在国际舞台上的影响力大小。它们凭借领先的科技创新能力、高端化和生态化的产业结构,在全球分工中占据有利地位。当然在七国集团中因凭借各自的经济规模、综合国力和国际影响力,内部也是有层次的,其中美国处于影响力的顶层(之所以不将 G8 作为第一类主导型国家,是因为 2014 年 3 月 G7 发表联合声明,因为俄罗斯"入侵乌克兰",拒绝参加当年由俄罗斯轮值主持的索契 G8 峰会,充分证明国家之间不仅有经济利益差别,更有政治利益和意识形态的差别,这种差别必然会影响到国家对外经济政策实施的效果和范围,从而影响国家经济自主性)。

第二类,以金砖国家为代表的发展中大国和转型国家。根据世界银行 WDI 数据库和世界贸易组织数据,2015 年金砖五国国内生产总值占世界总量的 24.95%,贸易额占世界的 17.2%[①]。金砖国家已形成一个基本的合作体系。在世界格局多极化和世界经济新常态的重要时期,金砖国家希望在国际舞台上争取更多话语权和决策权,强化南北对话与南南合作,促进发达国家和发展中国家加强国际协作,体现众多发展中国家的利益。他们希望通过对国际秩序进行渐进式的体系结构性改革,而不是革命式的推翻,推动国际秩序朝着更为合理的方向发展。

第三类,其他发达资本主义国家和新兴工业化国家。七国集团之外的其他发达资本主义国家包括瑞典、瑞士、荷兰、芬兰、丹麦、澳大利亚等,作为同样的老牌资本主义国家,它们与第一类国家一样拥有高端化的产业结构和先进的产业技术,世界排名较高的人均收入,在全球分工中处于比较有利地位,基础设施建设完备,市场机制完善,国民整体文化水平相对较高,政府效能和企业效能表现出色,重视环保和社会公平,政治体制透明,权力的约束机制和舆论监督机制到位,社会风气清廉。

---

① 国家统计局/中国统计年鉴/2016:附录 2-4 国内生产总值、附录 2-11 进出口额(http://www.stats.gov.cn/tjsj/ndsj/2016/indexch.htm)。

　　金砖国家之外的其他新兴工业化国家和地区①，如韩国、新加坡、香港地区、台湾地区、马来西亚、土耳其、以色列、阿联酋、卡塔尔、沙特阿拉伯、智利等。这些国家和地区的经济发展程度和现代化水平介于发达国家以及发展中国家之间，通过一段时期的出口导向和承接发达国家的产业转移，经济生活快速摆脱了落后局面，工业化进程接近发达国家水平。一些国家和地区经济增长率持续保持较高水平，经济结构特别是工农业结构变化显著，产业结构得到了相应的调整。不过与发达国家的经济贸易关系仍不平等，许多生产的关键技术和核心设备仍然掌握在发达国家手中。当然，其中也不乏如韩国这样科技创新能力较强，在个别领域拥有国际领先生产技术的国家。

　　除以上第一类之外的老牌资本主义国家和金砖国家之外的新兴工业化国家，它们既不是现存国际体系的领导者，也不是挑战者，在国际舞台上属于话语权不多、影响力较弱的中间力量。其中的多数国家和地区，由于国土面积少、经济规模小，无法拥有完整的国民经济体系和资源要素，需要依赖国际市场从中获益，积极融入经济全球化，制定的对外经济政策盯住国际市场，因为与第一类国家的长期友好关系，国内政策与国际制度之间较吻合，提高本国经济自主性目标，相对于一般发展中国家较易实现。

　　第四类，其他发展中国家。除金砖国家和新兴工业化之外的其他发展中国家，它们处于分工体系的最底端，成为发达国家产业转移的承受者，是国际经济体系的"外围"和"依附者"。基本上属于劳动密集型和资源密集型的初级产品和原材料出口国，环境污染、资源枯竭的状况比较严重。其中最不发达的国家甚至需要援助。它们一方面希望从国际经济体系的分工合作，融入经济全球化过程中获得工业发展所需要的物资、资金、技术和服务，另一方面在参与全球化过程中由于外资和外国商品的涌入，民族工业在外资冲击下雪崩式破产，甚至丧失民族经济的独立性。由于发展水平的差距和规

――――――――――

　　①　这里的新兴工业化国家不仅引用1979年经济合作与发展组织的《新兴工业化国家的冲击》中特指的"新兴工业化国家"（NICS）或者1988年本书七国首脑会议上使用的"新兴工业化经济体"（NIES），而是自那时起至今那些进入工业化中期阶段、市场经济基本确立，近些年在国家综合国力和国际竞争力中排名前五十位以上的发展中国家。

则的利弊，发展中国家短时间内得到的更多的是冲击和损失，因此在保卫国家经济自主性的道路上，国内参与全球化和反对全球化的声音都比较激烈。

接下来，我们要考察的国家经济自主性的影响因素和自主性评价体系，必须考虑到，即使同样的国家对外经济政策，包括商品贸易、投资金融和服务政策与措施的实施，不管其初衷是对外资经济的优惠政策还是对本国民族经济的保护，由于各国的经济实力、综合国力、市场竞争力、经济规模，更重要的是在国际经济体系中的地位和影响力不同，政策执行的效果也必将不同。因此，我们在经济自主性评价指标体系模型中将嵌入一个恒定量 A（A≤1）。对于第一类国际经济体系主导型国家而言，A = 1，即它们的经济政策目标和保护国家经济自主性的愿望可以如愿地实现。而第二类、第三类、第四类国家，想要达到通过国际经济活动获益的同时又能增强国家经济自主性的初衷，需要付出的努力程度不一，取得的效果也不一，甚至有的还会背道而驰。具体可能 A = 0.9 或者 A = 0.8，甚至更低，要视不同时期不同国家的具体国情而定。总之，在全球化过程中，各国的国际地位和国际竞争力不同、国家制度不同，对经济的控制力也不同，参与全球化过程中，其经济政策与国际制度的契合程度不同，国家经济自主性也是必然不同的。

正如林达·维斯等（Linda Weiss）在《全球经济中的国家：将国内制度带回来》中指出，经济相互依赖的全球化过程，虽然可以激活国家的创新潜力（enabling face of globalization），但是全球资源要素流动和国际规则对国家产生结构性压力，面对全球化的挑战，除非国家能主动采取有效行动，通过社会创新，强化国内体系的社会保护功能①。由于融入经济全球化的国家，在经济决策过程中，因为要遵循和结合国际相关规则，决策过程发生了变化。这些改变对不同国际地位的国家，影响是不一样的。有些国家，在国际层面上实现了预设的目标；但另一些国家，由于国际规则与该国政策偏好、意愿产生冲

---

① Linda Weiss ed., *States in the Global Economy*: *Bringing Domestic Institutions Back in.* Cambridge：Cambridge University Press，2003，p. 15.

突，导致预设目标的不完全实现甚至落空。① 以汽车工业为例，韩国的汽车工业，虽然起步很晚，但它一方面注意保护国内市场和引进先进技术，另一方面依然在自由化面前坚持对民族工业的保护，因此能在国际市场竞争中成长起来，并且在短短 20 多年的时间，取得世界汽车生产大国的地位。而巴西的汽车工业，虽然很早就通过利用外资实现零部件的本地生产，但国家对国内市场的保护和对西方大公司落后技术的转移，没有采取有效措施，只能生产美欧接近淘汰的车型和部分零部件，因此到 20 世纪 90 年代其汽车工业已经落后于韩国。② 诸如此类的案例说明，如果没有对国家经济自主性的警觉，通过发展对外经济关系，未必能实现增强国家民族经济实力的初衷。

二　影响国家经济自主性的国际变量因素

从国际维度看，影响国家经济自主性的因素众多且复杂，可以根据不同层次类别来整理。从影响国家经济自主性的行为主体来看，各个国际行为体包括民族国家、跨国公司和各类国际组织，都有着各自利益和目标，它们的活动会影响国家经济自主性的强弱。从影响国家经济自主性的内在因素来看，由于国家经济自主性表现为国际竞争力、对外经济控制力、危机应变力、技术创新力等方面的能力，凡是影响这些要素的影响因素，均是国家经济自主性的变量因素。从影响的内容来看，包括国际经济体系中的各种国际行为主体制定的涉外政策、全球战略和国际规则（或国际制度安排），分为微观层面、中观层面和宏观层面的国际规则。从引起国家经济自主性强弱增减所发生的领域来看，国际维度下国家经济自主性的强弱增减主要在进出口商品贸易、国际投资和证券交易、技术和服务贸易等领域，在这些领域，国家、跨国公司和国际组织所进行的活动、采取的政策措施直接影响国家经济自主性。我们将在第五章综合国际和国内因素后，建立模型，用评价指标量化分析各因素对国家经济自主性的影响，测算经济自主性的大小。在第六、第七、第八等章节则从发达国家、发展中

① 参见田野《国际制度与国家自主性——一个研究框架》，《国际观察》2008 年第 2 期。
② 参见徐蓝《经济全球化与民族国家的主权保护》，《世界历史》2007 年第 2 期。

国家和我国社会主义国家的经济自主性在对外经济活动的各领域的情况，进行具体分析，将规范分析和数量分析相结合。我们仍然做大量的原始数据的统计罗列，以弥补运用综合模型的测算分析的不足，避免因为模型和指数构成的某种筛选可能导致的与现实的偏差。

1. 影响国家经济自主性的国际行为主体

国际行为主体包括国际经济体系中的民族国家、跨国公司和各类国际经济组织等，它们的国际活动，其决策目标、行为动机和利益权衡，在直接产生经济效益的同时，也影响到国家经济自主性，使其发生强弱增减变化。

关于国家行为体[1]，国际法的主体主要是主权国家，主权国家是国际法权利和义务的承担者，均有权利自由选择并发展其政治、社会、经济及文化制度。每个主权国都有自己的经济和社会行为目标。法国思想家孟德斯鸠在《论法的精神》中曾经提到，世界上的任何国家都有其相同的目的即"自保"，但是每个国家又各有其特殊目的。借用孟德斯鸠的这番话，"自保"就是国家对自身的独立主权与自主发展的权衡，而特殊目的包括安全、民生、环境等方面的国家战略目标。国家在考虑是否引进国际规则时，会权衡国家利益及国内社会利益的关系，在国家与国际制度、国家与社会两者的博弈过程中，进行取舍。首先，"在特定的国际体系中，当国际规则与国家和社会利益一致时，国家会利用国家规则，增强国家自主性。反之，当国际制度所发挥的功能与国家目标不一致时，则会削弱国家经济发展的自主性，这时，国家会倾向于以维护主权的理由，来保护其自主性"[2]。其次，"每个主权国家都是该国家的统治阶级或集团的利益代表，在经济全球化的背景下，各国国家利益在国际市场上的相遇和相争，实质上是各国的阶级或集团利益的相遇和相争。尤其是发达资本主义国家与发展中社会主义国家的竞争与冲突，实质是阶级矛盾在全球化时代的国际化表现，而不仅是意识形态的分歧问题"[3]。如果承认国家

---

① 这里的"国家"亦指"政府"，尽管两者的概念并不完全一致，指政府代表国家整体利益，与其他国际行为体进行经济交涉。

② 舒展：《后危机时代国家经济自主性及其路径选择》，《福州大学学报》2011 年第 4 期。

③ 同上。

是有阶级性的，那么国际社会也是有阶级性的。在这种情形下，国家自主性，即主权国家实际行使的独立宣布和实现本国政策目标的权利，必然受到各国在世界市场博弈的直接影响和冲击。

跨国公司作为生产国际化的企业组织形式，凭借其巨大的规模与雄厚的实力，已成为当代世界经济活动的主要组织者和全球化的操纵者。对于母国而言，巨型跨国公司是国民经济的支柱、国际经济竞技的"国家队"、产业结构调整和升级的推进器、科技创新的"领头羊"，但是跨国公司也造成了本国的"产业空心化"；对于东道国而言，跨国公司虽有利于补充资金紧缺、增加就业和扩大出口，但是，由于跨国公司的利润最大化原则与东道国的发展目标和产业政策相矛盾。也就是说，东道国希望引进跨国公司促进本国经济持续发展和国家自主性增强的目的，然而跨国公司的赢利目标与其相悖，如果国家缺乏有效的对外控制力，跨国公司对于东道国的经济主权会构成一定的威胁，其主导产业和新兴工业部门可能被外国资本所控制。

国际经济组织按不同标准有不同的分类。有全球性组织和区域性组织之分，有官方组织和民间组织之分，还有综合性和专门性之分。国际经济组织是主权国家间经济关系的协调机构，随着经济全球化的深化，国际经济组织的超国家性质日益显现，将逐渐成为经济全球化时代世界经济的协调和管理的主体。国际经济组织最主要的功能是协调和监管。全球化背景下国际相互依存关系日益密切，越来越多的经济领域需要国际经济组织协调。国际经济组织在充分尊重国家主权的前提下，通过制定维护共同利益的行为规范、运行规则和决策程序的方法，实现其作为制度载体的功能。国际经济组织制定的规范、规则和程序是国际维度下的国际规制的主要内容，是我们研究的国际规则对国家经济自主性影响的重要因素之一。虽然国际经济组织特别是全球性国际经济组织，以公正和民主的原则改造国际经济关系为宗旨，对涉及全球公共产品问题和可持续问题进行协调，解决国际不平衡问题，协调国际争端与冲突，帮助发展中国家解决困难等，但事实上发达国家把持着全球性国际经济组织以及作为成员的区域性经济组织的主导权。例如，从已经达成并纳入WTO框架的协议来看，代表及反映发展中国家经济利益的协议屈指可数。在WTO的争端处理方面，发展中成员维护自身经济自主性方面的力量，也显得很欠缺，无论是提出的有效申诉量，还是获得解决的投诉量，发展中国家所占的比例都低于发达国家。据 WTO 统计数据，从 WTO 成立的 1995 年至 2010 年，争端解决委员会（DSB）共受理投诉 403 件，其中发达国家投诉量 59.6%，发展中国家占 38.9%，联合提出占 1.5%。① 因此，同样的国际规则对于不同国情和发展水平的国家，其对主权国家的经济自主性影响不同。

2. 国际经济行为体制定的各种涉外政策、全球战略和国际规则

国际经济体系中的各种国际规则，包括微观层面、中观层面和宏观层面的国际规则，它们直接作用于国家经济自主性，构成制约国家经济自主性强弱的要素。我们在第二章第一节关于国家经济自主性特征中，论证过国际规则（或国际制度安排）与国家经济自主性的关系，说明国际规则可以增进也可以削弱国家经济自主性。

在微观层面，即国际市场和国际价格层面。经济全球化是社会生产力在全球发展的必然结果，是经济和市场的内在动力不可遏制地促进了各国市场的融合，客观上要求畅通自由的全球资源流动和配置。然而，由于参与其中的经济行为主体，特别是每个主权国家都可能在某一时期，在国家安全和利益驱使下，采取各种形式的国家保护主义的涉外政策和措施，干扰国际市场和国际价格的形成。这些怀揣各自利益的做法，不仅使世界市场的平等互惠无法实现，也直接作用于国家经济自主性的强弱增减。在弱肉强食的世界市场上，有的国家可以通过世界市场增进自主性，而有的国家参与世界市场的结果是在经济活跃的表象下削弱了自主性。

中观层次方面，即国际市场的组织形式。跨国公司不仅是世界市场的微观主体，也是经济世界市场和经济全球化的直接推动者。跨国公司在全球范围内进行资源配置，成为依赖资本纽带联结的多国市场的活动主体。从市场经济的中观层次制度安排来看，全球市场中的这些巨无霸——跨国公司内部复杂的行业和部门管理形式，对国家范围内的企业管理和贸易业务形成现实挑战的同时，它的投资和契约安

---

① 数据来源：世界贸易组织网站（http://www.wto.org/english/tratop_e/dispu_e/stplay_e.doc）。

排、全球战略和组织管理形式，构成国际体系的中观层面的主要内容。有些跨国公司的产值，已经远远超出了一些国家和地区的 GDP。目前"全球有近 5 万个跨国公司母公司和 30 万个在国外的子公司和附属企业，控制着全世界 1/3 的生产、2/3 的贸易、70% 的外商直接投资，以及 70% 以上的专利和其他技术转让"①。现代互联网技术下的全球瞬时联络，使跨国公司的全球战略变得更具有威胁性。通过全球网络，沃尔玛总部可将其遍布全球的近 5000 家分店的库存量、上架量和销售量用 1 小时进行全面盘点。

宏观层次方面，即各种国际性和区域性经济组织的规则。世界政府并不存在，国际规制宏观层次的构建，主要通过两种方法得以发挥全球治理的功能。一是改进和完善既有的国际组织框架，二是寻求必要的国际政治架构的改进。号称"经济联合国"世界贸易组织、世界银行和国际货币基金组织这三大经济组织，以及欧盟、亚太经济合作组织、跨太平洋伙伴关系协定、亚洲投资开发银行等区域性经济组织形式，伴随经济全球化进程的加速，世界各国不断地丰富着国际规制的宏观构建。这些由多边行动产生的宏观层次的国际规则，既影响经济力量的全球化博弈，深刻地左右着国际政治秩序的进程，也直接折射出国家经济自主性的变化。如世界贸易组织既有维护世界市场秩序、促进世界市场体系发育的制度张力，又迫使成员国接受市场经济制度的基本宏观经济框架。如此，对于市场经济成熟国家而言，融入世界贸易组织的规则，有利于促进其贸易增长和国家自主性的提升；但对于市场经济体制刚刚确立、仍不完善的发展中国家的经济自主性而言，无疑是一个严峻的挑战。

3. 影响国家经济自主性的客体

经济自主性作为一种反映国家经济实力和在国际经济中地位的描述性概念，通过国家的各类经济主体的涉外经济活动，经过一系列客体因素的变化折射出来。从各类经济主体的主要涉外经济活动领域，即进出口贸易、国际投资和证券交易、技术和服务贸易等领域来看，经济主体在这些领域的主导性和主动性越强，经济自主性也越强。这

---

① 张建君：《经济全球化的国际层次制度建构》，《中国社会科学报》2013 年 9 月 24 日。

种主导性和主动性反映了国家对外经济控制力、市场竞争力、危机应变力、技术创新力等变量因素的能力综合。

　　进出口贸易领域是国家经济自主性的程度得到最广泛、最直接体现的领域。国家经济自主性既表现在对外贸易进出口额的增长数量、出口制成品的增值率、外贸依存度、所受反倾销案件量等数量方面，同时也反映在一国在对外贸易中资源优势的发挥和利用程度、产业结构升级状况、对国内充分就业和收入分配的影响、资源环境代价等质量和结构方面。与任何其他事物一样，对外贸易对于国家经济发展的影响也是双重的，其正面效应与负面效应的比较，即对外贸易的损益情况，反映了国家经济自主性的增减强弱。正面效应指通过对外贸易促进了国内企业的技术水平、管理水平、研发水平、产业配套能力、市场开拓能力的提升，促进了国内整体竞争力，有利于国内产业结构升级和人力资本的福利改善。负面效应是虽然带动了经济的显著增长，但并没有相应提升国民的福利水平，甚至因为经济对外依赖的加强而受制于人，影响经济持续发展的后劲。例如，自对外开放以来，中国的对外贸易稳步增长，2003—2014 年进出口年均增长 14.05%，[1]连续 5 年成为世界最大出口国和第二大进口国。"但自 2003 年以来我国进出口外贸依存度一直在 50% 以上。"[2] 我国工业产品虽然产量世界第一，"但与发达国家相比，我国工业产品的增值率低，只有德国的 5.56%、美国的 4.38%、日本的 4.37%，且 90% 的出口商品是贴牌生产"[3]。据中国贸易救济信息网案件数据库统计，中国自 1995 年以来连续 18 年成为世界上头号反倾销调查目标国，2002—2014 年涉华反倾销案 791 件，涉案金额高达数百亿美元，遭受反倾销数量占全球总数量的 40% 以上。[4] 利弊相权，对外贸易中的损益抵消不小。换

---

① 数据来源：国研网统计数据库（http：//www. drcnet. com. cn/eDRCnet. common. web/docview. aspx？version = data&docId = 3525297&leafId = 16351&chnId = 4289），2015 年 2 月 10 日。

② 舒展：《中国对外开放中的国家经济自主性问题探析》，《贵州社会科学》2015 年第 9 期。

③ 同上。

④ 数据来源：中国贸易救济信息网案件数据库（http：//www. cacs. gov. cn/casebase/Stat/TocnFanqingxiao. aspx），2015 年 5 月 23 日。

言之，通过以上情况至少反映出，对外贸易对于中国的企业品牌竞争力、技术创新力、自主决策等方面的推动作用还不够理想，经济自主性的正面效益表现还不充分。

在国际投资领域，国际直接投资牵动"一揽子"生产要素的国际流动，是经济全球化的核心，对各国经济产生深远的影响。根据联合国贸易与发展会议提出的"外国直接投资的东道国决定因素和分类"的理论分析框架，国际直接投资的流向变化主要在于东道国决定因素（FDI 的政策框架、经济决定性因素、商业便利）与跨国公司的目标与动机（寻求市场、资源资产或者效率）之间的耦合。① 对于国际投资输入国而言，与 FDI 相关的经济贸易等政策和外资待遇、资源的显示性优势、市场规模和收入等经济决定性因素，显示了一国在国际投资领域的经济竞争力，它们构成国家经济自主性的损益因素。但汇率、政策和制度因素的变动，又会通过国际投资的传导机制影响国家经济稳定性和经济自主性。特别是在经济金融危机时期，金融市场剧烈波动影响国际投资流向的大波动，需要一国具备较强的危机应变力和对外经济控制力。2008 年国际金融危机和 2010 年欧债危机发生之后，发达国家为了摆脱金融危机的影响，投资保护主义有所抬头，"再工业化"政策、欧洲"2020 战略"等的政策，旨在通过对特定行业进行金融支持，鼓励和吸引本国跨国公司制造业回流。② "中国已连续 20 年成为利用外资最多的发展中国家。但据商务部《2004 年跨国公司在中国报告》，跨国公司子公司产品已占据中国国内 1/3 以上份额。"③ "除军工等极少数国家核心行业外，外资在中国第二、第三产业都占有较高的股权和市场控制权。"④ 随着 TPP 和 TTIP 有关投资规则的改变，对中国产业安全和经济自主性将产生新一轮的负面

---

① 资料来源：联合国贸易与发展会议数据库/1998 年世界投资报告（https: // comtrade. un. org/db/mr/rfCommoditiesList. aspx）。

② 舒展、刘墨渊：《国家经济安全与经济自主性》，《当代经济研究》2014 年第 10 期。

③ 曹雷、程恩富：《加快向充分自主型经济发展方式转变——基于经济全球化视野的审思》，《毛泽东邓小平理论研究》2013 年第 8 期，第 26—32 页。

④ 舒展、刘墨渊：《国家经济安全与经济自主性》，《当代经济研究》2014 年第 10 期。

影响。

在证券交易领域，跨国金融活动是经济全球化的重要内容。但金融衍生品如金融期货、期权及股票指数等具有很强的国际渗透性。金融衍生品在促进国际投资、生产、贸易发展的同时，作为转移风险工具的金融衍生品，也可能被用作投机工具，从而危及国家经济自主性乃至整个世界经济的稳定性。2008 年金融危机使国际金融环境更为脆弱，市场变化持续动荡。主要国家货币当局纷纷采取的传统和非传统宽松货币政策，造成全球流动性再度泛滥。后危机时代，虽然发达国家银行体系去杠杆化进程持续，但对新兴经济体持有的债权却有增加。QE3 推出后，美元货币的安全港效应削弱，重新落入中长期的贬值通道。国际金融动荡、重大冲突对国家的危机应变力和经济自主性构成严峻挑战。按照国际惯例，一国金融安全要有发达稳健的金融体系，具有可自由兑换的国际货币，适度规模的债务负担率和外汇储备占比，构成国家危机应变力的基础，是国家在国际经济中的自主性的保障。由于美元在国际货币体系中的主导地位，美国的宏观经济政策不受外界约束却能广泛影响全球，给全球经济带来了诸多不稳定因素，尤其是干扰和制约新兴经济体的经济自主性。"据汇丰银行报告，2012 年中国进出口贸易使用人民币结算的比重达到 12%，但是人民币在国际金融市场上的大宗商品定价权非常有限。"[1] 2015 年人民币加入特别提款权（SDR），为人民币下一步成为国际储备货币铺平道路。但进入 2016 年，人民币大幅贬值，在岸离岸汇差剧烈波动，凸显了央行干预下的人民币在未来或将面临的巨大潜在风险。

从技术和服务贸易领域来看，随着社会生产力的进步，科学技术已越来越成为生产过程中最为重要的一项要素投入，而科技创新力正越来越成为国家综合竞争力的标志和经济自主性的关键。根据生产函数法测算，2013 年发达国家的科学技术对于经济贡献率高达 80%。而发达国家的跨国公司作为技术转让方，在国际技术转让市场中占主导地位。"据联合国统计，西方跨国公司控制着世界大约 80% 以上的专利和专有技术，掌握着 70% 以上的国际技术转让份额，发展中国

---

① 魏礼群：《从经济大国到经济强国的发展之路》，《新华文摘》2013 年第 18 期。

家的技术引进90%以上来自于西方跨国公司。"① 对于技术引进国而言，如果引进技术不能与国内产业结构相适应；不能采取适当的措施，在引进技术的同时注重对引进技术的吸收、消化；不能在引进的基础上结合国内实际有所发展和创新，效果可能适得其反，使本国产业成为技术输出国的附庸，失去经济自主性。特别是世界贸易组织乌拉圭协议增加了"知识产权保护措施"和"与贸易有关的服务贸易自由化措施"之后，民族产业经济竞争力，特别是核心产业竞争力、科技创新能力成为国家经济自主性的重要变量因子。从技术的引进和创新角度看，单纯依赖成熟技术引进获得的国民经济总量增长，将导致与经济自主能力发展不相协调的情势。据统计，按照2011年的相关数据进行综合比较，中国的技术进步对经济增长的贡献率仅为40%。② 而技术对外依存度约为50%，与发达国家70%的技术进步贡献率形成鲜明对比。③ 据知识产权组织统计，2016年全球创新指数，中国排名仅居于第25位，④ 弱势的竞争力与创新能力与全球第二的经济总量并不匹配。可以说，对于发展中国家而言，活跃的技术引进交易，若没有国家层面对技术创新能力的战略引导和推进，在换取国家经济近期增长的同时，对于国家经济自主性终究是一种负影响。

诚然，经济自主性的客体变量，并非限于以上包括进出口贸易、国际投资和证券交易、技术和服务贸易等领域的经济变量。作为一种反映国家经济实力和在国际经济中地位的描述性概念，经济自主性实际上也是一种综合加权指数，既从贸易、投资等直接经济过程表现出来；也从资源环境代价、社会收入分配和国民幸福感等方面表现出来；既从资源比较优势，也从企业竞争力上表现出来；既从对内对外经济控制力，也从危机应变力上反映出来。所以我们通过本章国际维

---

① 庄宗明：《世界经济学》，科学出版社2007年版，第111页。

② 魏礼群：《从经济大国到经济强国的发展之路》，《新华文摘》2013年第18期，摘自《全球化》2013年第6期。

③ 曹雷、程恩富：《加快向充分自主型经济发展方式转变——基于经济全球化视野的审思》，《毛泽东邓小平理论研究》2013年第8期，第26—32页。

④ 数据来源：中国中央政府门户网站/新闻/图解2016全球创新指数报告的中国亮点，2006—0816（http://www.gov.cn/xinwen/2016 –08/16/content_ 5099902. htm）。

度的影响因素，结合第四章国内维度的影响因素，在第五章进行综合评价，构建经济自主性指数，并在之后的章节中通过对外贸易、外资经济等领域的现象和数据整理来反映和论证事实。

第四章　国内维度下国家经济自主性的影响因素

　　经济自主性是维护国家经济利益安全的能力综合，作为一种反映国家经济竞争力和国际经济地位的描述性概念，实际上也是一种综合加权指数，既要从国际体系与国家的国际维度来梳理经济自主性的影响因素，同时也要从国家与社会关系的国内维度来看待经济自主性的影响因素。尽管社会制度性质不同的国家，国家与社会群体、个人的关系也不一样，但同样地，国家具有相对自主性。从国内维度看，现代市场经济国家，不管是资本主义国家还是社会主义国家，由于经济社会收入不同，社会阶层或群体客观存在。国家利益目标与社会群体各自的局部利益目标，即使是在社会主义公有制国家，也不可能完全一致。经济自主性表现为国家与社会群体间关系的国家"中立性"，即不受制于某一群体利益而试图超越群体利益，服从于国家战略利益最大化的意志力。这种"中立性"受国家凝聚力和政策执行力的影响。经济发展过程中比较利益、资源环境代价、国民福利等经济发展的品质，影响国家凝聚力，从而影响国家政策执行力，它们构成国家经济自主性的损益因素。国家凝聚力越强，政策执行力就越强，国家经济自主性也就越强。

第一节　国内维度的国家经济自主性
及其表现形式

一　表现特征——相对自主性

我们在第一章梳理国家自主性概念时提到，从国内维度即国家与社会关系视角看，对于国家自主性的理解，学界存在两大谱系。第一种是以西达·斯考切波（Theda Skocpol）为代表的国家中心论，他们将国家看成一个完全自主性的制度，将"国家"与"统治阶级"进行无缝匹配而无视国家自主性的限度；第二种是以马克思理论为思想渊源的社会中心论，认为国家的自主性是一种相对自主性，他们认为马克思的历史文献中暗示着"国家"与"统治阶级"不是完全配对的，国家作为上层建筑的核心，必然是来源于市民社会又受制于市民社会，国家借助公共权力的自主权，有效发挥了相对于市民社会的相对自主性，将社会冲突保持在秩序范围内，成为一种凌驾于社会之上的力量。我们倾向于将国家自主性定义为一种相对于社会而言所具有的相对自主性，也就是说，倾向于以马克思理论为渊源的社会中心论视角。关于国家经济自主性的相对性特征，从以下两个方面说明。

1. 国家自主性表现为具有超越各种群体利益的"中立性"

国家自主性的"中立性"，是指国家被宪法赋予管理权力之后，就具有的管理国家经济的相对独立的意志力，特别体现在谋划国家经济长远利益的经济发展战略、调控宏观经济、制定经济政策等方面的意志力。这种意志力，具有相对于各种局部的社会阶层或利益集团的"中立性"。这种"中立性"不是绝对的独立意志，而是维护公共利益的独立意志，即在制定公共经济政策时，国家权力不受个别势力的干预，也不拘泥于个别领域的局势。"中立性"从利益分配角度看，正是国家自主性的核心，即超越不同群体的局部利益，追求和维护公共利益，以提供更多更好的公共产品。

国家自主性相对论的主要代表西达·斯考切波（Theda Skocpol）认为，国家作为一个能对经济、政治与意识形态等资源进行重构的统合者，通过调动社会中的政治、经济和社会资源，设立各种行政组织和强制组织，行使国家管理的职能。这些国家机关一经设立，就具有摆脱支配阶层直接控制的相对自主性。"一方面，国家基于维护公共管理秩序和社会稳定的需要，有时不得不向被支配阶层做出妥协，因而与支配阶层之间发生利害冲突。另一方面，国家面对无政府状态的国际体系，为了国家安全的目标，有时也需要不得不牺牲它所代表的支配阶层的利益。"①

在社会主义国家，国家政权代表全体劳动人民的根本利益，国家意志与人民利益密切相融，因此，在法理上，社会主义国家政权面对各社会阶层利益，不存在中立的立场。一是社会主义国家的国家利益、政党利益就是最广泛的人民群众的根本利益，除此之外没有别的利益；二是不允许国家在人民的根本利益和局部的群体利益之间保持中立；三是面对现代社会阶层分化、群体利益多元化的局面，社会主义国家维护绝大多数人民的根本利益而不偏袒任何一方。

国家自主性是"中立"的，这种"中立"不是有的学者主张的实行宪政的绝对中立性国家，也不是有的学者主张的"完备的宗教、哲学和道德学说的一种中立"的相对中立性国家。② 而是面对国内社会阶层分化情境下群体利益多元化的格局，国家具有不断创新管理体制，客观公正地协调多元化社会下的群体利益的矛盾冲突、稳定社会秩序的能力和意志，从而使群体利益服从于人民的根本利益、局部利益服从于整体利益，以利于国家和社会的长期稳定和良性发展的能力和意志。特别是在当前中国经济迅速崛起背景下的社会转型期，中国疾速走向现代社会，社会结构发生了极大的变化，由同质的单一社会向异质的多样化社会转化，国家需要通过建立起公平公正的法治程序，实现良善治理。因此，社会主义国家具有理论上与人民根本利益一致上的更强的国家自主性。

2. 国家经济自主性表现为一种管理和协调社会各阶层利益的能力

近年来，"自主性"（autonomy）常被解读为"力量"（power）或者"强力"（strength），因此国家自主性常被认为是国家能力。但国家自主性不完全等同于国家能力。国家能力是国家在社会和经济活动中具有广泛的管理、分配和再分配的能力。而国家自主性是国家与社会群体的主体性关系范畴，是一种管理和协调社会各阶层的能力，确保

---

① ［美］西达·斯考切波：《国家与社会革命：对法国、俄国和中国的比较分析》，何俊志、王学东译，上海世纪出版集团 2007 年版，第 30—32 页。

② 参见任剑涛《国家转型、中立性国家与社会稳定》，《光明网》（理论版）2014 年 12 月 16 日（http：//theory. gmw. cn/）。

国家意志和目标的"中立性"。因此国家自主性的强弱，从国内维度看，是国家与社会群体关系博弈的结果。有时候，国家能力与国家自主性存在相反的关系。例如，一些发达资本主义国家，国家经济实力和综合国力很强大，国家管理市场经济的能力也强大，但是面对国内明显更大的私人垄断利益集团的诉求和压力时，会比那些能力接近末端的国家更容易受到社会约束而失去自主性，呈现出一种"国家能力越强则自主性越弱"的局面。

国家具有自身运行逻辑和利益，不一定与支配阶级融为一体。尽管在国家自主性讨论上，各学者的观点和研究方法异彩纷呈，但是国家自主性具有两个基础内涵。在应然层面上，要强调国家作为社会公共利益的代表应当超越各种社会力量，具有实现公共利益的自主性；在实然层面上，要强调政府①（广义上的概念）的政策行动力具有突破各种利益群体阻碍实现公共利益的自主性，因为它是国家现实政治生活的代表，代表国家行使经济管理职能。

二 表现形式——国家凝聚力与政策执行力

国内维度的国家经济自主性，主要表现在两个方面，国家凝聚力和政策执行力。既然国内存在社会阶层分化情境下群体利益多元化的格局，国家要实现整体利益最大化的目标，在施政过程中，必然会与一部分群体利益发生交集，而与另一部分群体利益发生冲突的情形，从而在追求公共利益的道路上受到一定的阻力。国家在实施经济管理职能过程中，越能将经济发展过程中的资源环境问题、民生福利问题处理得当，人们的幸福感越强，国家凝聚力就越强，则国家执行政策的能力也就因为受到阻力的减弱而增强，国家经济自主性也就越强。

1. 在多元化社会提升国家自主性的关键是增强国家凝聚力

我们在第二章关于国家经济自主性内涵中已经概述凝聚力概念。凝聚力是指群体成员为实现群体共同的目标而团结协作的程度，外在

---

① 广义上的政府不仅包括行政执行机关，还包括立法机关、司法机关在内的国家机关等，而狭义上的政府仅仅指行政执行机关。广义上的政府"执行力"是指政府行政能力，包括政府机关的全部行政活动，狭义上主要指政府有关政策决策的执行能力。

表现为行为个体对群体目标任务所具有的信赖性和服从性。群体凝聚力作为一种整体配合效能,通过个体心理特征的归属意识,形成"共同责任利益意识",或称"士气状态"。国家凝聚力是一个国家生存和发展的内在动力。国家凝聚力的强弱从一个侧面反映了民众对国家合法性和执政能力认可的程度。当一个国家内部经济发展、政治稳定、社会安定,对外又能从容应对国际纷争的时候,国民对国家的归属感和信心就会增强。我们认为,在现代国家中,由于收入分配过程的经济收入差距扩大和固化,导致社会阶层分化。在社会阶层和社会利益集团多元化背景下,国家的税收最大化目标与社会福利目标之间的重合程度,正是凝聚力的强弱表现。一国收入分配越合理,民众对国家制度和发展模式的认同度就越高,社会稳定性就越强,国家经济政策和战略实施的执行力也就越强。因此,我们用人类发展指数和基尼系数来衡量国家凝聚力,表现国内维度的经济自主性。

增强国家凝聚力,可以从发展经济提高国家综合国力、弘扬核心价值观进行文化建设、消除腐败进行政党廉政建设、建设诚信政府、提升民族凝聚力等方面入手。[①] 我们认为,从经济方面来看,增强国家凝聚力主要依靠两条重要途径。第一,增强国家凝聚力必须以提高国家综合国力为必要前提,在综合国力的诸要素中,经济实力是最关键和最基础的,它是一个国家提高国际地位、增强民族自豪感和向心力的根本支撑点。第二,增强国家凝聚力必须不断消减影响国家凝聚力的离散力。凝聚力和离散力是此长彼消的一对矛盾。从经济领域来看,增强当代中国的国家物质凝聚力,必须大力提高发展的质量,注重改善民生,妥善解决分配问题,实现共同富裕。[②]

我们在第五章构建经济自主性的综合评价指数时,将人类发展指数和基尼系数作为国家凝聚力的物质衡量指标,与其他诸如比较利益、环境资源代价等指标,一起构成经济自主性的测量指标。人类发展指数和基尼系数一定程度上反映了经济发展的质量和收入分配的公

[①] 参见朱耀先《实现中国梦与增强国家凝聚力》,《中共中央党校学报》2013 年第 5 期。

[②] 参见刘学谦《如何增强当代中国国家凝聚力》,《光明日报》2014 年 1 月 22 日第 16 期。

平程度。在社会阶层分化和利益多元化时代，分配的公平与收入差距的合理程度，是国家和民族凝聚力的物质风向标。

2. 多元化社会背景下国家自主性强弱的标志是政策执行力

执行力这一概念，在经济管理学中被广泛应用，常有两种含义。狭义上是指完成既定目标的能力，广义上则指一种顺利完成既定目标的学问和策略，包括制订计划，规划战略。近年来，随着社会公共管理领域的矛盾聚焦，执行力渐渐地被引入政策执行问题的研究中。

国外学者对政策执行力问题的研究已经开展了多年。杜鲁门（Truman，1981）等从压力政治的角度分析指出，政策执行力不过是团体之间的相对影响力，政策执行力是任何时间内团体相互斗争所得的均衡结果①。国内有的学者认为，政策执行力是政策执行过程中沿着政策目标指向所形成的力量，是决定政策执行结果符合政策目标的一种内在品质。② 有的学者认为政策执行力是一种可测试的合力，③是贯穿于一个完整的工作动态的过程，政策执行力不仅体现在执行的环节，还体现在政策制定环节和监督环节。

但是，政策执行力不完全等同于政府执行力或公共行政执行力。从两者的客体上看，政策执行力与政府执行力可理解为相同的概念，但是在主体、方法手段上二者存在差异。④ 政府执行力主体上是以政府作为单线研究主体，本身存在着严重的分歧，首先，政府本身包含广义与狭义两种解释；其次，在执行力上也存在两种解释。而政策的执行力是党和政府执行力的重要部分，同时在实践过程的延伸中还会涉及授权社会组织等其他主体。

有鉴于此，我们选择"政策执行力"这一概念作为国家自主性的核心内涵，既能符合学术界对政策执行发展成果的一般思想，又能体现执行力的价值所在。在国家自主性的意义上，对政策执行力可作如下定义：政策执行力是国家（以党和政府为主线，其他社会力量为支

---

① Truman, David Bicknell, *The Governmental Press*, Praeger, 1981.

② 参见王学杰《对提高政策执行力的思考》，《行政论坛》2009 年第 4 期。

③ 参见周国雄《论公共政策执行力》，《探索与争鸣》2007 年第 6 期。

④ 参见曹堂哲《公共行政执行的中层理论：政府执行力研究》，光明日报出版社 2012 年版，第 34—35 页。

线）利用公共策略平台，整合公共资源，从而在政策制定、执行、监督过程中朝着政策目标指向所形成的合力。

　　上文提到，国家能力并不完全等同于国家自主性，有的国家经济实力和综合国力很强大，当它面对国内明显更大的私人垄断利益集团的诉求和压力时，会比那些能力接近末端的国家更容易受到社会约束而削弱自主性，呈现出"国家能力越强则自主性越弱"，即"国家弱、社会强"的局面。一种情形是由于政策网络导致的"国家弱、社会强"情形，例如意大利。由于国内社会利益集团势力强大，国家（政府）为某一重要社会行为体所"俘获"，在国家目标和重要社会集团的目标不一致时，国家（政府）不得不讨好各种强大的社会利益集团，导致国家收益最大化的目标无法实现，国家在强大的社会利益集团面前失去了自主性。意大利的通货膨胀率和公共财政赤字多年都居高不下，但政治家为了应付选举而不得不维持这种损害国家经济的政策，导致社会福利总体水平的下降。① 另一种情形是由于国内政治制度结构分散导致的"国家弱、社会强"情形。例如美国是一个典型的分权化国家，国内政治制度结构决定了其决策权威是分散的。决策权威越分散，国家实现其目标的否决点（veto points），也即政策流产的决策点就越多。② "在决策权威分散的情况下，国家决策者更可能面对着政策实施中的路径闭锁，从而不得不求助于国际制度。"③

　　以上两种情形，"国家弱、社会强"，即国家自主性削弱，主要表现在政策执行力不强，国家在其与社会关系维度的博弈中，受个别利益集团绑架，在实现国家宏观战略目标的长远利益和社会目标最大化等方面，显现出执行力不足。

　　在经历30多年的改革开放后，中国目前正经历着社会阶层分化

---

　　① 参见田野《国家制度与国家自主性——一个研究框架》，《国际观察》2008 年第 2 期。

　　② 参见 Kathleen Thelen and Sven Stelnmo，"Historical Institutionalism in Comparative Politics"，in Sven Stelnmo，Kathleen Thelen and Frank Longstreth eds.，*Structuring Politics*，Cambridge：Cambridge University Press，1992，p. 7。

　　③ Daniel Drezner ed.，*Locating the Proper Authorities：The Interaction of Domestic and International Institutions*，Ann Arbor：The University of Michigan Press，2003，p. 16。

的社会结构变化时期。从人们的社会地位和经济收入来看，由于市场经济本身的机理作用和体制转轨时期的分配不合理，造成社会收入差距扩大和阶层分化，出现了不同的社会利益群体。在利益多元化情形下，国家的分配政策、产业政策等国家经济职能面临的，不再是简单的国家、集体和个人的关系，而是国家、各利益群体和居民的关系。有学者提出，不能把利益集团的概念泛化，完全等同于利益群体。认为利益群体包括弱势群体、各行业协会、各公益组织等是个中性的概念，而利益集团是贬义概念，在中国语境下特指由一些具有共同经济、政治等狭隘的特殊利益的个人所组成的群体，而非指一般的利益群体和阶层。① 社会主义国家政党把代表最广大人民群众的根本利益作为治党和执政纲领之一，不允许利益集团为了狭隘的利益需要而雇用公关公司和说客对党政部门和干部进行游说活动，企图中饱私囊；更不允许利益集团以经济或政治条件为谈判条件进行要挟，干扰公共决策。因此从国家与社会关系的国内维度看，增强国家自主性的路径，不仅要增强国家凝聚力，还需要克服、警惕和杜绝利益集团对于公共利益的损害，努力提高政策执行力。

第二节　国家经济自主性与国家凝聚力

国家具有相对自主性，国家的利益目标与支配阶级、被支配阶级的利益都不完全一致。在相对自主性概念下，国家代表社会各阶层的公共利益，具体到社会主义国家则是全体人民的整体利益和根本利益。但是，社会存在各种阶层，在群体利益多元化的情形下，国家如何确保公共利益的实现，如何避免来自多个方向的对追求公共利益的离散，体现出国家自主性？最主要就表现在国家凝聚力方面。

一　社会阶层和群体利益
中国社会科学院社会学研究所课题组 2001 年 12 月 11 日发表的

---

① 参见程恩富、詹志华《当前我国利益集团问题分析》，《毛泽东邓小平理论研究》2015 年第 10 期。

《当代中国社会阶层研究报告》根据职业分化和对经济资源、组织资源（政治资源）、文化资源的占有情况，把当今中国的社会群体划分为十大阶层：国家和社会管理者阶层、经理人员阶层、私营企业主阶层、专业技术人员阶层、办事人员阶层、个体工商户阶层、商业服务业员工阶层、产业工人阶层、农业劳动者阶层、城乡无业失业半失业者阶层等。同时，将其分为上层、中上层、中中层、中下层和社会底层共五个社会经济等级。认为当前我国的社会阶层分化主要是职业分化，导致社会阶层分化的原因在于经济体制转型时一些特殊制度安排和生产资料所有权。① "这份调研报告揭示了我国解放初期的'两个阶级一个阶层'（工人阶级、农民阶级和知识分子阶层）的社会结构，已经变成了十大阶层，各阶层之间的经济、社会、生活方式及利益认同的差异日益明晰化。"② 中国目前正处于全面建成小康社会实现中华民族复兴的关键时期，需要稳定的社会环境，同时也需要在阶层分化结构演进和群体利益多元化的新常态期，创新社会管理方式，协调社会各阶层正当的群体利益，增强国家经济自主性，确保国家凝聚力和国家政策执行力。

1. 我国当前社会阶层现状

（1）关于阶级和阶层的概念。从经济学意义上看，阶级和阶层都是指拥有相同经济收入水平和社会地位的人群。从政治学意义上看，阶级是本质概论，阶层是从属概念，阶级的出现缘于阶层固化和对抗。从社会学意义上看，阶层是个大概念，而阶级是特殊分层。社会阶层的核心内容是社会资源在不同社会群体中的分配方式，"阶级的核心内容是生产资料的占有方式"③。马克思在《路易·波拿巴的雾月十八日》一文中对阶级的定义："既然数百万家庭的经济生活条件使他们的生活方式、利益和教育程度与其他群体的生活方式、利益和教育程度各不相同并互相敌对，就这一点而言，他们是一个阶级。"④

---

① 参见陆学艺《当代中国社会阶层研究报告》，社会科学文献出版社 2002 年版。

② 舒展、杨秋乐：《法兰克福学派的非经济分析及其借鉴：分配、分化和认同》，《南京理工大学学报》2012 年第 6 期。

③ 郑杭生：《对阶层与阶级范畴关系的理解》，《人民论坛》2002 年第 10 期。

④ 《马克思恩格斯选集》第 1 卷，人民出版社 2012 年版，第 762 页。

在《哲学的贫困》中马克思对阶级概念进一步说明："经济条件把大批的居民变成劳动者。资本的统治为这批人创造了同等的地位和共同的利害关系。所以，这批人对资本来说已经形成一个阶级，但还不是自为的阶级。在斗争（我们仅谈到它的某些阶段）中，这批人联合起来，形成一个自为的阶级。"① "二战"以后，西方资本主义国家由于推行福利政策，在工人阶级当中阶层分化加剧，出现了阶级意识消解的现象。阶层概念可以看作是一种适度淡化了的阶级概念。"新中国成立后，从政治制度角度看，中国的剥削阶级已经消灭，进入人民社会。但随着改革开放和工业化进程，从人们的社会地位和经济收入来看，阶层差别已是客观事实，以市场为取向的社会主义经济体制改革的过程，恰是国内社会阶层分化的过程。"②

（2）关于社会阶层的标准。关于界定社会阶层的标准，学界也存在着不同看法。有的学者以客观指标作为界定阶层的标准，例如，中国社会科学院社会学研究所课题组的《当代中国社会阶层研究报告》，本书根据职业及经济资源、组织资源、文化资源三种资源的占有情况，通过对五个地区四个阶层的专题调查报告，提出了十大阶层的看法。③ 有的学者基于社会成员主体感受的阶层认同与以客观尺度得出的阶层等级不一致，提出要以阶层意识作为社会阶层标准，"阶层意识是个人对社会经济地位分层状况及其自身所处的社会经济地位的主观意识、感受和评价，而非集体意识"④。有的学者提出要联系主客观两个维度来划分社会阶层，认为既然阶层的主观认同与客观事实之间存在不一致性，那么意味着社会阶层的研究，仅根据客观指标或者仅依照主体认同感划分进行分层，都有失偏颇。他们认为既要根据职业以及相关的经济资本、文化资本和组织资本等客观变量提出客观的阶层体系，同时必须关照当今中国人主观建构层面的因素，即阶层存在意识、阶层的自我定位和阶层等级认定，还要考虑影响中国社

---

① 《马克思恩格斯选集》第 1 卷，人民出版社 2012 年版，第 274 页。
② 舒展、杨秋乐：《法兰克福学派的非经济分析及其借鉴：分配、分化和认同》，《南京理工大学学报》2012 年第 6 期。
③ 陆学艺：《当代中国社会阶层研究报告》，社会科学文献出版社 2002 年版。
④ 刘欣：《转型期中国大陆城市居民的阶层意识》，《社会学研究》2001 年第 3 期。

会阶层等级地位的一些独特因素，比如户籍制度、单位制等，当然实际上还包括一个人的教育水平、生活经历、对社会的关心程度、社会舆论影响等因素。[①]

（3）关于我国当前社会阶层分化现状。改革开放以来，我国在经济快速增长的同时，社会财富分配在强弱阶层中急剧断裂，社会阶层结构发生了巨大的变化。随着改革进入结构调整的新常态时期，不同阶层和利益群体出于对自身利益的维护和预期利益的竞争，一系列社会问题，对国家管理职能和国家经济自主性形成严峻挑战，必须正确认识当前中国社会发展中存在的阶层问题。

第一，社会阶层之间的利益分化加剧。改革开放以来，国家促进经济发展的各种政策措施，激发了社会各阶层追求自主利益的动力，国家经济快速增长的同时，社会各阶层的财富也得到不同程度的增长。但是由于市场机制本身不健全和财富再分配过程中的不合理因素，导致社会阶层的利益出现分化。根据国家统计局发布的2003—2012年的基尼系数为0.47—0.49，超过国际警戒线已是不争的事实，反映出中国阶层之间收入差距扩大的严峻形势。"据世界银行的测算，欧洲国家的基尼系数大多为0.24—0.36，而中国2009年的基尼系数名列世界第36位，高于所有发达国家和大多数新兴国家经济体。"[②]阶层之间的收入差距扩大化，引起民众的不满情绪和强烈的不公平感，从而强化社会阶层的主观分化。

第二，社会阶层之间的流动受阻。阶层流动指社会成员随着社会经济地位的变动，而在不同阶层之间的归属流动。阶层与阶层之间良好的向上流动机制是一个社会和谐、有活力的必要条件。在改革的攻坚阶段，由于既定利益结构格局的渐成，出现了这样一种社会流动趋向。跨阶层流动越来越难，社会流动的代际传承性在不断提高，中间阶层发展乏力，大量的兼业型农民工被阻滞于收入分配的底层，不能实现彻底的非农化。

---

① 参见王春光、李炜《当代中国社会阶层的主观性建构和客观实在》，《江苏社会科学》2002年第4期。

② 舒展、杨秋乐：《法兰克福学派的非经济分析及其借鉴：分配、分化和认同》，《南京理工大学学报》2012年第6期。

第三，社会阶层之间的矛盾显现。收入差距扩大超过一定的承受度，社会阶层之间缺乏流动性，阶层固化，中下层群体改变现状无望，化解冲突的渠道又不畅通，容易造成社会阶层之间的对立与冲突。社会改革和转型期，财富和收入分配政策中的不合理，使部分阶层受益的同时，另一部分阶层成为改革代价的承担者，产生群体间矛盾与冲突。贫富分化引发社会心理失衡，社会群体性事件增多。据中国社会科学院发布的 2014 年《法治蓝皮书——中国法治发展报告》，过去 13 年，中国发生的百人以上群体性事件共 871 起，导致百人以上群体性事件的原因众多。其中，劳资纠纷占 3/10；执法不当占 1/5；拆迁征地占 1/10。① 群体性事件的频繁发生，增加了国家执政难度和成本，不利于社会安全和稳定。

2. 社会阶层分化加剧的原因

社会发生阶层分化，缘于社会上各个不同的利益群体对社会资源的占有不同、社会地位高低不同，根源在于生产力发展水平和社会分工。社会差别和社会阶层客观存在，社会阶层之间的矛盾难以避免。但社会差距扩大，导致社会两极分化，差别被固化，缺乏阶层之间向上流动的机制，就会导致阶层对立和冲突，不同阶层之间的利益冲突和矛盾对抗就会加剧。因此，对于国内治理，重要的不是消除社会阶层存在的客观依据，而是寻找导致阶层分化加剧、阻滞阶层流动的原因，避免阶层固化与阶层冲突，构建和谐社会。

（1）经济体制改革过程中的相关制度建设滞后，导致财富分配的不合理，加剧阶层分化。市场经济在完全自由放任的情况下，必然会导致两极分化。"二战"后，奉行市场经济的西方发达国家，通过实施福利政策和政府干预，使基尼系数处于安全警戒线内，与"二战"前的经济危机、社会冲突和大范围世界战争相比，社会局面有了很大改观。这在某种程度上说明了中国基尼系数偏高、阶层分化且可能滑向阶层对抗险境的主要原因并不在于市场经济本身，而在于改革过程中因制度不完善导致财富分配的不合理。一是对于市场机制的副作

---

① 参见李林、田禾《法治蓝皮书——中国法治发展报告》，社会科学文献出版社 2014 年版。

用，政府的规制和政策没能起到有效地规范和再分配的弥补性调节，工资关系和税收政策不合理，使市场中的"马太效应"日益凸显。二是没能有效避免城乡二元经济结构导致国民待遇不公正，以及由此带来的种种问题和矛盾冲突。从 20 世纪 90 年代的国企改革，到房改、医改、教改，每一项改革似乎都很少惠及农村和农民，致使城乡利益分化问题日益突出，城乡差距不断扩大。三是制度建设的不完善，权力没有受到有效的制约，出现权力在行政和公共服务领域的"寻租"行为，出现了收入由低收入者向高收入者转移，即收入分配的逆向转移的怪象。这种借助公权力的"寻租"收入，导致收入差距放大效应会以几何级数增长。[①] 在经济法规和公共服务体系均不完善的情况下，本该发挥调节作用的国家收入再分配政策，对于消弭阶层差距过大的现象，效果甚微。随着金融和房地产业的快速成长，劳动者在收入分配中的比例不断下降，而资本所有者占比越来越大。利益分化造成利益差距过大。2012 年家庭净产基尼系数为 0.73，1% 的家庭拥有全国超过 1/3 的财产，25% 的家庭拥有全国约 1% 的财产。[②]

（2）既定利益结构格局的形成，阻滞了阶层的合理流动。合理的阶层流动特别是向上流动机制，能够激发社会进步向上的活力，反之，会强化底层阶层的不公平、不平等的负面情绪。改革开放以来，由于旧的不合理的分配格局没有被打破，如城乡二元结构的户籍制度造成农民工无法融入城市，只能低水平流动；新的权力和资本结合下的垄断格局又导致公平竞争环境的破坏，代际传承性被不正当地强化。弱势阶层被边缘化，他们在资源配置市场上几乎没有选择权利，通过自己的能力走向上层社会的可能性越来越小，由此产生强烈的被剥夺感。更为重要的是，由于教育资源的不公平，以及社会创新能力的不足，社会在产业结构升级过程中创造高技术人才需求的能力也有限，为社会劳动者创造向上流动的机会也就有限。"西方发达国家在产业结构升级的过程中，通过不断创造对高技术人才的需求，增加工人从较低的阶层往较高的阶层迁升的机会，保证了阶层的流动性，使

---

① 乔榛：《收入分配的逆向转移》，《新华文摘》2013 年第 18 期。
② 易淼、赵晓磊：《利益视域下的中国经济发展新常态》，《财经科学》2015 年第 4 期。

工人相对于'分配性努力',更多倾向于'生产性努力'。"①

　　(3) 利益表达机制的不足,抑制并强化了不公正感,难免导致阶层冲突。社会阶层之间的矛盾最基本的表现就是阶层之间的利益冲突。在社会阶层的分化、群体利益和需求多元化的情况下,国家的作用在于协调不同群体的正当利益诉求,并使阶层收入差距控制在适度的范围内。适度的阶层差距有利于社会阶层之间的激励与竞争,过度的阶层差距则会抑制人们的积极性,不仅带来社会低效率,而且容易对社会各阶层产生严重的隔离,导致社会阶层之间的对立,引发社会动荡。分配不公平是一个经济问题,利益表达渠道不畅,弱势群体的利益诉求得不到合理的表达和维护,就有可能以过激的方式出现,演变为严重的社会问题和政治问题。特别应关注的是,收入差距过大、财富分配不合理的客观事实,同时掺杂着底层阶层社会地位和政治权利的巨大落差,会在主观感受上强化和扭曲分配不合理的事实。

　　简言之,"经济分配不平等现象,导致了社会阶层的对立情绪;而主体感受的权利不公平感,则强化了阶层的对立情绪,挤压了人群的心理承受力,使社会底层对于自身社会经济状况的认同感低于事实上的经济收入和地位"②。这种负面情绪和主体感受的积聚,不仅影响对国家经济建设成就的客观公允的评价,同时也削弱了国家经济政策的进一步实施,影响国家向心力、凝聚力和政策执行力,最终削弱国家经济自主性。因此,增强国内维度的国家经济自主性,要从改变收入分配领域的不合理现象入手。

　　3. 正确处理国家利益与各阶层群体利益的关系

　　第一章梳理国家理论时提到,国家对内具有政治统治和社会管理的职能。作为社会管理者,拥有巨额的公共资产和公共资源。国家的公共产权制度对于调整社会阶层之间的利益关系,调节社会阶层收入差距有着举足轻重的作用。社会主义市场经济只是发展社会生产力的手段,市场只在生产要素的资源配置中起决定作用,而不能伸手配置

----

　　① 赵鼎新:《民粹政治,中国冲突性政治的走向》,《领导者》2008 年第 2 期。
　　② 舒展、杨秋乐:《法兰克福学派的非经济分析及其借鉴:分配、分化和认同》,《南京理工大学学报》2012 年第 6 期。

权利和权力；否则，必然导致收入分配上的不合理现象。因此，防止社会阶层两极分化，改变收入分配不合理现象，一是要有有效约束权力，防止市场和权力的媾和，正确处理政府与市场两种决定作用的关系；二是正确处理国家利益与各阶层群体利益的关系，尤其是克服强势利益集团对于政策执行的干扰。

当前我国的经济体制改革已经进入了攻坚阶段，其中最棘手的问题是，伴随着资本的合法化，缺乏有效约束的权力走向资本化，形成了一个新的利益结构格局，出现了强势利益群体或利益集团。代表资本和权力的特殊利益阶层，在社会转型期的阶层大分化中，不断取得"自觉"意识，具备了其他弱势阶层和群体所没有的抵制和消解国家的分配政策改革的能力和条件，试图摆脱对国家共同利益的服从，干扰和阻挠国家的政策制定和执行，使群体利益与国家共同利益出现错位。他们的抵制和消解无形中给国家的经济决策施加了巨大的政治压力和风险，极大地考验着国家经济决策的执行力、意志力、公益性和管理国家的能力。如果不能及早扭转这种阶层利益关系格局，可能导致社会流动的"拉美化"趋向，阶层流动固化，即代际传承性不断提高、跨阶层流动的机会减少，社会阶层分布呈"蜡烛型"结构。这样的阶层结构对国家现代化建设是非常不利的。

在社会利益结构形成过程中，国家的执行者——政府扮演的角色至关重要。[①] 国家是占主导地位的阶级阶层的代表，代表了居主导地位的阶级阶层的利益，但同时国家具有自主性，即在现代多元社会协调各个阶层利益关系，维护国家长久稳固的合法性的"中立性"。因此，在阶层结构塑造和阶层利益多元化时代，从社会整体、长远的公共利益出发，矫正收入分配和公共社会资源配置的不合理现象，一是在处理政府与市场的作用上，正确发挥政府对公共社会资源配置的决定作用，主动适时对市场所奉行的效率原则进行必要的调整与矫正。二是政府应站在公共利益的角度，协调社会阶层关系，避免社会阶层分化的加剧，克服和避免少数强势利益集团对公共政策的游说和阻

---

① 国家与政府的概念有区别。国家是主权者的同义词，而政府只是国家的执行者。本书在叙述国家执行决策和社会管理职能时，两者可以通用。

挠，提高和改善社会底层的经济收入和在社会资源获取上的不公平
处境。①

二 利益一致下的凝聚力——诺斯悖论及其消解

有一种观点，认为如果承认国家具有国内维度下的相对自主性，
即国家利益目标与主导阶级的利益目标不完全一致，国家有一定的自
主性，那么必然会陷入"诺斯悖论"。也就是说，即使不存在阶层分
化，国家的双重目标已然陷入"诺斯悖论"，不可能在国家收益与社
会收益最大化之间两全，更何况阶层分化的存在。从而得出国家利益
调节功能的"无效论"，进而否定政府对经济宏观调控的作用。我们
认为，悖论的制度基础已经消除，虽然悖论的现实冲突时有存在，但
社会主义国家可以消解悖论，在群体利益和国家利益之间寻找到最佳
点。阶层利益多元化背景下，社会主义国家依然可以站在公正立场上
协调各利益群体关系的同时，又能保证国家整体利益最大化。

1. "诺斯悖论"

"诺斯悖论"是新制度经济学代表人物道格拉斯·C. 诺斯于
1981 年提出的。诺斯认为国家有着双重目标，一方面，国家作为巨
额的公共资产和公共资源的拥有者，希望通过提供产权给不同的经济
主体以追求租金最大化；另一方面，作为社会管理者又试图通过降低
交易费用促使社会产出的最大化，这两个目标有内在矛盾，因此不可
同时实现。如图 4 - 1 所示，统治者为了达到（A）租金最大化必然
会制定一系列规则，从而降低社会总产出，使 B 无法达到。要达到
（B）社会产出最大化即统治者税收最大化，必须有高效率的产权制
度，要建立一套最有效率的产权制度，意味着统治者要放弃对生产要
素供给的限制，放弃对租金最大化的追求。按照诺斯自己的说法：
"国家的存在对于经济增长来说是必不可少的；但国家又是人为的经
济衰退的根源。"② 这就是著名的"诺斯悖论"。

---

① 参见陈文新《改革开放以来中国社会阶层变动考察》，《中国特色社会主义研究》
2013 年第 6 期。
② ［美］道格拉斯·C. 诺斯：《经济史中的结构与变革》，厉以平译，商务印书馆 2009
年版，第 25 页。

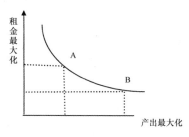

图 4 - 1　国家的目标及冲突

西方经济学的理论假设大都是理性经济人，他们认为国家的运行不可能完全站在公共立场，更不可能站在全体人民的立场。而诺斯的考察也是假设国家存在着一个追求"自身"福利或效用最大化的"统治者"即主导阶层，国家无法约束"统治者"即主导阶层对租金的利益追求。诺斯认为国家的两大目标冲突的根源，在于国家的利益最大化与高效率的产权制度之间存在着持久的矛盾。国家在追求其收入时面临着两个方面的约束，交易费用的约束和竞争约束。代理人所获取的垄断租金、国家与其代理人之间的委托成本，这两者必然增加交易费用。竞争约束促使国家尽量避免与强势阶层的利益冲突。在此双重约束下，国家往往被迫选择无效率的产权制度。

2. 社会主义国家具备消解"诺斯悖论"的制度基础

诺斯在分析国家目标和国家行为时，是以资本主义私有制的国家制度作为标准的，即"诺斯悖论"的根源在于私有制的国家性质。社会主义国家具备消解"诺斯悖论"的制度基础和现实可能。社会主义公有制国家利益与人民群众的利益根本上是一致的，国家自觉利用经济规律，不断完善政府管理职能，有效利用政府的宏观调控和市场的微观机制两种决定作用，积极引入效率导向的产权制度的同时，以制度构建主动消除竞争约束和交易费用约束，从而消解"诺斯悖论"。

从理论上来看，社会主义国家从制度根源上消除了出现"诺斯悖论"的可能性。首先，社会主义国家的政府不是某一少数人组成的强势阶层的代表，其制定的一切国家经济政策都必须把最广大人民群众的根本利益考虑在内，不会出现西方普选制下的政府为了赢得某些阶层（选民）的选票，忽略国家和民族的长远利益的短期行径。其次，在"诺斯悖论"里的国家不能约束"统治者"对租金的追求，统治者容易选择短期收益即租金，而忽视国家的长期收益。而在社会主义制度下的国家，税收不是"统治者"的私有财产，国家也不是被"统治者"所操纵而成为利益集团的工具。社会主义国家的"租金最大化"目的在于更好地满足人民日益增长的物质文化需要。最终，社会主义条件下，从资源占有、生产到分配，都不存在诺斯所言社会产出最大化与社会租金最大化的矛盾，诺斯所谓国家的双重目标，即国家的"租金最大化"和"社会产出最大化"对于社会主义国家而言，可归结为一个总的目标，即国家收入总额的最大化，这两个最大化的目标统一于为劳动人民服务的最终目标。

从现实来看，社会主义国家租金最大化与社会产出最大化的统一，国家利益与全体人民整体利益的统一，可以从党和国家的政策文件中体现出来。从新民主主义革命时期为社会公平的政治斗争，到新中国成立初期为了百姓"丰衣足食"的建设实践，从十一届三中全会到十八届四中全会，在追求国家强盛"人民幸福"民族复兴的道路上，越来越注重民生建设，以让人民得到更多实惠为宗旨，始终把满足人民群众的整体利益作为国家根本利益。在综合国力、国际影响力、国际竞争力迅速提高的同时，居民收入水平和社会保障水平也有了很大的提升。

从现实中来看，社会主义国家租金最大化与社会产出最大化的统一，国家利益与全体人民的整体利益的统一，可以从党和国家的社会主义建设实践中体现出来。从国家经济发展角度来看，据 IMF 统计数据（2016 年 10 月）：按当时汇率，1978 年中国 GDP 只有 1482 亿美元，居世界第 10 位，2009 年起稳居世界第 2 位，2016 年的 GDP 11.39 万亿美元，比 1978 年增长了 76.7 倍；从民众获益角度看，据 IMF 预测数据，2016 年中国人均 GDP 8261 美元，居世界第 69 位。[①]尽管排名还是较落后，但比 1980 年按购买力平价计算折算的人均

---

① 数据来源：世界经济信息网/排名/名义国内生产总值（美元）（http://www.8pu.com/gdp/per_ capita_ gdp_ 2016.html）。

252.38 美元居全世界倒数第 5 位的情形，有了非常大的改善，这是在全国人口增加了近 6 亿的前提下取得的进步。人民生活水平的提高从包括教育、住房、生活质量、卫生条件、就业等各个方面展现出来。国家统计局数据显示：城镇人口平均住房面积由 1980 年的 5.5 平方米，增加到 2016 年的 23.7 平方米；大学本专科升学率从 1980 年的 8%，上升到 2016 年的 94.5% 以上。[①] 社会保障制度覆盖面继续扩大，到 2016 年年底，城镇职工和城乡居民参加养老保险人数合计已达到 8.87 亿人，新型农村合作医疗保险参合率达到 98.1%。根据第六次全国人口普查汇总数据计算，2010 年中国人口寿命 74.83 岁，比 10 年前提高了 3.43 岁。[②]

以上两组数据说明国家收入跨越式发展的同时，人民利益也得到保障和很大的进步。这得益于中国共产党是最广大人民根本利益的代表，是党和政府将长远利益、整体利益与当前利益、各阶层利益相结合的结果。

3. 我国现阶段"诺斯悖论"产生的原因及其消解

虽然由于中国社会主义国家的性质，"诺斯悖论"在中国的制度基础不存在。但中国目前还处于社会主义初级阶段，在制度建设方面还存在许多体制性弊端，在处理与市场相关的一些问题时，政府的"越位"或者"缺位"，也会造成社会产出最大化与国家租金最大化的矛盾，导致社会主义整体利益与局部利益、国家利益与居民利益的冲突。存在两种类似"诺斯悖论"的现象。

第一种"诺斯悖论"。自改革开放以来，通过社会主义市场经济建设，使中国经济社会取得了巨大的发展。但是，"国家让利地方政府和企业的政策取向，出现财富过多向政府和国有企业倾斜的现象，造成社会产出最大化与国家租金最大化的矛盾"[③]。持这种观点的学

---

① 数据来源：2016 年数据来自于 2016 年国民经济和社会发展统计公报（http://www.stats.gov.cn/tjsj/zxfb/201702/t20170228_1467424.html）。

② 数据来源：国家统计局/普查数据/第六次人口普查数据（http://www.stats.gov.cn/tjsj/pcsj/rkpc/6rp/indexch.htm）。

③ 张红宇、张莹丹：《转轨期政府权力悖论的形成原因》，《理论探索》2012 年第 2 期。

者认为，实行的政府主导的社会主义市场经济模式，在某些方面阻碍了市场化改革，即政府"越位"论。因此主张放弃政府的主导作用，倚重市场的决定作用。

第二种形似"诺斯悖论"，所谓形似，即与诺斯所言不尽相同。理论上社会主义国家不存在悖论的制度基础。但现实中由于制度的不成熟和不完善性，国家利益与人民根本利益在目前无法真正达成一致，甚至于某些领域某些时期还可能出现利益分歧扩大的现象，这是形似"诺斯悖论"。

在社会主义市场经济体制下，国家具有社会主义经济的管理者和国有企业的所有者的双重身份，使得国家在进行相关的经济决策时难免产生冲突。作为社会经济的管理者，国家在进行决策时可以做到一视同仁；但当作为国有企业所有者的身份出现时，"基于维护国有企业的保值、增值的动机，保护'僵尸'企业的政策可能出台，导致社会整体生产效率的降低"[1]。因此，虽然社会主义国家利益与社会公共利益根本一致，但在市场经济体制下两大目标也是不可同时兼得，所以在社会主义市场经济阶段，国家存在"诺斯悖论"的土壤。基于这种现实，"诺斯悖论"的消解，需要正确发挥政府调控的决定作用，政府和市场各司其职，使两者在经济改革中形成合力，实现国家利益的同时，实现社会公共利益的最大化，最终实现共同富裕。

在市场经济体制下，正确发挥政府和市场的两种决定作用是消解"诺斯悖论"的关键。由于市场在资源配置中的决定性作用，还必须具备一系列条件，如合格的市场主体、完备的市场环境、健全的法律体系、充分的市场竞争和完善的制度安排等。"而这些条件，只能依赖政府为其提供并不断完善，而这正是发挥政府作用的核心，它们之间是一种分工与合作的交集关系。"[2] 学界普遍认为明确政府和市场发挥作用的边界，是处理好政府和市场两种决定作用的前提条件。二者在市场经济中发挥作用的机理和领域不同，只有优势互补，各取所

---

① 李培林、张翼：《2013—2014 年中国社会形势分析与预测》，《社会蓝皮书》，社会科学文献出版社 2014 年版，第 6 页。

② 冒佩华、王朝科：《"使市场在资源配置中起决定性作用和更好发挥政府作用"的内在逻辑》，《毛泽东邓小平理论研究》2014 年第 2 期。

长，才能真正实现社会主义经济效率与社会公平的相互促进，实现社会产出最大化和国家租金最大化的双赢局面，克服"诺斯悖论"。政府发挥配置公共资源的作用，涉及战略性资源开发、全国性区域性生产力重大布局和重大公益性、服务性等项目由政府统筹；涉及国家信息安全和生态安全等领域由政府把关；涉及环境保护和公平分配等方面由政府干预。在这些领域政府不只要进入，且应强有力地发挥作用。

　　综上所述，国家具有国内维度下的相对自主性，即国家利益目标与主导阶级的利益目标不完全一致，国家有一定的自主性，但社会主义国家不会陷入"诺斯悖论"。社会主义国家具备消解诺斯悖论的制度基础和现实可能。社会主义公有制的国家利益与人民群众的利益根本上是一致的，国家自觉利用经济规律，不断完善政府管理职能，有效利用政府的宏观调控和市场的微观机制两种决定作用，积极引入效率导向的产权制度的同时，以制度构建主动消除竞争约束和交易费用约束，从而消解"诺斯悖论"。换言之，社会主义国家正由于国家利益与人民根本利益的一致，从而具有多元利益下的国家凝聚力，从而显示出国家在国内维度下的经济自主性。

第三节　国家经济自主性与政策执行力

　　国家与社会阶层的博弈主要是利益博弈。鉴于国内维度的国家经济自主性的主要表现力集中在收入分配领域，随着现代化进程中的社会阶层分化，国家经济自主性的发挥，越来越面临着如何协调社会阶层利益多元化、如何克服个别强势社会集团的利益干扰，增强凝聚力，确保社会经济发展既符合国家长远利益和整体利益的大方向，又能被更多利益阶层所接受，达到国家强盛人民富裕的目标。收入分配领域的政策执行力是国家经济自主性的强弱标志。

一　政策执行力与国家经济自主性的关系

　　政策执行力与国家经济自主性是两个紧密相关的概念，政策执行力是国家经济自主性的必要要素，是国家经济自主性的强弱标志。而国家经济自主性是政策执行力的核心诉求。

1. 政策执行力与国家经济自主性的主体共通

从马克思到西方马克思谱系的国家自主性是一种相对自主性，即具有相对于主导阶层又相对于其他各社会阶层关系的自主性。因此，理论上不能将国家完全抽象成一个整体进行分析；相反，必须要在特定的时间、空间和事件背景的基础上进行理论的推演。正是由于这一特质，使得我们有必要将国家经济自主性的主体进行具体的科学物化，以一种可以观察的要素作为存在的方式。简而言之，国家经济自主性的主体并不是一个抽象的整体性概念，而是承载着国家经济自主性内在本质的具体实现方式。杰索普认为"国家是一群机构的集合，它们各自为政运用权力，国家并没有权力，它只是一个能集中并运用社会力量的工具而已"①。因此，将国家经济自主性的主体进行具体物化后，则降解为处理具体事务的国家机关。这里的国家机关包括立法机关、行政机关、司法机关、检察机关以及授权承担部分社会管理和服务职能的社会中介组织或事业法人单位。有效的国家自主性必然涉及各个国家机关内部的凝聚力、机关部门对于资源汲取及分配问题，以及中央与地方的分权等问题。

同样地，对于政策执行力的主体问题的研究，重点是避免绝对理论意义上的推演，而是要以具体的政策为中心，主张将政策执行过程中所涉及的多元施力主体作为研究对象。政策执行力是一种动态发展过程，我们无法用明确的边界去划定其范围；相反，政策执行力是贯穿于政策的制定、执行、监督的整个过程，是由不同层次的施力形成的一种合力。一般而言，政策执行力的主体是指直接或间接参与政策制定、执行、评估和监控的个人、团体或组织。尽管各国的政策制定过程存在区别，但政策主体的构成因素一般都包括立法机关、行政机关、司法机关、政党、检察机关、利益团体、思想库等。

应该说，一方面，与国家经济自主性主体相比，政策执行力的主体更加具体和明确，每一项政策执行主体的范围更加清晰。另一方

---

① Bob Jessop, *The Capitalist State: Marxist Theories and Methods*, Oxford: Blackwell, 1982.

面，我们也看到每一项具体政策的执行主体都是国家机构在实然上的
具体表现，二者主体具有共通之处。

　　2. 政策执行力与国家经济自主性的力量共生

　　政策执行力与国家经济自主性力量是互动共生的，国家经济自主
性是政策执行力独立自主的保障，政策执行力是加强国家经济自主性
的重要依托。一项政策的有效执行依赖于各种条件，比如，合理的政
策制定、明确的目标团体、合作的环境背景以及团结的执行机构。从
国家经济自主性的角度来研究政策执行力，重点关注于国家如何在社
会事务中，按照自身偏好进行独立行事的能力，国家经济自主性与社
会有着密切联系，其能力的大小一定程度上与独立于社会而进行自我
决策的能力相关。政策执行力研究的是从政策制定到执行和监督的全
过程，解读政策执行力的有效性。两者研究都是与社会休戚相关的，
且其能力的大小一定程度上也与独立于社会而进行自我决策、执行、
监督的能力相关。

　　首先，国家经济自主性是政策执行力独立自主的保障。国家自主
性强，意味着国家相对地能够克服社会的诸多诉求，实现最根本的公
共利益需求。面对着信息技术飞速发展的今天，新的决策环境已经发
生了实质性的变化，这就要求我们加强国家经济自主性构建"强国
家，强社会"的社会形态。如果国家经济自主性不强而形成"软国
家"，则意味着国家执行的力度衰朽和国家推动制度变迁能力衰弱，
这必然导致政策执行力的失效。强有力的执行组织，以及各部门间的
密切配合，中央与地方合理分权，突破利益集团的阻拦等国家自主性
的表现都可以增加政策执行力。

　　其次，政策执行力是加强国家经济自主性的重要依托。政策执行
力是国家利用公共策略平台，整合公共资源，从而在政策制定、执
行、监督过程中朝着政策目标指向所形成的合力。政策执行力强可以
减少利益组织对政策的干预，增进执行机构间的凝聚力，以使政策向
社会所期望的方向努力，从而增加国家自主性。相反，政策执行力不
强，则容易形成"上有政策、下有对策"的问题，中央政策得不到
地方的支持，地方最大化地寻求自身利益最大化，从另一方面也会造
成国家自主性的缺失。

3. 政策执行力与国家经济自主性的主旨共有

我们强调政策执行力与国家经济自主性，本质上是强调要建立一个具有责任心的国家和政府，二者的主旨都是要突破利益集团的阻拦达到为人民利益负责的目的。

对于国家经济自主性而言，其最根本内涵就是能够实现公共利益这一根本目标。因此，我们对国家自主性恰当与否的评价标准往往与公民所追求的价值与目标息息相关，错位的国家自主性往往会造成国家极度的自利性，即国家机关片面地追求自身利益最大化，失去公共利益为根本目标的国家经济自主性，也就失去了存在的合法性，终究会被人民推翻。当前，从制度层面上中国实行的是人民代表大会的政治制度，人民当家做主，人民参政议政，这是中国国家自主性公共利益实现的重要依托。

另外，对于政策执行力而言，公共利益是判定执行力有效与否的第一指标。我们知道政府的权力来自人民的授权，一项政策只有清晰地表达人民的根本利益，它才会拥有存在的合法性和执行的有效性，所以政策执行力要始终维护人民的权益，按人民的意愿执行政策。自主性民主是代为行使人民权力的政府所必须拥有的素质，制定符合民意的公共政策，推动政策符合民意是政策执行的职责所在。

由此可见，政策执行力与国家经济自主性具有共同的主旨，也就是要加强自身合法又有效的能力，以公共利益作为根本目的，突破利益集团的阻拦，最终实现人民利益的最大化。

二 执行力策略——杰索普理论及其评鉴

推进中国收入分配格局的调整和执行，除了需要有更为宽广的国际视野外，还需要有更为深入的理论比较探究，以此形成中国收入分配结构调整的战略性思路，以便更好地协调社会各阶层多元利益需要，推进社会和谐，增强国家凝聚力，在确保国家政策执行力的同时，推进国家经济自主性，从而更好地完成国家经济建设任务。因此，在此介绍杰索普的理论，并非要构建"策略关系"国家理论的宏大理论体系，而是在坚持马克思主义的方法论和价值观的基础上吸收一些可借鉴的新视角和新方法去分析当前中国收入分配所遇到的问题，为解释和解决收入分配政策执行力的不足这一问题提供分析工具。[①]

1. "策略关系"国家理论的基本内容

杰索普的"策略关系"国家理论形成的标志是结构—策略辩证法的确立，他认为结构塑造着策略，策略也塑造着结构，在重新审视国家与社会的关系中，使国家重新归位。[②] 杰索普将资本主义类型社会看成一种生态统治，其中经济子系统将资本积累的发展逻辑印刻在其他系统的运行逻辑中，而作为政治系统的国家作为制度的黏合剂，成为一个策略选择和策略协调的系统。在此过程中，"策略方法"的含义和总体图景得以进一步清晰。

（1）社会具有多个权力中心，国家作为社会一个子系统的同时还肩负着社会黏合剂的功能。1）社会按功能划分为多个子系统，各子系统都具有自主性，个别系统承担着生态统治功能，即将自身发展逻辑印刻到其他子系统中，但彼此之间很难会有一个起决定性作用的子系统，因此存在多个权力中心。2）国家属于社会中一个子系统，二者在交互过程中相互塑造，国家在界定社会的认同时扮演着重要角色，同时国家的认同是嵌入所有的社会关系中的，国家权力是与政治相关的各种力量相互平衡的浓缩。国家不能对其他子系统行使等级式控制，但可以遵循自身发展规律，自主地吸收其他子系统有利于自身发展的资源，发挥"黏合剂"的效用，将其他子系统黏合成一个多中心的制度总体，在稳定中寻求共同演化。

（2）国家是一个策略协调和策略选择的系统。1）国家在整个演化过程中作为社会矛盾的中心，是各个阶级或派别运用各种制度和策

---

① 鲍勃·杰索普（Bob Jessop）是英国兰卡斯特大学著名的社会学教授，长期从事国家与国家权力批判、政治经济学（包括调节理论）、治理与治理失效等问题的研究。20世纪80年代，"国家回归"学派的"国家中心"与马克思主义的"社会中心"两种研究范式产生对立，有关国家自主性的讨论产生了"社会中心"的相对自主性与"国家中心"的绝对自主性的争论。杰索普试图在国家中心与社会中心之间找到一条中间道路，在继承普兰查斯关于"国家是一种社会关系"的论断基础上，借鉴并综合了卢曼的自生成系统理论、调节主义学派的调节理论，拉克劳、墨菲的话语分析，最终完成了"策略关系"国家理论建构。

② 参见陈红桂、刘洪寅《策略关系与资本主义国家——鲍勃·杰索普的理论主题、核心思想与趋势》，《南京航空航天大学学报》（社会科学版）2010年第6期。

略能力的政治实践场所，必然承担起策略协调的主要责任，即在系统结构演化出现无序时，国家关注矛盾不同解决策略，利用各种方式进行协调。2）国家是一个策略选择平台，具有策略选择性，即并不是所有社会力量的策略都能被采纳，只有一些符合特定国家部门、机构和制度的特定结构，特定权力以及社会其他子系统的根本原则的策略才能得到支持。"国家作为一个策略选择平台，是一个偶然、矛盾、混合、开放的系统"，[①] 因此策略的实现单纯通过聚焦国家是不现实的，因为国家作为一个制度总体是包含有多中心的一个整体，还要考虑其他结构性力量。

（3）国家策略协调失败源于国家调整悖论。即国家一方面作为社会中的一个子系统，与其他子系统一样都各具自主性，但是另一方面，国家又是一个多中心的制度总体，承担起"黏合"整个社会子系统的责任。因此存在三个问题：1）国家与社会相互塑造，国家权力是各种社会关系相互平衡的浓缩，因此使国家成为社会矛盾中心，增加了复杂性。2）子系统具有自主性，依据自身术语定义问题，如果不利自身发展则将国家政策当作无关联而不予考虑，因此国家的策略协调如不考虑其他子系统的利益，则极易遭到无视或反对。3）国家承担起黏合作用，"会过多干预社会不同领域的问题，自身内部的复杂性和多样性削弱了统一和独特认同，权力也会被不同部门和政策网络所分割，自身内部的协调问题加重"[②]。

2. 评鉴："策略关系"国家理论的启示

尽管我们已经基本澄清杰索普"策略关系"国家理论的基本内容，但是杰索普所提出的"策略关系"国家理论的基本规定和说明都是建立在资本主义国家类型的基础上。不过仅就国家策略选择以及子系统的空间尺度和治理模式而言，对于非资本主义国家类型的研究仍然可以实现"抽象与具体相结合"的理论模式，这一点杰索普也曾表示过这些理论和分析模式可以运用到非资本主义国家。在这里，

---

① 谢元君：《杰索普的策略关系》，《国家理论改革与开放》2012 年第 4 期。

② 江红义：《国家自主性理论的逻辑——关于马克思、波朗查斯与密里本德的比较分析》，《知识产权出版社》2011 年第 116 期。

我们在坚持理论建构的开放性的同时，立足于马克思主义理论的基础上去吸收、借鉴和整合有益的理论见解，同时要摒弃一些抽象的理论争论，比如国家自主性与经济决定、国家资本决定与阶级决定、工具主义与结构主义等争论，而在一般的工具性的意义上，将"策略关系"国家理论运用到收入分配政策的现实分析中。

依据杰索普的"策略关系"国家理论，可以知道国家作为社会的黏合剂，在调节收入分配执行力方面发挥着不可代替的作用。事实表明，国家积极干预和宏观调控是收入分配健康和良性运转的重要保障，其核心就是要坚持国家经济自主性，监督制衡不足的问题而不是解决轮流"坐庄"的问题。尽管"不找市长找市场"的口号表明中国市场力的形成，但是收入分配的特殊性，极需要国家发挥自主性整合社会资源以及完善国家自身以达到改良收入分配政策的目的，中国未来改良收入分配政策的主要切入点就是在充分发挥国家经济自主性的同时，区别好政府与市场、政府与社会的治理边界，解决好政企不分、中央与地方的博弈、行政效率低下等问题。

国家除了作为社会黏合剂外，还是一个策略选择系统。中国是人民民主专政的社会主义国家，国家的基本性质和结构决定了中国对于收入分配的策略选择，可以说实现社会公平正义，尤其是收入分配上的公平正义，是党和人民强烈追求的首要价值和迫切愿望。随着市场经济发展，社会多元化使特殊利益主体有很大的意愿和能力在国家系统中展开策略竞争。面对多元社会结构和特殊的利益集团，社会主义国家应积极作出策略反应，在动态中改变收入分配策略选择，逐渐淡出效率、突出公平，强调共同富裕的总目标。

可以说在思考收入分配政策的过程中，体现出结构与策略，国家与社会的互动关系。基于以上认识，我们有必要在实践的反思中探索一个多元动态的相互协作系统来提高收入分配执行能力。在充分发挥国家经济自主性的同时，重新设计市场、社会和国家三方治理机制在收入分配的理论体系中相对分量，以达到三方良性互动。尤其要看到公民社会力量与市场力量的紧密结合，在推动政府治理收入分配改革当中发挥着不可忽视的作用，比如，行业协会和相关的研究机构对收入分配改革提供了参考意见。

第四节　国内维度的自主性变量

一　国家凝聚力和政策执行力的测量指标转化

从国内维度看，经济自主性表现为国家与社会的关系中的国家凝聚力和政策执行力。基于凝聚力和政策执行力是一种描述性概念，我们用可获得性量化指标来反映。仅从经济自主性的测量角度考虑，我们用经济发展过程中比较利益、资源环境代价、国民福利三个经济发展质量评价指标，来衡量国家凝聚力和政策执行力的强弱，反映国内维度下的国家经济自主性的状况。

比较利益、资源环境代价、国民福利等质量评价构成国家经济自主性的损益因素。国家在开展对外经济活动中的优势发挥和利益获取、资源环境代价、国民福利包括人类发展指数反映出来的经济发展质量和基尼系数反映出来的社会公平等情况，体现了国民的价值诉求，直接关系着社会各阶层民众对作为执行者和管理者的政府的评价，影响国家凝聚力和政策执行力。

国家凝聚力和政策执行力其内在源泉固然在于国家自身所赋予的本质和职能，在于一个国家社会制度和发展模式的吸引力。而外在源泉即外在影响因素是社会群体对于国家行为体的评价，即民众对国家合法性和执政能力认可的程度。制度吸引力、民众的认可程度、国家凝聚力、政策执行力，四者之间几乎是唇齿相依的关系。第一，一个国家对外经济活动越能从容应对国际竞争、越能使国民从中获取比较利益，国民对国家的归属感和信心就会越强，国家凝聚力和政策执行力就越强；第二，国家内部经济发展的同时，越能保持资源环境和社会的协调和可持续科学发展，社会就越和谐，国家的执政能力越得到认可，国家凝聚力和政策执行力就越强；第三，一国收入分配越合理，基尼系数越低，国民幸福感越高，民众对国家制度和发展模式的认同度就越高，社会稳定性就越强，国家经济政策和战略实施的执行力也就越强。

因此我们采用比较利益、资源环境代价和国民福利水平等可测量指标来反映国内维度的国家经济自主性。其中，比较利益一级指标下采用 GNI/GDP 数值和出口退税/出口额两个二级指标来反映国家的比较利益状况；资源环境代价一级指标下采用污染密集型或资源消耗型产品进口率和污染密集型或资源消耗型产品出口率两个二级指标来反映；国民福利水平采用基尼系数和人类发展指数（HDI）来反映。

二　几个国内维度的自主性变量

1. 比较利益

比较利益反映一国在对外经济活动中，根据其自身优势，扬长避短，进行国际分工和国际贸易的收益，属于国际经济关系范畴。但是在考察国家经济自主性的时候，比较利益是国内社会群体对于国家涉外经济行为的得失评价和价值诉求之一。国家凝聚力和政策执行力的力量来源，正是社会公众对于国家涉外经济管理的能力评价和价值诉求。国家比较利益增进，民众对于国家涉外经济行为有正面评价和认可，国家凝聚力和政策执行力得以促进，国家自主性得以提升。因此我们将比较利益指标作为国内维度下经济自主性变量之一，纳入获得性指标领域。

经济全球化既影响全球化的资源要素配置，同时也影响全球的收益分配。不管各国的比较利益的机理是源于大卫·李嘉图的生产率差异、赫克歇尔—俄林的资源要素禀赋差异这两种外生性优势，还是源于迈克尔·波特提出的竞争优势，以及程恩富教授等提出的知识产权优势理论[①]，各国和各国的企业终归是在既定的资源和技术条件下，在预算支出和预期收益的判断下进行的机会选择，均是比较利益的获取。我们在此不讨论国家应该运用何种理论获取比较利益，只做测算工作，用 GNI/GDP 数值和出口退税/出口额两个二级指标来反映国家的比较利益状况。

关于 GNI/GDP 数值，即国民总收入与国内生产总值的比率，数值大于 1 时国家比较利益增进，往往表示一国的对外贸易顺差。但也不尽然。GNI 与 GDP 差额，一般反映了一国对外经济发展的不同阶段的贸易和投资的国际经济关系状况。第一阶段，当国家处于封闭型经济战略阶段，由于缺乏与外界的经济交流，GNI 与 GDP 几乎没有

---

① 参见程恩富、丁晓钦《构建知识产权优势理论与战略》，《当代经济研究》2003 年第 9 期。

差距。第二阶段，当国家处于对外开放初期，外商直接投资 FDI 的快速增长，外资企业大量涌入的同时，GDP 急剧增长并开始与 GNI 拉开差距，有些国家甚至出现国家自主性重创和民族企业雪崩式瓦解的现象。第三阶段，国家在进一步扩大对外开放过程中，出现经济良性循环，民族企业竞争力增强，由引进外资转向对外投资，开始从国际市场获取利润，GNI 逐步增加，逐渐接近 GDP，甚至超过 GDP。这个历程反映了一国经济从封闭到开放、从"引进来"到"走出去"的发展过程，对于发展中国家而言，由于大量吸收外资而导致 GNI 少于 GDP 是必然经历的一个发展阶段。西方发达国家的 GNI 则普遍高于 GDP。如果 GNI 长期低于 GDP 且差额不断扩大，必须警惕一国在对外经济关系和全球化中的地位，利用外资的负面影响增大弱化了国家自主发展能力，应该调整原有对外战略。

根据国家统计局的资料，1992 年以前，中国的 GNI 与 GDP 数值基本持平，有时略大于 GDP。但是 1993—2003 年，中国 GDP 每年都大于 GNI，而且两者差额有扩大的趋势。这一差额显示，在中国境内创造的一部分价值流到了国外，成了外国的国民收入（每年约 1000 亿元人民币），并未构成本国可支配的国民财富。外资带来的经济繁荣，使得中国 GDP 迅速增加的同时，并没有使中国的 GNI（国民总收入）相应地快速发展。根据 2012 年的 GNI 数据（Atlas 统计方式），中国的 GNI 为 7.731 万亿美元，比 GDP 低了 6.5%。[①] 不过，我们在第五章用国家统计局的统计数据进行计算，结果与 Atlas 统计方式有所不同：1998 年以来 GNI 略低于 GDP，而 2004 年以来基本是持平的（见附录 13：国民总收入与国内生产总值比 GNI/GDP D15）。

关于出口退税额/出口额的数值，即当年一国外贸货物出口总额中退还企业已纳的在国内生产和流通环节的各项符合规定的增值税、消费税款的比例，这一比例反映了一国货物外贸出口的实际收益情况。作为一项间接税范围的国际惯例，出口退税政策具有增强本国商

---

① 参见中国行业研究网/普华财经（http://finance.chinairn.com）。中国 GNI 规模比 GDP 口径规模要低（http://finance.chinairn.com//News/2014/05/06/105439984.html），2014 年 5 月 6 日。

品的国际市场竞争力、扩大外贸出口的作用。但是，出口退税的实质是在国家通过牺牲国民税收收入、变相对本国商品进行出口补贴和让利的同时，也是用国内税收对国外消费者进行补贴，这是本国国民福利的一种明显"漏损"。[①] 因此应该合理有度地发挥出口货物退税政策。

作为一项旨在提高企业产品出口竞争力的政策性鼓励措施，我国的出口货物退税政策从 1985 年开始实施以来，已经进行了 11 次的调整。出口退税政策在鼓励出口，增加外汇、扩大就业、吸引外资等方面起到了积极的作用，但也出现了一系列新的问题。例如，对外依存度过高，容易造成国内经济发展和就业受制于国际市场变动的被动局面；养成很多出口企业依赖于出口退税营利的惰性，追求自身营利能力的动力不足；财政补贴使"僵尸"企业维持在落后产能下生存的资源配置不合理现象；规模庞大的外汇占款所增发的基础货币，结合出口退税，导致日益严重的通胀问题；与世界的贸易摩擦越来越多等问题。在经济和中国经济新常态下，结合国内供给侧结构性改革的需要，将出口退税政策的调整与产业结构调整相结合，有利于淘汰落后产能，抑制"高耗能、高污染、资源性"产品的出口，从外贸的税收管理渠道配合培育国内企业的创新能力和竞争能力。

2. 资源环境代价

现代工业制造业的快速发展模式所带来的不可再生资源枯竭、环境污染问题早在 20 世纪 70 年代已被引起关注，人们越来越意识到西方工业文明的发展模式的不可持续性，探索经济社会与资源环境的协调可持续发展已越来越引起世人的警觉和共识。本书在考察国家经济自主性综合指标时，将资源环境代价作为获得性指标纳入考察范围，基于以下两个方面的考虑。

第一，伴随经济增长过程的不可再生资源耗竭、生态破坏和环境污染问题，在浪费和破坏经济发展的可持续性、影响居民生活质量、损害生命健康、妨碍经济社会全面和谐循环可持续发展的同时，必然

---

① 参见吕永刚、华桂宏《中国经济自主性的评价指标构建与实证分析》，《无锡商业职业技术学院学报》2009 年第 6 期。

带来人们对于国家经济执政能力的负面评价，挫伤人们对国家治理能力和发展模式的认可度，影响国家凝聚力和政策执行力，从而影响国家经济自主性。

第二，以高投入、高排放、高消耗为特征的、以粗加工业和制造业为主要内容的低端性产业结构，是工业化初期和中期的主要生产模式，西方发达国家通过将资源消耗型、环境污染型的低端产业向国外转移的方式，作为其治理本国生态环境的手段，同时实现国内矛盾的转嫁，这是发达资本主义国家主导的国际经济体系不合理性的一个方面。

因此，在资源环境代价一级指标中，我们采用污染密集型或资源消耗型产品进口率、污染密集型或资源消耗型产品出口率这两个二级指标，作为经济自主性综合指标的获利性变量。

依赖非再生资源的传统的西方工业文明的发展模式，给人类造成了各种环境困境和资源危机，是一种以摧毁人类的基本生存条件为代价获得经济增长的道路。中国改革开放 30 多年来，恰似在模仿西方传统的工业发展模式，以引进外资和鼓励扩大出口为主要增长引擎，加入国际经济产业大转移的行列，赢得了年均 10% 左右的经济高速增长，创造了令世人瞩目的奇迹。但是也付出了高昂的资源环境代价，主要表现在环境污染和破坏严重、资源约束趋紧、生态系统退化，呈现出高投入、高消耗、高排放、不可循环的规模、不经济生产方式。面对这些问题，国家一直在努力探索经济社会与资源环境相协调的具有中国特色的现代化道路。1992 年 6 月，在里约热内卢召开的联合国"环境与发展大会"，签署了以可持续发展为核心的《里约环境与发展宣言》和《21 世纪议程》，中国随后编制了《中国 21 世纪人口、资源、环境与发展白皮书》，1997 年，十五大把可持续发展战略确定为中国"现代化建设中必须实施"的战略，纳入中国经济和社会发展的长远规划。党的十七大报告把经济发展的资源环境代价过大列为中国目前面临的首要问题之一。党的十八大明确提出大力推进生态文明建设的总体要求，把建设资源节约型、环境友好型社会作为全面建成小康社会的目标之一。

3. 国民福利

上文提到，国家凝聚力和政策执行力其内在源泉在于一个国家社会制度和发展模式的吸引力；而外在源泉即外在影响因素是社会群体对于国家行为体的评价，即民众对国家合法性和执政能力认可的程度。一国经济发展过程中人民生活水平的提高程度、社会收入分配公平程度，直接影响民众对国家行为体的认可程度。我们用最后一组变量：国民福利，包括基尼系数和人类发展指数两个指标作为反映国家经济自主性状况的可测量指标。虽然对于这两个指数，由于其自身的某些局限性，学术界对基尼系数和人类发展指数对于经济发展质量和社会公平程度的反映的准确性有不同意见。但毕竟是目前世界范围内最具权威而被广泛使用的，用它们作为反映国民福利的指标，会使我们的研究数据更具可信度。

基尼系数是目前国际上最常用的综合测量社会居民收入贫富差异程度的一个重要分析指标。基尼系数 0.4 被认为是社会分配不平均的警戒线，高于 0.4 可能导致社会不安定，而低于 0.2 被认为会导致社会创新动力不足。基尼系数低的国家例如日本（基尼系数仅为0.23），社会比较稳定，即使发生如 1998 年的金融危机，也未产生重大的社会问题，但社会创新能力明现不足。基尼系数较高的国家例如美国，它的基尼系数在发达国家中是最高的，社会的割裂和碎片化明显，但经济与社会具有较强的创新力。

对于我国的基尼系数，近年来争论非常大，一些学者和统计机构提出了自己的测算结果，有的认为在 0.5 以上，有的甚至认为在 0.6以上。但不可回避的是，随着社会主义市场经济建设的快速发展，社会居民收入差距不断拉大的事实，会影响到整个社会的和谐环境。据国家统计局数据，我国的基尼系数在 2007 年以来一直在警戒线 0.4以上，高于所有发达国家和大多数发展中国家。这种情形将极大地影响国家凝聚力，引发一系列社会问题，影响社会稳定，损伤国家经济自主性。随着"十三五"规划（2016—2020 年）的实施，以五大发展理念引领新的发展，在制度设计和实际工作中，坚持以人民为中心的发展思想，使全体人民在共建共享发展中有更多获得感。收入分配不合理、收入差距拉大的现象有望得到改善，基尼系数有望在未来五年之后，降至国际警戒线 0.4 以下。

人类发展指数又称为人文发展指数（HDI），是由联合国开发计划

署于 1990 年提出的，包括"预期寿命""教育年限（成人识字率）"和
"生活水平（人均 GDP）"三个分指标，将经济指标和社会指标结合，
用以对单纯的经济增长指标进行修正，衡量各国经济发展过程中的人
类生活质量。20 世纪 90 年代，以阿玛蒂亚·森（Amartya Sen）为代
表的一种更关注生命的质量、以人为核心的人本主义经济理念诞生，
它改变单纯追求经济数量增长的旧范式，将人的自由和发展联系起
来，建立了全新的发展理论框架，提出"自由的扩张"才是发展的
最终目标。① 联合国开发计划署采纳阿玛蒂亚·森的理论框架，设计
了被全球广泛接受的人类发展指数（HDI），每年发布各国《人类发
展报告》以全面评价一国经济发展的同时居民物质生活质量、生活环
境、文化和政治环境的改善程度。通过测算人类发展指数 HDI，可以
发现一国经济社会发展中的薄弱环节，为经济与社会发展提供预警，
为世界各国制定经济社会发展方略提供决策依据，从而有助于一国实
现经济社会的良性循环。

但是人类发展指数 HDI 的局限性主要在于，HDI 只反映社会生活
的三个基本维度，健康、教育和人均物质财富水平，不能全面反映一
国的经济社会发展水平和质量，使其成为一种仅是衡量生活质量的指
标。因此许多专家提出各种修正建议，诸如，计算 HDI 时增加更多的
指标变量，建立加权综合指数，比如，建立体现科学发展观要求的经
济社会综合评价体系②，将保障人权、政治自由和生态环境都包含在
内，并且考虑人类发展多样性因素，对不同国家制定不同的人类发展
指数参照值。③ 经济学家拉尼斯针对 HDI 的缺陷，从多维度对人类发
展的概念和指标进行了扩展，提出广义的国民幸福指数体系。发展经
济学的代表人物诺豪斯和托宾认为使用经济福利测度 MEW（包括环
境污染、城市化下的精神压力、休闲和家庭劳动等因素在内）来代
替。2002 年获得诺贝尔经济学奖的美国心理学家联手经济学家正致
力于"国民幸福总值"的研究。日本经济学家青木昌彦认为应该采

---

① 参见舒展《政治经济学中的人类发展经济学》，《马克思主义研究》2011 年第 8 期。
② 参见程恩富、王朝科《建立体现科学发展观要求的经济社会综合评价体系：科学发展观由理论到实践的纽带》，《海派经济学》2009 年第 1 期。
③ 参见舒展《政治经济学中的人类发展经济学》，《马克思主义研究》2011 年第 8 期。

用国民幸福总值 GNC，强调文化方面的因素。韩国大学教授崔尚咏在其《未来依赖于文化力量》一文中也提出了国民文化总值 GNC 概念等。不过这些修复建议和幸福指数目前仍没有得到广泛的认同。从数据可采集性、指数权威性方面来看，我们仍然采用人类发展指数，作为衡量经济自主性中折射凝聚力和政策执行力程度的"国民福利"下的二级测算指标。

综上所述，国内维度下的经济自主性，表现为国家与社会的关系中的国家凝聚力和政策执行力。我们用可获得性量化指标来反映凝聚力和政策执行力，用经济发展过程中比较利益、资源环境代价、国民福利三个经济发展质量评价指标，来衡量国家凝聚力和政策执行力的强弱，反映国内维度下的国家经济自主性的状况，它们构成国家经济自主性的损益因素。其中，比较利益一级指标下采用 GNI/GDP 数值和出口退税/出口额两个二级指标来反映国家的比较利益状况；资源环境代价一级指标下采用污染密集型或资源消耗型产品进口率和污染密集型或资源消耗型产品出口率两个二级指标来反映；国民福利水平采用基尼系数和人类发展指数（HDI）来反映。国家在开展对外经济活动中的优势发挥和利益获取、资源环境代价、国民福利包括人类发展指数反映出来的经济发展质量和基尼系数反映出来的社会公平等情况，体现了国民的价值诉求，直接关系着社会各阶层民众对国家执行者和管理者的政府的评价，影响国家凝聚力和政策执行力。

第五章　国家经济自主性的综合评价体系及其指数

　　承接上一章的分析，经济自主性是维护国家经济利益安全的能力综合，作为一种反映国家经济竞争力和国际经济地位的描述性概念，经济自主性实际上也是一种综合加权指数，既要考虑国家所处的国际经济体系实质和国际制度、国家规则对国家经济自主性的影响，同时也要考虑国家经济竞争力、危机应变力和国家凝聚力等国内因素方面的影响。因此，我们在此提出经济自主性的评价指数。我们划分三个领域共 20 个指标，运用 1—9 标度分层次分析法建立判断矩阵，求和测算各指标的权重，然后经过对原始数据进行无纲量化处理后，通过线性加权合成法，得到经济自主性的加权指数，即 $y = \sum_{i=1}^{n} AWiYi$（$A \leqslant 1$）。诚然，我们认为一个综合模型的建构只是基于综合考虑的一个侧面，主要是通过建立评价指标体系和指数计算与合成，对经济自主性的变化趋势和过程进行描述和分析。由于指标选择和权重设定上难免带有主观性，使测算结果难免有瑕疵，客观如实地反映经济自主性的可能仍然是原始数据的简单统计分析。因此，除了运用综合模型的测算分析之外，在第六、第七两章关于我国经济自主性损益的现状描述性分析中，我们仍然做大量的原始数据的直接呈现和传统分析，以期如实反映现象，不至于因为模型构成的某种筛选，而导致与现实的偏差。

第一节　国家经济自主性综合评价指数的构成

　　我们通过前几章的梳理，首先，甄别与厘清国家经济自主性与国家经济主权、国家经济利益、国家经济安全和国家综合国力等概念的关系；其次，从国家与国际经济体系、国家与社会两个维度，分析影响国家经济自主性的恒量和变量因素，筛选较能准确显示国家经济自主性强度的对外经济控制力、市场竞争力、危机应变力来衡量国际维度的经济自主性强度，以及通过社会凝聚力和政策执行力显示国内维度的经济自主性强度；接下来是本书的核心部分，即再将这些变量因素构成经济自主性的评价指标体系，然后采集原始数据，计算加权指数，用于动态条件下量化综合表达国家经济自主性的强度。从而综合反映国家经济自主性这一核心概念和国家综合能力。

一　构建评价指标的层次结构

关于经济自主性评价指标体系的构建，目前国内尚缺乏系统性研究和较一致意见。笔者基本赞同南京师范大学华桂宏教授的观点，他将经济自主性的指标评价体系设计为 3 个目标领域层、8 个一级指标、19 个二级指标。① 我们在此基础上，修改了一级指标和二级指标的 5 个内容，共增加 20 个二级指标，并且在经济自主性评价指数合成模式中嵌入一个系数。

1. 构建指标层次

我们以评价指标和变量的选择必须具有系统性、可比性和代表性的原则，通过测量国家经济在控制力、竞争力和获利性三个领域的状况，来构建经济自主性的综合评价指标体系。控制力指标用以测量经济自主性的有无，考察经济自主性的外在表现。竞争力指标用以衡量经济自主性的强弱程度，分析经济自主性的动力源泉。获得性指标用以评价经济自主性的得失，是判断经济自主性的价值尺度。这三个目标值分别从外部表现、内在依据和价值诉求上，比较完整全面地评判经济自主性，构成一个相互关联和相对完整的评价体系。

根据国家经济自主性的影响因素，经过甄选、比较、确定三个步

---

① 参见吕永刚、华桂宏《中国经济自主性的评价指标构建与实证分析》，《无锡商业职业技术学院学报》2009 年第 6 期。这是一篇很有理论价值的实证论文，可是因发表在较普通的期刊上而未引起学界关注，且作者之后也未就该论题继续研究，这给本书的研究留下了空间。在此表示感谢！

骤，我们将评价目标层即经济自主性的衡量通过控制力、竞争力和获利性三个领域的指标组合来反映，控制力指标下设对外控制力和危机应变力两个板块共六个指标，包括对外贸易依存度、对外能源依存度、对外资本依存度、对外技术依存度、债务负担率、外汇储备占 GDP 比重；竞争力指标下设贸易竞争力、显示性优势和企业竞争力三个板块共八个指标，包括初级产品贸易竞争力、工业制成品贸易竞争力、内资企业贸易竞争力、农业原材料显示性优势、食品原材料显示性优势、制成品显示性优势、世界 500 强中中资企业比重、外商投资工业企业资产占工业企业总资产的比重；获利性指标下设比较利益、资源环境代价、国民福利三个板块共 6 个指标，包括 GNI/GDP、出口退税/出口额、污染密集型或资源消耗型产品进口率、污染密集型或资源消耗型产品出口率、基尼系数、中国人类发展指数（见表 5-1）。

表 5-1　　　　　　　　经济自主性指数的构成及权重

目标层	领域层	权重	一级指标层	权重	二级指标层	权重
经济自主性 A	控制力 B1	0.350	对外控制力 C1	0.750	对外贸易依存度 D1	0.394
					对外能源依存度 D2	0.394
					对外资本依存度 D3	0.133
					对外技术依存度 D4	0.079
			危机应变力 C2	0.250	债务负担率 D5	0.500
					外汇储备占 GDP 比重 D6	0.500
	竞争力 B2	0.478	贸易竞争力 C3	0.122	初级产品贸易竞争力 D7	0.106
					工业制成品贸易竞争力 D8	0.260
					内资企业贸易竞争力 D9	0.633
			显示性优势 C4	0.230	农业原材料显示性优势 D10	0.158
					食品原材料显示性优势 D11	0.187
					制成品显示性优势 D12	0.655
			企业竞争力 C5	0.648	世界 500 强中中资企业比重 D13	0.667
					外商投资工业企业资产占工业企业总资产的比重 D14	0.333

目标层	领域层	权重	一级指标层	权重	二级指标层	权重
经济 自主性 A	获利性 B3	0.172	比较 利益 C6	0.652	GNI/GDP D15	0.800
					出口退税/出口额 D16	0.200
			资源环 境代价 C7	0.131	污染密集型或资源消耗型产 品进口率 D17	0.600
					污染密集型或资源消耗型产 品出口率 D18	0.400
			国民 神利 C8	0.217	基尼系数 D19	0.600
					中国人类发展指数 D20	0.400

2. 几项指标修改及缘由

本书的经济自主性综合评价指数测算方式，参考了华桂宏教授的计算方式，但在本书的测算公式中嵌入了一个系数，即增加了国家经济体系下国家的国际地位因素（见本节的第三个目），这是最大的区别。此外，不但将测量体系的一级层指标和二级层指标，还增加和修改了五项内容，具体如下。

（1）增加了危机应变力指标。华桂宏教授将用于测量国家经济自主性有无的这一外在表现的控制力指数，分为两个一级指标，包括对外控制力（对外贸易依存度、对外能源依存度、对外资本依存度、对外技术依存度）和对内控制力（外资企业对进口的贡献度和外资企业对出口的贡献度）。与华桂宏教授的经济自主性评价指标体系不同，我们将控制力指数包括对外控制力和危机应变力两项一级指标测量，将对内控制力（外资企业对进口的贡献度和外资企业对出口的贡献度）修改为危机应变力。在经济全球化背景下，国家经济自主性的主要表现在国际市场上具有自主决策发挥对外经济政策，并从国际体系中获取国家利益和民族利益的能力，包括对外经济控制力、竞争力和危机应变力，是一种确保国家经济利益安全的能力综合。随着经济全球化的深化，各国经济相互依赖的同时，一国经济变动和经济政策对他国经济乃至整个世界的影响面在扩散，特别是一国经济危机通过国际传导机制，对世界范围内各国经济的负面影响程度在扩大。国家应对和转化外来经济危机的负面影响时，其能动性和反应力是反映一国控制力的重要表现。我们在危机应变力一级指标下，采用债务负担率（政府债务所占 GDP 比重，即外债余额/GDP，）和外汇储备占 GDP 比重两个二级指标，来衡量国家经济自主性的应变和转化能力。

（2）修改竞争力指标下的两个二级指标。反映国家经济自主性强弱的竞争力指数中包括贸易竞争力、显示性优势和企业竞争力三个一级指标。在华桂宏教授主张的经济自主性指标体系中，企业竞争力一级指标下有两个二级指标分别为，世界 500 强中在华投资企业比重和世界 500 强中在华投资企业营业额比重。而我们采用中资企业在世界 500 强中的比重和外商投资工业企业资产占工业企业总资产的比重这两个指标来反映企业竞争力。我们用中资企业在世界 500 强中的比重，来反映本国企业在全球市场的竞争力；用外商投资工业企业资产占工业企业总资产的比重，来反映外商投资企业对本国市场的控制力，折射本国企业在国内市场的竞争力。认为华桂宏教授采用的"世界 500 强中在华企业比重"与"世界 500 强中在投资企业营业额比重"这两个指标反映的内容重复。

（3）改变国民福利指标的测量，并增加一个二级层指标。在华桂宏教授的经济自主性指标体系中，获利性领域下的第三个一级指标"国民福利"之下，只有一个二级指标"中外资企业职工工资比"。而我们增加获利性指数中的测量领域，即在国民福利一级指标之下，设置两个二级指标，包括基尼系数和中国人类发展指数。获利性指数反映国家经济自主性的得失，这是从国内维度考察国家经济自主性，是指国家在制定公共经济政策时，国家权力不受个别势力的干预，也不拘泥于个别领域的局势，通过"中立性"获得凝聚力，从而使国家的意志力得到有效贯彻和执行。在社会阶层和社会利益集团多元化背景下，国家凝聚力的强弱从一个侧面反映了民众对国家合法性和执政能力认可的程度。国家凝聚力是国家自主性的自变量因素，凝聚力越大，自主性越强。收入分配公平程度和国民幸福感，是影响民众对国家制度和发展模式的认同度的重要因素，从这一层面来讲，全球普遍采用的基尼系数和人类发展指数，一定程度上可以反映一个国家对民众的凝聚力。凝聚力越强，政策执行力越强，则国家自主性越强。

二　指标权重的测算

经济自主性是反映国家经济决策能力的综合指标，它的影响因素众多，因此经济自主性指数是多因素多目标决策问题。各因素对于经济自主性影响的强度不同，需要确定各层次指标在经济自主性指数中的权重。指标权重反映各个指标的重要程度，权重确定的合理与否决定着综合评价的科学性和准确性。

1. 运用层次法建立判断矩阵

对于系统分析而言，我们根据评价指标体系中各要素对于国家经济自主性的相对重要性，运用层次法建立 A—D 层判断矩阵。我们将目标层的经济自主性指数定为 A 层，领域层定为 B 层，一级指标定为 C 层、二级指标定为 D 层。将各层次中的行指标和列指标，通过"1—9 标度法"，分别对比其相对重要性，数值越大表明其对经济自主性的重要性越大。每一层与下一层次因素的关联性和重要性得到两两比较判断矩阵：A =（a_{ij}）n × n，如表 5 - 2（B 层判断矩阵）和表 5 - 3（C1 层判断矩阵）。

表 5 - 2　　　　　　　　　　B 层判断矩阵

A_K	B1	B2	B3
B1	1	0.5	3
B2	2	1	2
B3	0.3333	0.5	1

注：经济自主性 A、控制力 B1、竞争力 B2、获利性 B3。

表 5 - 3　　　　　　　　　　C1 层判断矩阵

B_{1K}	C1	C2
C1	1	3
C2	0.3333	1

注：控制力 B1、对外控制力 C1、危机应变力 C2。

其他指标的判断矩阵也依此建立，限于篇幅，不一一列出。下一步对判断矩阵进行权重计算。

2. 采用求和法计算各指标权重

我们运用求和法，计算各评价指标的相对权重。公式如下：

$$W = \frac{1}{n} \times \sum_{j=1}^{n} \frac{A_{ij}}{\sum_{k=1}^{n} a_{kj}} \ (I, \ j, \ k = 1, \ 2, \ \cdots, \ n)$$

即是先判断矩阵中的列项相加得出三个指标（下式大括号中的三个分母），然后再用判断矩阵中每一行的指标分别作为分子除以之，最后求平均值归一化。例如，领域层的控制力指数 B1、竞争力指数 B2、获利性指数 B3，它们对应于经济自主性而言，其权重通过求和法分别为 0.350、0.478、0.172。

$W_{B1} = 1/3 \times [1/ (1 + 2 + 0.333) + 0.5/ (0.5 + 1 + 0.5) + 3 (3 + 2 + 1)] = 0.350$

$W_{B2} = 1/3 \times [2/ (1 + 2 + 0.333) + 1/ (0.5 + 1 + 0.5) + 2 (3 + 2 + 1)] = 0.478$

$W_{B3} = 1/3 \times [0.333/ (1 + 2 + 0.333) + 0.5/ (0.5 + 1 + 0.5) + 1 (3 + 2 + 1)] = 0.172$

构成经济自主性综合指数的三个领域竞争力、控制力和获利性，以及各自一级、二级指标层的权重分别通过求和法计算出指标权重（见表 5 - 1），限于篇幅，各指标计算过程不一一展开。

关于运用层次法建立判断矩阵，然后确定指标权重的求和方法，一方面，由于客观世界的复杂性和研究者对各因素重要性的判断具有主观性，需要检测判断矩阵中各项权重之间的协调性；另一方面，由于判断矩阵是各层次各因素之间进行两两比较相对重要性得来的，比较时并没有固定的参照物，研究者在进行比较时可能出现一些违反常识的判断，造成人为地偏离完全一致性。判断矩阵可以允许大体的一致性，但不完全一致是必须排除的，因此需要进行一致性检验。（1）计算一致性指标 CI [CI = (最大特征值 - n) /n - 1]。若 CI 值越大，说明人为造成的判断矩阵偏离完全一致性的程度越大。（2）找出同阶的平均随机一致性指标 RI。（3）计算一致性比率 CR（CR = CI/RI）。当 CR < 0.1 时，可接受一致性检验，否则需要对判断矩阵进行

调整和修正。本书中此处的 CR 值全部符合小于 0.1 的条件，因此全部通过了一致性检验。

三　嵌入一个系数

国际经济体系的实质是由发达资本主义国家主导的存在结构不合理、地位不平等、发展不均衡的体系，不同国家由于所处国际地位的不同，即使是相同的国际规则和国家政策下，对国家经济自主性的影响力也是不一样的。因此，在国际经济体系中，不同国家的国际经济地位，成为影响经济自主性的重要因素，对于一国一定时期而言，相当于一个恒定量。当代经济全球化进程由发达国家主导和推进，发展中国家处于不对等的地位。在这种国际格局下，各国均欲并且理论上均能从中获益，但获益的程度是不一样的。对于发达国家而言，它们寻求的是更广阔的商品、投资、金融、技术等市场，其长期的巨额金融资产、不断新生的技术产业、实力雄厚的庞大金融帝国，能够短时间内从经济全球化中直接获益。而发展中国家在从经济全球化中获得急需的技术、资金和出口市场的同时，顾虑在国际竞争的冲击下民族产业本身的生存困境，以及承担国民经济关键部门的失败可能付出的更大代价，他们难以在短时间内直接获益，只能在短期之弊中，经营长期获取利益的可能性。而且可以发现，在发达国家主导的国际经济体系中，即使是同样的经济活动给不同的国家带来的效益也是不一样的，同样的对外经济政策创造的效益也不一样，其对国家经济自主性的影响也是不一样的。

1. 国际体系中四大类型国家

我们按照各国的综合竞争力、国际影响力，结合国家政治制度倾向，划分四大类国家。

第一类，以七国集团（G7）为代表的西方发达资本主义国家，在国际体系中占主导地位。尽管在 1991 年纳入俄罗斯后成为八国集团（G8）、2009 年又纳入新兴工业国产生 G20 集团，但七国集团是核心成员。作为非正式机构和松散型国际组织，虽然七国集团并没有任何实际的决策权，但其在经济领域具有强大的协调和促进功能。七国集团在经济领域共同的利益诉求和整合程度，决定了它们在国际舞台上的影响力。当然，在七国集团中因各自的经济规模、综合国力和国际影响力，内部也是有层次的，其中美国处于影响力的顶层。

第二类，以金砖国家（BRICS）为代表的发展中大国和转型国家（中国、巴西、俄罗斯、印度和南非）。金砖国家已形成一个基本的合作体系，成为发展中经济体同发达经济体沟通的桥梁和纽带，希望通过强化南北对话与合作，让发达国家和发展中国家加强国际协作，在世界格局多极化和世界经济新常态的重要时期，在国际舞台上争取更多话语权和决策权，借此体现众多发展中国家的利益。金砖国家希望通过对国际秩序进行渐进式的体系结构性改革，而不是革命式地推翻，推动国际秩序朝着更为合理的方向发展。

第三类，其他发达资本主义国家和新兴工业化国家。七国集团之外的其他发达资本主义国家，金砖国家之外的其他新兴工业化国家。它们既不是现存国际体系的领导者，也不是挑战者，在国际舞台上属于话语权不多、影响力较弱的中间力量。其中的多数国家和地区，需要依赖国际市场从中获益，积极融入经济全球化，制定对外经济政策盯住国际市场，因为与第一类国家的长期友好关系，国内政策与国际制度之间较吻合，提高本国经济自主性的目标，相对于一般发展中国家较易实现。

第四类，其他发展中国家。除金砖国家和新兴工业体之外的其他发展中国家，它们处于分工体系的最底端，成为发达国家产业转移的承受者，是国际经济体系的"外围"和"依附者"。由于发展水平的差距和规则的利弊，发展中国家短时间内得到的更多是冲击和损失，因此在保卫国家经济自主性的道路上，国内参与全球化和反对全球化的声音都比较激烈。

2. 国际经济地位即系数 A（A≤1）

接下来，我们要考察的国家经济自主性的影响因素和自主性评价体系，必须考虑到，即使同样的国家对外经济政策，包括商品贸易、投资金融和服务政策与措施的实施，不管其初衷是对外资经济的优惠政策还是对本国民族经济的保护，由于各国在国际经济体系中的地位和影响力不同，从而各国经济政策与国际制度的契合程度不同，导致政策执行的效果也必将不同。因此，我们在经济自主性评价指标体系模型中将嵌入一个恒定量，相当于系数：A（A≤1）。对于第一类国际经济体系主导型国家而言，A=1，即它们的经济政策目标和保护国家经济自主性的愿望可以如愿地实现。而第二类、第三类、第四类国家，欲达到通过国际经济活动获益的同时又能增强国家经济自主性的初衷，需要付出的努力程度不一，取得的效果也不一，甚至有的还会背道而驰。具体可能 A=0.9 或者 0.8，甚至更低，要视不同时期不同国家的具体国情而定。总之，在全球化过程中，各国的国际地位和国际竞争力不同、国家制度不同，对经济的控制力也不同，在参与全球化过程中，其经济政策与国际制度的契合程度不同，国家经济自主性也是必然不同的。而这些不同，究其根源，不在于表面所看到、能收集到的经济因素，恰恰是各国不能自主超越的政治性因素，即国际经济体系由发达国家主导的事实，因此，它是一个常数或称恒定量。

正如林达·维斯（Linda Weiss）在《全球经济中的国家：将国内制度带回来》中指出的，全球化过程中的经济相互依赖，虽然可以激活国家的创新潜力（enabling face of globalization），但是全球资本流动和国际制度对国家产生结构性的压力，"面对全球化的挑战，除非国家能主动采取有效行动以强化创新和社会保护的国内体系"。[①] 通过汇聚在某个特定领域的"原则、规范、规则和决策程序"，"国际规则对缔约国的行为做出了规定，从而使国家的偏好、意愿与能力受到了约束和限制"。[②] 由于决策权威的转移，国际规则的主导权和支配权掌握在少数国家手中，一些国家在国际层面上实现了预设的目标，但另一些国家在偏好、意愿上与国际规则产生冲突，导致预设目标的不完全实现甚至落空。[③] 以汽车工业为例，尽管韩国的汽车工业起步很晚，但国家注意保护国内市场和引进先进技术，使其在短短20多

---

① Linda Weiss ed. , States in the Global Economy: Bringing Domestic Institutions Back in, Cambridge: Cambridge University Press, 2003, p. 15.

② Stephen Kr Asner, "Structural Causes And Regime Consequences: Regimes As Intervening Variables", in Stephen Krasner ed. , International Regimes, Ithaca And London: Cornell University Press, p. 2.

③ 田野：《国际制度与国家自主性——一个研究框架》，《国际观察》2008 年第 2 期。

年的时间里便在世界汽车生产的排行榜上名列第五位。巴西的汽车工业在 20 世纪 60 年代就通过引进外资实现了零部件的本地生产，但国家对国内市场的保护和对西方大公司落后技术的转移没有采取有效措施，只能生产美欧接近淘汰的车型和部分零部件，因此到 90 年代其汽车工业已经落后于韩国。[1] 诸如此类的案例，至少不是所涉国当初通过发展对外经济关系，增强国家民族经济实力的初衷。

第二节　国家经济自主性综合评价指数

在第五章第一节中我们通过建立判断矩阵，用 1—9 标度法计算确定了各指标值的权重即 Wi 之后，接下来在本节中我们收集原始数据，然后通过对原始数据采取无纲量化处理，得到各年度的指标标准值即 Yi。用线性加权合成法，得到经济自主性的加权指数，即

$$y = \sum_{i=1}^{n} AWiYi \ (A \leqslant 1)。$$ y 表示合成的经济自主性指数，Yi 为指标标准值，Wi 为指标权重；A 为常数，指国际经济体系中影响自主性发挥的各种国家类型。

一　原始数据的收集及其处理

我们对经济自主性指数采用分层次多指标评价方法，在将各二级指标综合成一个指数之前，除了根据其在对应上一级指标体系中的重要性进行求和法计算权重之外，有些指标还需要对原始数据进行无纲量化处理，以便对经济自主性的进程和状况作出尽量接近真实的综合评价。

1. 原始数据采集说明

为了分析和描述一定时期内国家经济自主性的变化状况与趋势，我们对经济自主性指标体系中三个领域 8 个一级指标 20 个二级指标所应对的各年份经济原始数据进行采集。

我们的原始数据基本来源于国家统计局的官方统计数据库《国家

---

① 参见徐蓝《经济全球化与民族国家的主权保护》，《世界历史》2007 年第 2 期。

数据》（http：//data. stats. gov. cn），只有少部分国家统计局没有的统计或者统计不全的数据才采用其他权威机构的统计数据。例如，在对"对外能源依存度 D2"进行计算时，需要的各年份能源进口量和可供消费的能源总量，我们采用的是中国知网的中国经济与社会发展统计数据库（http：//tongji. cnki. net/kns55/index）的三份统计年鉴《中国能源统计年鉴》2009 年、2014 年和 2016 年。"世界 500 强中中资企业比重 D13"采用的是财富中文网的统计数据（http：//www. for-tunechina. com/）。"基尼系数 D19"分别采用了中国知网的中国经济与社会发展统计数据库的《中国发展报告 2009》和国研网统计数据库中（http：//drc. heinfo. gov. cn/）的居民生活数据库。"中国人类发展指数 D20"采用联合国开发计划署官方网站《人类发展报告》（http：//hdr. undp. org/en/global – reports）。具体数据参见附录 18。

各项二级指数的获得，包括以下计算方法。

控制力指数包括对外控制力和危机应变力。对外控制力 C1 之下4 个二级指标：对外贸易依存度 = 进出口总额/GDP，对外能源依存度 = 进口量/可供消费的能源总量，对外资本依存度 = 实际使用外资/全社会固定资产投资总额，技术依存度 = 技术引进经费/（技术引进费用 + R&D 经费支出）；危机应变力 C2 之下 2 个二级指标：债务负担率 = 外债余额/GDP，以及外汇储备。

竞争力指数包括贸易竞争力 C3、显示性优势 C4 和企业竞争力 C5三个一级指标。

贸易竞争力 C3 包括初级产品贸易竞争力即 TC 指数 = 初级产品（出口额 – 进口额）/（出口额 + 进口额），工业制成品产品贸易竞争力即 TC 指数 = 工业制成品（出口额 – 进口额）/（出口额 + 进口额），内资企业贸易竞争力 = 内资企业（出口 – 进口）/（出口 + 进口）。显示性优势 C4 共三项：农业原材料显示性优势 = 我国农业原料出口（占货物出口总额的比例）/世界农业原料出口（占货物出口总额的比例）；食品原材料显示性优势 = 我国食品原料出口（占货物出口总额的比例）/世界食品原料出口（占货物出口总额的比例）；制成品显示性优势 = 我国制成品出口（占货物出口总额的比例）/世界制成品出口（占货物出口总额的比例）。企业竞争力由世界 500 强中中资企业比重 D13、外商投资工业企业资产占工业企业总资产的比重 D14 构成。世界 500 强中中资企业比重 = 世界 500 强中中资企业数/500；外商投资工业企业资产占工业企业总资产的比重 = 外商投资工业企业资产/工业企业总资产。

获利性指数 B3 由比较利益 C6、资源环境代价 C7、国民福利 C8 指数组成。比较利益指数由出口退税/出口额和 GNI/GDP 组成。资源环境代价 C7 包括污染密集型或资源消耗型产品进口率 = 污染密集型或资源消耗型产品进口总额/进口总额，污染密集型或资源消耗型产品出口率 = 污染密集型或资源消耗型产品出口总额/出口总额。

2. 原始数据的无纲量化处理

首先，当我们对影响某一综合指数的各项指标进行分析时，构造判断矩阵层次结构反映了因素之间的关系，但指标层中的各指标在指数测算的最终结果衡量中，所占的权重并不一定一致。权重的给出，带有一定的主观性，它们往往反映其在决策者心目中所占的比例。在确定影响某指数的诸因素在该指数中所占的权重时，碰到的第一头疼的困难是这些权重往往无法明确定量化。其次，当影响某指数的因素较多时，若直接考虑各因素对该指数的影响程度时，通常会因为考虑欠周全、顾此失彼而使研究者提出与他实际认为的重要性程度并不相一致的数据，甚至有可能提出一组隐含矛盾的数据。因此，需要对原始数据进行无纲量化处理。

所谓无纲量化处理是一种综合评价步骤中的一个环节。有的原始数据需要进行无纲量化处理，也叫标准化或叫规格化处理，它是通过简单的数学变换来消除各指标相互间影响的方法，即用以消除原始数据中各指标变异程度上的差异。同时，在无纲量化处理时需要对评价指标进行同向处理。因为有的指标是正向指标，有的指标是逆向指标。对指标方向进行判断，并且进行同向转化，是指标无纲量化的关键环节。同向处理，或者说将逆向指标正向化转换的方法，主要有倒数法、最小阈值法和最大阈值法（互补法）。

我们的经济自主性综合指数由控制力、竞争力、获利性三个维度 8 个一级指标和 20 个二级指标组成。主要需要进行无量纲化的指标有以下这些。

　　关于控制力维度，因为它的二级指标关于对外贸易、能源、技术、资本的依存度，以及债务负担率和外汇总额占 GDP 的比重。四个对外依存度和债务负担率是逆向指标（逆向指标是指数值越小越好的评价指标，正向指标是指那些数值越大越好的统计评价指标），要进行正向转化。在开放型经济关系中，每一国必然存在对外经济依存和债务负担，但对外经济依存度和债务负担率超过一定限度，对于国民经济发展和国家经济自主性都是负面的。因此，在计算过程中需要进行正向处理，即指标的一致化处理。我们在数据一致化处理过程中，采用互补法（互补法是指该指标与另一指标之和为 1 的指标），即正向定量值 = 1 − 逆向指标值，其标准公式为：$Yi = 1 - \dfrac{Xi}{Xmax}$。我们在对依存度指数进行无量纲化处理时采取阈值比较法（是指实际值与阈值相比较），即 $Yi = \dfrac{Xi}{X0}$，其中 Yi 指指标转换后的评价值；Xi 指指标的实际值；X0 指该指标的阈值。在对四组依存度指数进行纲化时，我们选取四组数据的阈值为 1（也就是选取其基准值为 1），在得出纲化后的数据后分别乘上各自权重，最后求和得出对外控制力指数指标。控制力评价指数 B1 由对外控制力指标 C1 和危机应变能力指标 C2 组成，由于二级指标层的指标已经进行无量纲化处理，因此一级指标层不对数据进行处理，以免纲化处理越多，数据被"磨皮"后离现实可能的误差越大。

　　在竞争力维度中，贸易竞争力 C3 下的三个指标需要进行无纲量化处理，由于这三组数据数值都是处在 −1—1 之间，因此，我们在对数据进行无量纲化处理时采取规格化方法对数据进行纲化（也称极差正规化，即指标实际值减去指标最小值，再除以极差，本指数极差为 2）较为合适，即：$Yi = \dfrac{Xi - min}{max - min}$。这种无量纲化方法实际上是求各评价指标实际值在该指标全矩中所处的位置的比率。此时 Yi 的相对数性质较为明显，而且均值均在 0—1 之间。这种方法的特征表现为消除量纲和压缩数据同时进行。经过处理后的数据分别与其权重相乘，然后求和，得出最终评价值。

　　显示性优势 C4 下的三个指标（农业原材料显示性优势、食品原材料显示性优势、制成品显示性优势），我们在对数据进行纲化处理时采用阈值法，由于国际上统一标准：显示性优势 RCA > 2.5 时，则表明该国服务具有极强的竞争力，因此选取三组显示性优势数据具有极强竞争力时的阈值2.5，也叫基准值（根据综合评价的目的来确定阈值，如果是动态评价，阈值可以定为被评价对象的历史最好水平，也可以是基期水平），然后用实际值/基准值，得出纲化处理后的数值。经过处理后的数据分别与其权重相乘，然后求和，得出最终评价。

企业竞争力 C5 由世界 500 强中中资企业比重 D13、外商投资工业企业资产占工业企业总资产的比重 D14 这两组数据组成。这两组数据虽然都是处在0—1 之间，但由于这两组数据的性质是一种比值的形式，需要进行无纲量化处理。我们在对这两组数据进行无量纲化处理时采取阈值法，选取阈值为 1（也就是选取其基准值为 1）。同时，由于外商投资工业企业资产占工业企业总资产的比重指数也是一种逆向指标，因此要进行指标的一致化处理，即采用互补法即正向定量值 = 1 - 逆向指标值。经过处理后的数据分别与其权重相乘，然后求和，得出最终评价值。

在获利性维度，比较利益指数由出口退税/出口总额和 GNI/GDP 组成。由于这两组数据的性质也是一种比值的形式，数值都是处在0—1之间，并且两组数据是正向指标，因此不用进行一致化处理。我们在对其进行无量纲化处理时采取阈值法，选取阈值为 1（也就是选取其基准值为 1）。资源环境代价的比重指数也是一种逆向指标，因此要进行指标的一致化处理，即采用互补法，即正向定量值 = 1 - 逆向指标值。需要注意的是二级目标层 D17、D18 是逆向指标，而一级目标层资源环境代价 C7 也是逆向指标，为了更加真实地反映经济自主性综合评价指数，在这里我们对二级目标层 D17、D18 不做正向化处理，而只需对其一级目标层的 C7 做正向化处理。基尼系数和人类发展指数这两组数据的性质也是一种比值的形式，数值都是处在0—1 之间，我们在对数据进行无量纲化处理时采取阈值法，选取阈值为 1。基尼系数也是一个逆向性指标，因此也按互补法进行正向转化。

二　经济自主性综合评价指数的合成

本书对经济自主性的三个领域共20个指标，通过线性加权合成法，即用求和法得到的各判断矩阵的指标，在经过一致性检测和对原始数据的无纲量化之后，将权重乘以无纲量化后的标准数据，计算得到经济自主性的加权指数，即 $y = \sum_{i=1}^{n} AWiYi$（$A \leqslant 1$）。式中 y 表示合成的经济自主性指数，Yi 为指标标准值，Wi 为指标权重，A 为常数，指国际经济体系中影响自主性发挥的各种国家类型导致的自主性影响因子。通过以上技术处理，计算得出 1998—2015 年中国经济自主性评价指数，见图 5 – 1。

图 5 – 1　中国经济自主性综合评价指数（1998—2015 年）

根据本书观点，除了国际经济体系中少数主导型发达国家可以在国际层面实现预设目标，非主导型国家，特别是发展中国家以及意识形态、社会制度异于主导型国家的一些国家，他们的国家自主性意向，包括对外政策的实施、国家利益的维护等方面的偏好、意愿与国际规则产生冲突，导致其不能如愿实现预设目标，而只能近似地实现，甚至于落空，即 $A \leqslant 1$。

以中国在对外经济关系中受到的阻力来看，从长达15年的加入WTO谈判，到2016年5月欧洲议会通过反对承认中国市场经济地位的决议；从美国主导的跨太平洋伙伴关系协议（TPP）、跨大西洋贸易与投资伙伴关系（TTIP），打造有利于发达国家的高端产业链，有可能架空亚太经合组织（APCE），挤压中国正当的利益和战略空间；从对中国的亚洲基础设施投资银行（AIIB）、"一带一路"倡议的阻挠，到以意识形态挂帅、以"中国威胁论"为由头在南海和东北亚对中国的国际战略空间的打压等，都会对中国的外围经济环境和经济自主性目标的实现，造成不利的影响。这种影响是由国际经济体系的不合理性造成的，是一种持续性的立场性的负面影响，不可能短时间内消除。因此，对于中国的经济自主性而言，A＜1。但具体精确到什么数字，可能存在意见分歧。因此，我们在具体计算下列1998—2015年中国经济自主性综合评价指数时，采用A＝1，即相当于假设中国的经济建设特别是对外经济活动过程中，国家自主性意向，包括对外政策的实施、国家利益的维护等方面的偏好、意愿能充分实现，而不受国际经济体系中作为发展中社会主义国家地位的影响而削弱。另外，A的数值会影响一国每年的经济自主性具体数值，但不论A＝1还是A＝0.9，并不影响一段时期内，经济自主性指数的走势和波动幅度，不影响本书所要揭示的近年来国家经济自主性变化趋势。随着中国综合实力的提升和全面建成小康社会的进程，特别是党的十八大以来，通过"一带一路"倡议、亚洲基础设施投资银行、丝路基金等有利于各国合作共赢的国际经济合作机制的创立和践行，以及中国国际影响力的提升，A将会不断趋近于1。

第三节　近年来中国经济自主性综合评价指数的变化

从图5-1的评价结果显示，1998—2015年中国经济自主性综合评价总体上处于50%—60%。1999—2006年持续下降近4个百分点，2006年最低点为51.8%，2006—2009年有较快回升，因受国际金融危机的国际大环境影响，2009年、2010年有所反复。但进入2011年以后，经济自主性有不断提升的趋势，而且超过2009年以前各年份，近两年形势较好。分别从三个领域层来看，我国的获利性指数较高，且一直稳定维持在80%左右；控制力指数在经历10年下滑期之后，从2008年起出现震荡式回升；竞争力指数在10年持续低位之后，2009年以后持续低幅爬升（见图5－2）。

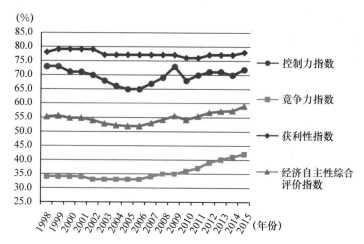

图5－2 中国经济自主性综合评价指数（综合图）（1998—2015年）

一 对控制力指数的分析

从控制力指数来看，从1998—2015年，中国的控制力指数一直处于68%—80%，从1998年到2008年间连续下滑，2008年以后才有了缓慢回升，至2015年又回归到1998年左右的控制力水平。造成指数这一趋势的原因，从构成控制力指数的对外控制力、危机应变力两个一级指标的变化趋势以及背后的二级指标的原始数据中，可以分析看出。

1. 对外控制力指数

对外控制力指数C1由对外贸易、能源、技术、资本四个指标因素构成。控制力指数是对外控制力和危机应变力两个因素共同作用的结果，从图5－3可以看到，导致1998—2008年控制力指数连续下滑的主要原因在于对外控制力中的四个涉外因素。从2004—2007年控制力指数最低年份可以看到，对外控制力指数从2001年起开始下滑，到2006年下降了12%。从对外控制力的四个二级指标原始数据（附录1至附录4）可以看到，2004—2007 年，对外贸易依存度在 0. 57 以上，最高的 2006 年达到 0. 64，2009 年以后虽然降至 0. 5 以下，但普遍高于 2003 年以前各年份。对外能源依存度 2003 年以来一路持续上升，高出 8 个百分点。而对外资本依存度却是进入 2003 年以来持续下降。对外技术依存度在进入 21 世纪以来，基本持平，但普遍高于 20 世纪 90 年代 5 个百分点。

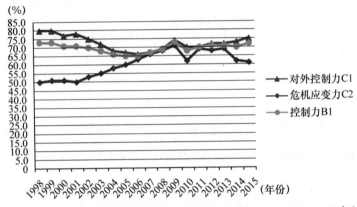

图 5 - 3　经济自主性综合指数中的控制力指数 B1（1998—2015 年）

从以上数据分析得出，对外贸易依存度、对外资源依存度和对外技术依存度三项指标在 2002 年以后，均有不断走高的趋势，虽然 2001 年以后，随着中国加入 WTO，国际市场豁然开放，大大刺激了我国外向型经济的发展，对外贸易、能源和技术引进均有很大增长。但整体经济呈现一种急功近利的氛围，外需拉动的经济快车背后，是对经济长期稳定的质量和国家经济自主性的双重忽视。从对外贸易依存度来看（见附录 1：对外贸易依存度 D1），对外贸易依存度即进出口贸易额占 GDP 的比重，从 2003—2008 年，外贸依存度达到 50%，最高年份 2006 年高达 64%。对外贸易依存度过大，民族经济容易受国际经济和政治气候的影响，国际经济和金融危机通过国际传导机制对本国经济的冲击会加大，从而影响本国经济的持续稳定发展。

从对外能源依存度看（见附录 2：对外能源依存度 D2），对外能源依存度是能源进口量占可供消费能源总量的比率，1998—2015 年，对外能源依存度总体上不高，没有超过20%，但能源实际进口量增长很快，2000—2015年，能源进口量增长了近10倍。

对外技术依存度也反映了同样的问题（见附录4：对外技术依存度D4），对外技术依存度主要计算高新技术进口量占GDP的比重，虽然近20年来依存度一直很低，不到10%，但是从绝对量看，高新技术进口总量也是连年攀升的，2000—2015年增长近17倍。信息技术、生物技术、新材料技术、新能源技术、空间技术和海洋技术等高新技术，是21世纪经济发展的引擎和重要支柱，是国家竞争力的重要源泉和组成部分。虽然，高新技术进口量的增长，可能表明中国对一般性传统技术引进的减少和技术引进结构的合理调整，但若不加大对引进高新技术的消化吸收、不提高技术自主创新能力，那么在未来产业成长和经济发展中，将越来越处于不利的地位，对外技术依存度将会不断加大。

四个涉外二级指标中，只有对外资本依存度是自1998年以来逐年降低的，这是一个耐人寻味的现象。对外资本依存度反映实际利用资本占GDP的比重，从原始数据（附录3：对外资本依存度D3）可以看到，1998—2015年，我国实际利用外资的数额是逐年增加的，2015年的实际利用资本额比1998年增长近一倍，但实际利用外资额占GDP的比重逐年下降，这说明了中国经济在近20年来特别是进入21世纪以来，依靠外商投资拉动的情形在减少。

2. 危机应变力指数

危机应变力指数C2包括债务负担率和外汇储备占GDP比重两个二级指标。危机应变力指数1998—2008年有10年的良好上升势头（见图5-3）。究其原因，可以从二级指标层的原始数据中看到，中国债务负担率变动不大，而进入2001年以后外汇储备占GDP比重在不断上升。债务负担率从1998年以来一直在9%—21%之间，似乎离国际警戒线还有相当远的距离。但是，作为外债余额占GDP的比重，GDP总量可能有一个下降周期，特别是在中国和世界经济新常态下，中国经济可能出现长期的"L"型，而外债余额却可能是一个稳定量，甚至随着到期还本付息的外债的增加，会使债务负担率出现骤增的情况。如从原始数据（附录5：债务负担率D5）可以看到，2014年债务负担率突然一改近 20 年来的状况，一下提升了 10 个百分点，达到21%，接近国际警戒线。外汇储备占 GDP 的比重连年攀升，从 2007 年起一直处于47%左右的高位（见附录6：外汇储备战 GDP 比重 D6）。如何有效管理和合理使用外汇储备，是一个值得关注的问题。

二 对竞争力指数的分析

从竞争力指数来看，在控制力、竞争力、获利性三个领域层的指数中，竞争力指数是最低的，一直在 0.4—0.5 之间，不过总体趋势是缓慢上升的（见图 5 - 2）。贸易竞争力基本变动不大甚至略有下降，企业竞争力发展势头较好，显示性优势基本没有大的起色（见图 5 - 4）。从二级指标的原始数据可以看到，初级产品的贸易竞争力和显示性优势正在失去，而工业制成品的贸易竞争力和显示性优势提升不大。

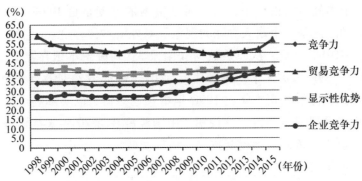

图 5 - 4　经济自主性综合指数中的竞争力指数 B2（1998—2015 年）

1. 贸易竞争力指数

贸易竞争力指数 C3 包括初级产品贸易竞争力、工业制成品贸易竞争力和内资企业贸易竞争力 3 个二级指标。初级产品贸易竞争力即 TC 指数 = 初级产品（出口额 - 进口额）/（出口额 + 进口额），初级产品贸易竞争力即 TC 指数 = 初级产品（出口额 - 进口额）/（出口额 + 进口额），内资企业贸易竞争力 = 内资企业（出口额 - 进口额）/（出口额 + 进口额）。这三个数值同样的特点，其值越接近于 0 表示竞争力越接近于平均水平；越接近于 1 则表示竞争力越大。从图

5-4 来看，贸易竞争力从 1998 年以后不尽如人意，甚至略呈不断下降的趋势，通过初级原始数据（附录 7：初级产品贸易竞争力 D7）可以看到：从 2000 年以前的进出口基本持平，到 2001 年以后逆差不断扩大，逆差从 3 倍到了 6 倍左右，初级产品贸易竞争力从 1998 年的 -0.06 下降至最低 2012 年的 -0.73。从工业制成品的原始数据看（附录 8：工业制成品贸易竞争力 D8），从 1998 年以来，工业制成品基本上是连年顺差的，1998—2015 年工业制成品出口额增长了 13 倍。工业制成品贸易竞争力从 0.16 上升至 0.28，表现不错。但从内资企业贸易竞争力来看，竞争力基本处于低位且波动较大，1998—1999 年和 2006—2008 年两个区间，竞争力在 0.1 以上，其他年份则在 0.1 以下，最低年度出现在 2011 年，仅为 0.01。因此，把三项指标综合起来看，贸易竞争力不高，但贸易竞争力也是三方面的因素综合，会相互抵消。单看工业制成品的贸易竞争力是上升，这与中国开始进入工业化中期，产业升级转型也是一致的，并不见得是坏事。

2. 显示性优势指数

显示性优势指数 C4 由农业原材料显示性优势、食品原材料显示性优势、制成品显示性优势构成。显示性优势指该产业在该国出口中所占的份额与世界贸易中该产业占世界贸易总额的份额之比，$RCA_{ij} = (X_{ij} / X_{tj}) \div (X_{iW}/X_{tW})$。如果 $RCA > 2.5$，表明该国服务具有极强的竞争力；$1.25 \leqslant RCA \leqslant 2.5$，意味着其具有较强的国际竞争力；$0.8 \leqslant RCA \leqslant 1.25$，意味着其具有中度的国际竞争力；$RCA < 0.8$，则意味着竞争力弱小。从图 5-4 看到，我国近年来的显示性优势基本上在 0.4 左右低位徘徊。究其原因，从原始数据（附录 10：显示性优势）可以看到：农产品和食品的显示性优势从 1998 年以来是持续下降的，下降幅度为 1—2 倍；工业制成品显示性优势基本在 $0.8 \leqslant RCA \leqslant 1.25$，有些年份还有更好的表现，说明工业制成品具有中度的国际竞争力。显示性优势的三项指标所反映出来的状况，与贸易竞争力三项指标所反映的情形基本一致。

3. 企业竞争力指数

企业竞争力由世界 500 强中中资企业比重 D13 和外商投资工业企业资产占工业企业总资产的比重 D14 两项构成。世界 500 强中中资企

业比重 = 世界 500 强中中资企业数/500；外商投资工业企业资产占工业企业总资产的比重 = 外商投资工业企业资产/工业企业总资产。从原始数据（附录 11：世界 500 强中中资企业比重 D13）可以看到：世界 500 强中中资企业比重由 1998 年的 0.01 提升至 2015 年的 0.20，有不俗的表现。从原始数据（附录 12：外商投资工业企业资产占工业企业总资产的比重 D14）看到：外商投资企业资产比重从 1998 年的 0.20 一直增加至 2007 年的 0.27，之后又逐渐降低。而外商投资工业企业资产占工业企业总资产的比重 D14 是逆向性指标。两项指标综合作用的结果，我们可以从图 5 - 4 中看到，中国自 1998 年以来，企业的竞争力表现得不错，特别自 2008 年以来，企业竞争力指数表现出较好的上升势头。

三　对获利性指数的分析

从获利性指数来看，获利性指数是控制力、竞争力、获利性三个领域层指数中最高的——基本保持在 75% —80%（见图 5 - 5）。其中国民福利指数变化不大，资源环境代价指数有缓慢上升趋势，但比较利益一直有较好的表现力。在获利性指标体系中，出口退税占 GDP 比重、资源环境代价、基尼系数都是逆向指标，因此我们将原始数据经过一致处理，转化为正向指标。

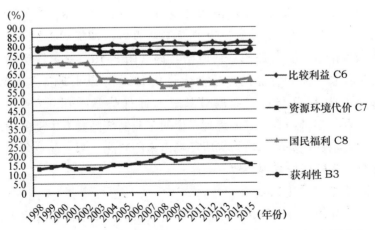

图 5 - 5　经济自主性综合指数中的获利性指数 B3（1998—2015 年）

1. 比较利益指数

比较利益指数由 GNI/GDP、出口退税/出口总额两个指标组成。从图 5-5 看到，我国的比较利益一直表现良好，特别是 2004 年以来，比较利益指数一直在 80% 以上，是所有指数中表现最好的，这应该得益于中国对外开放战略中坚持中国特色社会主义道路，坚持把国家和民族利益始终放在第一位。从原始数据（附录 13：国民总收入与国内生产总值比 GNI/GDP D15）看到，15 年来，中国的 GNI（国民总收入）与 GDP（国内生产总值）的比值基本接近于 1，GNI＝GDP＋本国公民在国外创造的价值总和－外国公民在本国创造的价值总和。这在一定程度上表明，中国近年来在国际经济交流中将"走出去"和"引进来"结合得比较好。从原始数据（附录 14：出口退税/出口总额 D16）可以看到，1998—2015 年，中国的出口总额增长近 10 倍，但出口退税占出口总额的比重由 0.03 上升至 0.09。中国的出口退税政策，随着对外贸易形势的变化，进行了十多次政策调整，在调整出口商品结构、保护农产品出口、协调地区间利益分配、增强国际市场竞争力等方面，发挥了较好的杠杆作用。

2. 资源环境代价指数

资源环境代价由污染密集型或资源消耗型产品进口率 D17 和污染密集型或资源消耗型产品出口率 D18 组成。污染密集型或资源消耗型产品进口率 D17＝污染密集型或资源消耗型产品进口额/进口总额。污染密集型或资源消耗型产品出口率 D18＝污染密集型或资源消耗型产品出口额/出口总额。从图 5-5 看到，资源环境代价指数仅 0.20，数值一直很低，改善不大，说明中国的资源环境治理和生态文明建设任重而道远。从原始数据（附录 15：污染密集型或资源消耗型产品进口率 D17）可以看到，中国污染密集型或资源消耗型产品进口额 1998 年为 17%，2008 年起进口额占全部商品进口额的 27%，且一直保持了这种较高的水平。而污染密集型或资源消耗型产品出口率（附录 16：污染密集型或资源消耗型产品出口率 D18）则基本上从 1998 年以来没有变化，这至少说明其他国家对于污染密集型或资源消耗型产品的进口一直是保持谨慎的态度。

3. 国民福利指数

国民福利指数 C8 由基尼系数 D19 和人类发展指数 D20 组成。从图 5-5 来看，国民福利指数在 2003 年有一个较大的落差，从 70% 下降至 60%，之后基本维持在这个水平，没有继续下滑，说明 10 年来的和谐社会建设还是较有成效的，但同时也说明了问题的刚性和难度。从原始数据（附录 17：基尼系数 D19）来看，2003 年以来，基尼系数一直在 0.47 以上，超过了社会收入分配警戒线。当然这里也涉及一个统计口径问题。2003 年以前的基尼系数用的是中国知网的中国经济与社会发展统计数据库《2009 中国发展报告》[①] 提供的数据，而 2003 年以后的数据用的是国务院发展研究中心信息网即国研网的官方信息[②]。但同样说明了中国近年来的基尼系数是较高的，收入分配不公平问题亟待解决。从原始数据（附录 18：中国的人类发展指数 D20）来看，中国的人类发展指数基本在 0.72 左右，较好的年份是 2002—2007 年，2007 年最高达到 0.772。从世界范围来看，0.7 是接近"高人类发展水平国家"，国际排名大概在第 80 位，相比中国改革开放前大约在 0.53 左右的"低人类发展"水平，有了非常大的进步。

四 小结

经济自主性是国家的核心能力，不仅表现国家经济实力的总数量，更是显现发展经济的恒定力。本章在承接前面四章对于国家经济自主性的理论渊源和概念梳理，从国际和国内两个维度分析影响国家经济自主性的影响因素的基础上，提出作为一种维护国家经济利益安全的能力综合，不仅是一种反映国家经济实力和在国际经济中地位的描述性概念，实际上也是一种综合加权指数。从国际维度看，经济自

---

① 中国知网/中国经济与社会发展统计数据库/《2009 中国发展报告》，第 349 页。（http：//tongji. cnki. net/kns55/brief/result. Aspx？ stAb = shuzhi&t = 1&f = 1&tt =）基尼系数。

② 国研网统计数据库/居民生活数据库/年度数据/全国居民收支/全国居民现金收支（http：//d. drcnet. com. cn/eDRCnet. common. web/DocSummAry. Aspx？ version = dAtA&docId = 4203919&leAfId = 22304&chnId = 5612）。

主性受制于国家所处的国际经济体系的实质，受国际制度或国际规则的影响，表现为一国政府对外经济活动中的自主决策能力，包括对内对外经济控制力、经济竞争力和危机应变力。从国内维度看，经济自主性表现为国家与社会的关系中的国家凝聚力和政策执行力。

根据国家经济自主性的影响因素，经过甄选、比较、确定三个步骤，我们将评价目标层即经济自主性的衡量通过控制力、竞争力和获利性三个领域的指标组合来反映。控制力指标下设对外控制力和危机应变力两个板块共六个指标，用以测量经济自主性的有无。竞争力指标下设贸易竞争力、显示性优势和企业竞争力三个板块共八个指标，分析经济自主性的动力源泉。获利性指标下设比较利益、资源环境代价、国民福利三个板块共六个指标，用以评价经济自主性的得失。通过对三个目标领域共 20 个指标的线性加权合成法，得到经济自主性的加权指数，即 $y = \sum_{i=1}^{n} AWiYi$（$A \leq 1$）。

在确定了三个领域两个层次 20 个可以量化的因素之后，首先根据各指标因素在对应因变量中的地位重要性，运用 1—9 标度法建立判断矩阵来确定权重，并且通过一致性检测。其次对各指标年份的原始数据进行采集，然后对其分别采用合适的无纲化处理，有的采取阈值比较法，有的采取规格化方法。有的指标如对外依存度、债务负担率、外资工业企业资产占工业企业总资产的比重、出口退税占出口总额、资源环境代价、基尼系数等 9 项指标，是逆向性指标，需要进行一致性处理。原始数据无纲化处理后的标准乘以对应的权重，得到加权综合评价指数。

经济自主性综合评价指数反映的是各因素影响下的经济自主性的过程状况和变化趋势。根据 1998—2015 年中国经济自主性综合评价指数显示：1998—2008 年，中国经济自主性在 57%—55% 之间徘徊，基本上是一种下滑势头。2009 年以后开始呈现逐年上升的态势（本书取 A = 1，在指数计算中暂未考虑中国在国际市场中受到的种种主观阻挠因素，因此事实上的经济自主性程度只能更低，但过程刻画和趋势表现上不受影响），客观上反映了近十几年来中国经济自主性相对薄弱但逐渐增强的现实。从控制力维度看，从 1998 年起，连续 10

年控制力下滑，但 2009 年以后开始缓慢回升；对外贸易、能源、技术依存度仍然过大，但对外资本依存度降低，并且随着外汇储备占GDP 比重上升，对外危机应变力增强。从竞争力维度看，竞争力指数水平较低，主要表现在经济转型期初级产品显示性优势指标下降，而工业制成品的竞争优势并未形成，因此贸易竞争力表现不佳；但企业竞争力近年呈现较好的上升势头，从而使整体竞争力指数有缓慢上升的表现。从获利性维度看，获利性指数是三个领域层指数中表现最好的，主要业绩体现在比较利益方面，每年数值在 80% 以上，这可能归功于坚持中国特色社会主义道路下宏观调控追求国家利益导向的正确性；国民福利指数在 2003 年有较大的下挫之后，基本维持在 60%左右，说明 10 年来的和谐社会建设虽然有成效，但同时说明了问题的刚性和难度。而环境资源问题仍需努力改善。

　　同时，必须指出的是，本书组研究国家经济自主性的基本立场和观点，认为国际经济体系的不平等性所导致的各国经济地位的不平等，是影响国家经济自主性的重要的，而且在一个相当长时期内不易改变的因素。当代经济全球化进程由发达国家主导，在这种国际格局下，各国均欲并且理论上均能从中获益，但获益的程度是不一样的。在考察的国家经济自主性的影响因素和自主性评价体系时，必须考虑到，即使同样的国家对外经济政策，包括商品贸易、投资金融和服务政策与措施的实施，不管其初衷是对外资经济的优惠政策还是对本国民族经济的保护，由于各国的经济实力、综合国力、市场竞争力、经济规模，更重要的是在国际经济体系中的地位和影响力不同，政策执行的效果也必将不同。因此，我们在经济自主性评价指标体系模型中将嵌入一个系数 A（A ≤ 1）。对于国际经济体系主导型国家而言，A = 1，即它们的经济政策目标和保护国家经济自主性的愿望可以如愿地实现。而其他类型国家，欲达到通过国际经济活动获益同时又能增强国家经济自主性的初衷，需要付出的努力程度不一，取得的效果也不一，甚至有的还会背道而驰。具体可能 A = 0.9 或者 0.8，甚至更低，要视不同时期不同国家的具体国情而定。总之，在全球化过程中，各国的国际地位和国际竞争力不同、国家制度不同，对经济的控制力也不同，在参与全球化过程中，其经济政策与国际制度的契合程度不同, 国家经济自主性也必然不同。而这些不同, 究其根源, 不在于表面能看到、能收集到的经济因素, 恰恰是各国不能自主超越的政治性因素, 即国际经济体系由发达国家主导的事实, 因此, 它是一个常数或称恒定量。中国作为发展中的社会主义国家, 在改革开放之前曾经受到西方资本主义国家的封锁, 改革开放以后的国际经济交流环境并非一帆风顺, 其间充满了坎坷和矛盾斗争, 例如, 中国加入世界贸易组织历时 15 年的谈判, 入世之后过渡期又 15 年, 而西方资本主义国家仍然不承认中国是市场经济国家, 从而对中国的对外经济活动仍然实施不合理的限制等。因此, 我国的经济自主性 $y = \sum_{i=1}^{n} AWiYi$, 常数 $A < 1$。当然不至于 $A = 0.5$ 或者 0.6, 随着中国社会主义市场经济体制取得的巨大成就, 中国的国际地位和竞争力不断提升, A 正逐渐趋近于 1, 当然, 中国能在国际舞台上充分享有主导权仍有很长的路要走。

当然, 经济自主性是一国总体经济属性的综合性指数, 经济自主性的提升需要长时间才能发生较明显的阶段性变化。而且作为一种多指标体系, 各变量之间可能出现相互抵消的情况。当然也有可能本书在建模过程中出现的主观因素导致中国经济自主性的测量存在瑕疵, 这些有待于在以后的工作中进一步完善。

通过数理建模分析, 虽然可以较准确地描述事物发展变化的状况, 但毕竟只是图形的具象, 对于问题的描述是抽象而简单的。为了更好地描述现象与揭示问题, 以便更好地提出对策与建议, 接下来, 拟从对外经济关系中的外贸、外资和技术三个领域和国内的收入分配领域, 展开专门性的讨论。

第六章 国际维度的经济自主性现状及原因分析

在第五章中，我们将影响国家经济自主性的国际和国内因素，经过分析、甄选、综合，建立综合评价体系，用以较精确地描述一段时期以来的经济自主性状况和变化趋势，并且通过目标指数的变化趋势，引导我们关注变化背后的现实数据变化，关注数据变化所折射的现实原因。本章，我们将从国家对外经济关系中的对外贸易、利用外资和引进技术等领域的表现力，来讨论具体的经济自主性现状和原因。

随着改革开放逐步深化，中国经济持续高速发展并进一步融入世界经济，这既给中国带来了机遇也提出了挑战。机遇在于全球经济正处于新一轮的复苏增长之中，原有的大国力量被一定程度削弱，这给中国大力发展经济，提升国家实力，增强国际影响力并进一步参与全球治理，为获得更多的主动权与话语权创造了机会。挑战在于，如何在对外经济过程中确保国家经济安全不受外来威胁，避免国内经济对国际市场资本、技术、资源的过度依赖，在经济全球化的冲击下规避风险，维护国家利益，这些都是我国当前亟待解决的问题。中国共产党十八届三中全会以全面深化改革为主题，提出要构建"开放型经济新体制，加快培育参与和引领国际经济合作竞争新优势，以开放促改革"①。2013 年 1 月 29 日，习近平总书记在中共中央政治局第三次集体学习会议上强调要始终不渝地坚持和平共处五项基本原则和奉行独

---

① 中共中央关于全面深化改革若干重大问题的决定（http：//www. ce. cn/xwzx/gnsz/szyw/201311/18/t20131118_ 1767104. shtml，2013 – 11 – 18）。

立自主的外交政策；2014 年 4 月 15 日，习近平总书记在中央国家安全委员会第一次会议上指出："以政治安全为根本，以经济安全为基础，以军事、文化、社会安全为保障，以促进国际安全为依托，走出一条中国特色国家安全道路。"① 坚持独立自主原则与增强国家经济安全是当前我国对外经济发展的主要任务。

第一节　对外贸易中的经济自主性问题

对外贸易领域是国家经济自主性的程度得到最广泛、最直接体现的领域。国家经济自主性既表现在对外贸易进出口额的增长数量、出口制成品的增值率、外贸依存度、所受反倾销案件量等方面，同时也反映在一国对外贸易中资源优势的发挥和利用程度、产业结构升级状况、对国内充分就业和收入分配的影响、资源环境代价等质量和结构方面。与任何事物一样，对外贸易对于国家经济发展的影响也是双重的，其正面效应与负面效应的比较，即对外贸易的损益情况，反映了国家经济自主性的增减强弱。正面效应指通过对外贸易促进了国内企业的技术水平、管理水平、研发水平、产业配套能力、市场开拓能力的提升，促进国内整体竞争力，有利于国内产业结构升级和人力资本的福利改善。负面效应是虽然带动了经济的显著增长，但并没有相应提升国民的福利水平，甚至因为经济对外依赖的加深而受制于人，影响经济持续发展的后劲。利弊相权，对外贸易中的损益抵消不小。对外贸易对于中国企业的品牌竞争力、技术创新力、自主决策等方面的推动作用还不够理想，经济自主性的正面效应表现仍不充分。

一　对外贸易中的国家经济自主性现状及问题

1. 改革开放以来我国对外贸易的发展

随着对外经济开放和社会主义市场经济体系建设的进行，我国对外贸易有了突飞猛进的发展，由贸易小国变成了世界经济贸易大国。

---

① 习近平在中央国家安全委员会第一次会议上的讲话（http://news.china.com/domestic/945/20140415/18449315.html），2014 年 4 月 15 日。

从 1979 年至今，中国的外贸战略经过了几次调整提升。第一，1979—1987 年中国仍然延续之前的进口替代战略，进口以引进先进技术设备和国家建设需要的国内生产不了的物资为主，而出口则是以增加外汇收入为目的，积累外汇收入为进口所需物资做准备。第二，1987—1993 年实行的是政府干预下的出口导向战略，在进口上实施高关税和贸易壁垒，保护国内竞争力不强的工业；鼓励出口，出口初级产品大幅增多，同时改善出口商品结构，制定专门的出口战略。第三，1994 年开始实行大经贸战略，进一步开放国内市场，改革外贸制度体制，积极参与国际分工。大经贸战略改变了外贸功能和出口商品结构，推进了国内经济与国际经济接轨。第四，90 年代末，随着全球化进程加快，国际上出现了产业大规模转移，实行市场多元化战略，目标是在外贸领域拓展国外市场，深化与发达国家的外贸关系。第五，中国 2001 年加入世贸组织以后，2004 年进出口总额突破 1 万亿美元大关。但是增长中不平衡、不协调、不可持续问题日益凸显，主要推行以质取胜战略，强调要全面融入全球化，培育新的综合竞争优势，努力打造民族品牌。[①]

中国对外贸易发展主要有四个特点。第一，外贸高速发展，大大扩宽了进出口商品总量、种类、渠道和外贸市场，进出口总额 1985 年为 696 亿美元，2015 年达到 39530 亿美元，增长了 56 倍。[②] 第二，外贸商品结构发生了巨大变化，由改革开放前"调剂余缺"理念下单一的技术设备进口和初级产品出口，逐渐向涵盖绝大部分商品种类、进出口工业制成品方向发展。第三，对外贸易不再是国家统一管制，而是将其看作市场经济正常运转的一部分，企业和市场成为外贸的主要影响因素，国家通过宏观调控把握总的局面。第四，服务贸易发展迅速，改革开放后中国服务贸易从无到有并迅速发展，入世后更是以高于同时期其他国家的速度增长。

总体上，中国对外贸易经历了几个重要发展时期。不过直到加入

---

① 参见杨逢、汪五一《中国对外贸易》，北京大学出版社 2015 年版，第 42—44 页。

② 数据来源：国家统计局/国家统计年鉴/2016 年 11—2（http://www.stats.gov.cn/tjsj/ndsj/2016/indexch.htm）。

WTO 之前，在对外贸易中独立自主发展与经济安全相关的政策法规不够完善，缺乏相对应的涉外法规的落实和保障。加入 WTO 后，中国的对外开放不断扩大与深化，对外开放进入全方位宽领域的自由贸易时期，加强经济安全成为这一时期对外贸易战略的突出关注点，并开始采取相关措施提升对外贸易中的经济自主性以维护国家利益。这主要体现在两个方面。一是 2004 年 4 月 6 日中华人民共和国第十届全国人民代表大会常务委员会第八次会议修订通过了《中华人民共和国对外贸易法》，其中增加了与"对外贸易有关的知识产权保护"一章，主要内容是通过实施贸易措施，防止侵犯知识产权的货物进出口和知识产权权利人滥用权利，促进我国知识产权在国外的保护。二是在 WTO 规则下实行保护与公平并存的对外贸易政策，其内容之一是实行适度的贸易保护，主要是针对在对外贸易大环境中可能受到挤压的国内具有潜在比较优势的幼稚产业，它们无法与先进国家相同类型的成熟产业抗衡，因此对它们实行一定力度的保护，并强调保护对象和保护力度的合理性。随着经济全球化由快速发展期进入调整期，中国完成初级阶段工业化，进入中高收入工业化时期，外贸发展将成为新型工业化（后工业化）进程的一部分，必须更加坚定地维护经济自主发展与维护国家经济安全。在世界经济步入新常态，国际不确定性因素增多的情势下，提升对外贸易中的国家经济自主性，对促进中国经济安全平稳发展具有重要意义。

2. 对外贸易中的国家经济自主性问题

国家经济自主性是国家经济客观存在的变量，对外贸易中的国家经济自主性则与对外贸易的状态密切相关。具体来说，对外贸易中的国家经济自主性主要表现在商品出口、贸易纠纷、外贸依存度等几个方面，下面将从这几个方面的现状与存在的问题展开探讨。

（1）商品出口现状及问题

商品出口是对外贸易的主要内容，出口商品的数量和质量是外贸竞争力的关键因素，也是表明对外贸易中国家经济自主性现状的重要方面。商品出口是拉动中国经济增长的重要动力之一，中国出口贸易额从加入 WTO 以来的 2002 年的 6207.7 亿美元上升至 2014 年的43015.3 亿美元，12 年间商品出口规模增长近 7 倍。其间一直稳定增长，只有 2009 年因国际金融危机影响有短暂回落。[①] 然而巨大的出口规模并不一定意味着良好的出口效益。

以 2015 年为例，据国家统计局《中国统计年鉴 2016》数据计算。首先，从商品出口结构看。中国出口商品分为 10 类，其中第 1—5 类为初级产品，占当年出口贸易额的 4.6%；第 6—10 类为工业制成品，其中仅第 8 类机械及运输设备，相比之下技术要求较高，占贸易总额的 46.6%；而剩余 4 类商品分别是化学及相关制成品、原料类制成品、家居服饰箱包制成品及少量未分类产品，绝大多数属于劳动密集型、技术要求低的制成品，占出口贸易总额约 48.8%。也就是说，在中国所有出口商品中，至少一半以上是由初级产品、劳动密集型及技术含量低的产品构成的，并且在第 8 类机械及运输设备制成品中有相当一部分是成熟技术产品，并不具备较高的附加值和技术含量。[②] 其次，从出口商品企业性质看。在中国所有出口贸易额中，外商投资企业占 44.1%，其中外商独资企业占 31.2%，国有企业与私有企业共占出口外贸额的 53.5%，即在中国出口贸易中有近一半的出口贸易额是由外商投资企业贡献的，其中 31.2% 的比例是由外商独资企业所创造。[③] 最后，从商品出口贸易方式看。中国出口贸易额中一般贸易方式的出口额为 53.4%，而另 46.6% 的份额是以加工贸易为主，其中来料加工、进料加工、出料加工贸易占 35.1%，即中国出口贸易中近一半以低廉劳动力密集型的加工贸易为主。[④]

从以上数据事实不难看出，中国出口商品存在低值化、外商化、廉价化等问题，以劳动密集和简单技术为特征的低附加值商品的出口，占所有出口商品比例一半以上；以外商独资为主的外商投资企业

---

① 数据来源：国家统计局/国家统计年鉴/2016 年 11 月 2 日（http：//www. stats. gov. cn/tjsj/ndsj/2016/indexch. htm）。

② 数据来源：根据国家统计局/《中国统计年鉴》/2016 年 11—3 的数据计算得出（http：//www. stats. gov. cn/tjsj/ndsj/2016/indexch. htm）。

③ 数据来源：根据国家统计局/《中国统计年鉴》/2016 年 13—2、11—3、11—10 的数据计算得出（http：//www. stats. gov. cn/tjsj/ndsj/2016/indexch. htm）。

④ 数据来源：根据国研网统计数据库存/对外贸易/报表查询/进出口商品贸易方式总值表（http：//drc. heinfo. gov. cn/DRCNet. OLAP. BI/web/ChannelPage. aspx？chnId = 4289&leafId = 16356&channel = dwmysjk – page&structureId = 16&nodeId = 16356）。

的出口商品占总量近一半；以出卖劳动力为主要盈利方式的加工商品占近一半。中国大量消耗国内的原料、劳动力、资本、土地等要素，生产出规模庞大的商品供给，却没有获得与付出相匹配的利润空间，出口商品竞争力低下。这不仅是出口盈利问题，而是这种低技术低值化的出口商品结构和竞争力，很容易被其他发展中国家超越。而且随着中国进入中高收入工业化时代，这种出口优势正在加快失去，因此在国际市场上，中国并没有多少主动权和优势，这是中国对外贸易中的国家经济自主性不强的原因之一。

（2）贸易纠纷现状及问题

中国在对外开放过程中大力发展对外贸易，尤其是对外出口以高增长率逐年递增，长期大量的商品出口避免不了与进口国发生贸易纠纷及摩擦，如国际上通常实施的反倾销调查、反补贴调查、WTO 争端及美国的 377 调查等。产生贸易纠纷的原因既有进口国为保护本国利益的因素，也有出口国使用不正当手段竞争等其他原因。然而，不管出于何种原因，国际上针对中国商品的反倾销、反补贴调查及WTO 争端、美国 377 调查案件数量一直处于较高水平（见表 6 - 1）。1979—1998 年国际市场对华反倾销案件达到 302 件，而 1999—2014 年反倾销案件达到 908 件，2004 年以来，中国每年遭受的反倾销调查数量占全球反倾销数量的比例维持在 25% 以上，其中 2010 年达到最高值 45.7%，涉案金额达数百亿美元；同样状况的对华反补贴案件尽管基数不大，但占世界同类案件比例基本维持在 36% 以上，更有高达 66.7%、72.7% 的记录；WTO 争端相对于反补贴调查案件数量更少，但其中一些年份为 25%—30%；美国针对中国的 377 调查情况同样不容乐观，不仅实施数量相对较多，而且占世界同类案件总数之比基本在 38.5%—54.3% 之间，即假如美国每年发起 10 起 377 调查，其中就会有 4—5 起是针对中国的。

综上，中国在对外贸易过程中与他国产生的贸易纠纷案件稳居世界前三，成为头号遭受反倾销大国。贸易纠纷的背后，客观上反映了中国出口商品存在一定的品质问题和竞争手段问题，更折射出中国出口商品在国际市场上遭遇各国贸易保护政策围堵的困境，这是国家经济自主性能否有效发挥的重要表现。

表 6-1 部分年份中国各类对外贸易纠纷案件数量及与
世界同类案件数量之比

年份/类型	反倾销		反补贴		WTO 争端		美国 377 调查	
	对华实施数量（件）	占世界总数之比（%）	对华实施数量（件）	占世界总数之比（%）	我国被诉数量（件）	占世界总数之比（%）	对华实施数量（件）	占世界总数之比（%）
2004	55	25.0	3	37.5	1	5.3	10	38.5
2007	72	43.4	8	72.7	4	30.8	19	54.3
2010	79	45.7	6	66.7	4	23.5	26	46.4
2011	44	26.7	9	36.0	2	25.0	27	39.1
2013	74	26.1	14	42.4	1	5.0	18	42.9
2015	73	39.7	8	28.6	2	15.4	10	28.6

数据来源：据中国贸易救济信息网案件数据库数据计算得出，网址：http://www.cacs.gov.cn/casebase/Stat/Usa337ToCn.aspx。

（3）外贸依存度现状及问题

外贸依存度指一国一定时期内进出口总值占其国内生产总值的比例，是衡量进出口贸易对本国经济贡献率大小的标准，也反映出本国经济发展在多大程度上依赖进出口贸易。根据国家统计局数据计算，中国外贸依存度 20 世纪 90 年代基本上在 35% 左右，但 2003—2011 年高达 60%，2006 年最高达到 64%，近几年的平均值为 42%，处于较高水平（见附录 1）。另外从进口方面看，尽管进口总值在 2001—2015 年只上升了 5.6%，但中国一些重要大宗物品却很大程度依赖进口。据国研网统计数据库数据计算，"以原油为例，自 1993 年中国开始成为原油纯进口国后，原油消耗便快速上升，2009 年原油净进口量为 1.99 亿吨，增长了 13.6%，对外依存度约为 51.3%，超过 50% 的警戒线。2011 年中国原油对外依存度已经达到 55.2%，并首次超越美国。2010 年，中国铁矿石和大豆对外依存度分别为 62.5% 和 72%"[①]。中国 2015 年对外依存度较大的十种商品，其中有八种商品

① 曹雷、程恩富：《加快向充分自主型经济发展方式转变——基于经济全球化视野的审思》，《毛泽东邓小平理论研究》2013 年第 8 期。

外贸依存度达到 50%，并且涉及的大多是工业生产中消耗量大、有举足轻重地位的原料型商品（见图 6 - 1）。

经济全球化使得资源流通越来越超国界，许多国家开始寻求在世界范围内的资源配置。外贸依存度是对外贸易过程中涉及国家经济安全的重要度量标准，将其控制在合理范围内才可能有效规避国际市场的各种风险和危机。中国高达 41.5% 的外贸依存度及一些大宗商品的高度对外依赖表现了国家经济自主性的脆弱性，给国家经济安全带来隐患。

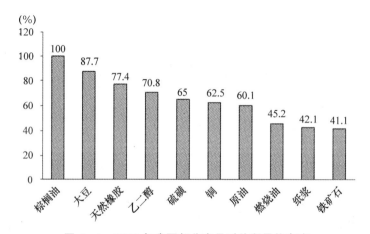

图 6 - 1　2015 年我国部分商品对外贸易依存度

数据来源：据国研网统计数据库数据计算得出，网址：http：// www. drcnet. com. cn/ eDRCnet. common. web/docview. aspx？version = data&docId = 3835134&leafId = 16365&chnId = 4289。

（4）贸易竞争力问题

贸易竞争力的强弱对一个国家对外贸易乃至对整个国民经济的发展具有举足轻重的作用。贸易竞争力强的国家，能够充分发挥在国际贸易中的决策权和话语权。出口商品的贸易竞争力主要由三个部分组成，即初级产品贸易竞争力、工业制成品贸易竞争力和内资企业贸易竞争力。从附录 7、附录 8 中国的初级产品和工业制成品贸易竞争力即 TC 指数水平，附录 10 初级产品和工业制成品显示性优势即 RCA 几项数据综合来看，中国初级产品的贸易竞争力和显示性优势已风光不再，而工业制成品的英勇时代尚未到来（见附录7、附录8）。2015年中国初级产品 TC 指数 -0.70，工业制成品 TC 指数 0.26（TC 值越接近于 0 表示竞争力越接近于平均水平，越接近于 1 则表示竞争力越大）。工业制成品的贸易竞争力水平反映一国技术进步和产业结构优化的程度。在经济全球化进程中，中国依靠劳动力资源优势迅速成为世界主要的制造业加工基地。然而，中国出口的产品主要是技术含量较低的劳动密集型和资源密集型产品，高科技产品出口比重偏低。如图 6 - 2 所示，2006—2015 年我国高科技产品出口比重一直在 25%—30% 的低位徘徊。

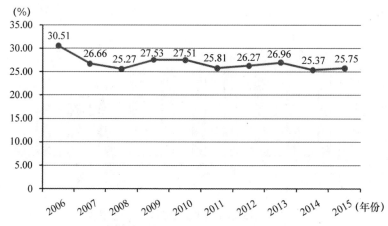

图 6 - 2　中国高科技产品出口（占制成品出口的百分比）

注：高科技出口产品是指具有高研发强度的产品，例如航空航天、计算机、医药、科学仪器、电气机械。

数据来源：世界银行网址：http://data.worldbank.org.cn/indicator/TX. VAL. TECH. MF. ZS。

最后，我们如第五章的分析方法，将对外贸易依存度、初级产品贸易竞争力、工业制成品贸易竞争力和内资企业贸易竞争力四项指标组成对外贸易经济自主性的指标体系，通过建立判断矩阵计算指标权重，对外贸依存度进行一致化处理、对其他三项指标进行无纲量化处理，最后得出对外贸易经济自主性指数（见图 6 - 3）。1995—2015年，中国对外贸易经济自主性总体上以 2005 年为节点，呈先降后升的趋势，2005 年以来基本在 0.4—0.5 区间。从对外贸易经济自主性指数来看，虽然近 10 年来随着中国工业制成品贸易竞争力的拉升，对外贸易领域的经济自主性有所改观，但总体上仍处于较薄弱的局面。

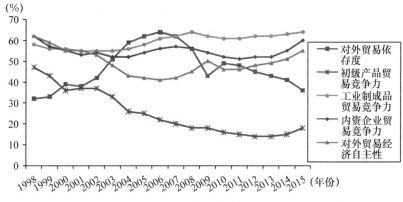

图 6 - 3　中国对外贸易经济自主性指数（1998—2015 年）

数据来源：根据国家统计局历年统计年鉴 http：//www. stats. gov. cn/tjsj/ 和中国知网"中国经济与社会发展统计数据库"历年中国统计年鉴 http：//tongji. cnki. net/综合计算而成。

二　对外贸易中的国家经济自主性薄弱的原因分析

1. 国家宏观调控层面的问题

经济交往是为了经济利益。而对外贸易过程中与国外进行货品、技术、劳动力等交换，不仅是行为人之间的利益关系，也是行为人所属国的国家利益关系。国家经济自主性意识在外贸领域具体表现为以国家利益为最大原则的自主意识。当前中国对外贸易过程中国家经济自主性薄弱的主要原因是对经济自主性重视不够，并导致相关国家安全和保护政策的不完善。

第一，实践中对国家经济自主性重视不够。对外开放之初，邓小平反复强调，中国现阶段的对外开放是坚持独立自主基本原则下的全方位对外开放，对外开放是手段，增强独立自主的能力是目的。在对外开放过程中外来的经济因素、制度结构、知识技术、文化交融等都会对中国经济及社会产生重要影响，这些影响在带来巨大利益和优势的同时也可能隐藏着风险，需要自觉的独立自主意识维护国家经济安全。然而，由于对 GDP 增长的片面追求，在一定程度上忽视经济自主性，造成对外开放虽然收获颇丰，促进了经济社会的巨大发展，但一定程度地削弱了对外贸易中的国家经济自主性。主要表现在两方面，一方面，没有充分重视科技创新与技术水平的提升和进步，造成独立自主发展能力不强；另一方面，追求经济总量的增长而对经济质量的重视不够，导致在产业结构转型、经济增长方式转变等方面发展缓慢，造成经济总量巨大但总体水平不高的局面。从国际经济角度看，经济的高速增长与自主发展相结合是保障经济安全实现国家利益的必备条件。

第二，对民族经济的相关安全和保护政策完善不及时。中国对外开放程度正日益深化，世界经济也由国际金融危机前的快速发展期进入深度转型调整期，国内经济与世界经济在进一步融合的过程中将可能出现比以往更多的复杂因素，既包括国内经济新常态与世界经济新常态联结产生的效益，也包括在国际与国内经济都处于转型期可能产生的碰撞与问题，这就要求国家建立完善的安全与保护政策，为国家经济深度参与国际经济保驾护航。然而，由于对国家经济自主性意识重视不够，导致相关国家安全和保护政策并没有随着经济发展的需要而不断完善，也没有相应的健全的国家经济安全与保护的制度机制，造成长期以来国家经济自主性没有得到充分的保护，并形成一些对国家经济发展的不利局面。

以汽车行业为例，在汽车行业中，外企对中国汽车核心零部件的垄断尤为突出。如表 6 - 2 所示，在汽车众多的零部件产品中，外企具有垄断地位的多达四五十种，并且在核心技术零部件产品中垄断程度最高。汽车零部件的高科技产品几乎被外企垄断，导致中国汽车企业在自主发展中受到较大限制。造成这种现象的主要原因之一是缺乏相关国家政策对国内市场与企业的保护，既没有很好地引导和监管来华投资的外商企业，又没能防微杜渐消除潜在的安全风险，合理保护国内市场。不仅如此，一些进口商品大幅占领国内市场、对外技术依赖、外贸依存度高等问题都在一定程度上与国家安全和保护政策的不完善密切相关。

表 6 - 2 　　　2007 年、2010 年、2014 年外商企业在中国主要
汽车零部件市场的占有率

2007 年		2010 年		2014 年	
产品名称	占有率（%）	产品名称	占有率（%）	产品名称	占有率（%）
中央控制器	100	发动机管理系统	100	座椅滑轨	85
电动后视镜	100	风扇离合器	100	发动机	84
发电机	100	液力变矩器	100	转向盘	79
电喷系统（EFI）	100	防盗报警系统	100	铝车轮总成	74
发动机管理系统	100	电动后视镜	100	起动机	74
液力变矩器	99	内视镜	100	转向横直拉杆	68
微电机	97	空调压缩机	99	油箱	67
调温器	96	制动硬管	98	独立悬架	65
ABS 系统	91	安全气囊	90	分成器总成	64
分动器总成	90	中央控制器	88	后视镜	64
电动玻璃升降器	86	手制动器总成	85	离合器总成	61
半轴套管	84	自动变速器总成	84	汽车组合仪表	60
空调压缩机	78	空调装置	76	汽车线束	59
起动机	67	气压制动总泵	70	高压电线	59
制动鼓	61	传感器	68	汽车玻璃	56

数据来源：国研网重点行业数据库，网址：http：//d. drcnet. com. cn/eDRCnet. common.
web/docview. aspx？ version = data&docId = 4121347&leafId = 17113&chnId = 4475。

2. 国家经济实力对国家经济自主性的制约作用

对外贸易中的国家经济自主性是国家经济自主性在对外贸易领域的体现。国家经济自主性强弱的最大决定因素是国家经济实力。我国的经济发展事实证明，总体经济实力不强是国家经济自主性薄弱的根本原因。主要表现在三个方面。

第一，经济竞争力低下。国家经济竞争力是国家经济实力的重要

组成部分，关系到国家的国际话语权与对外经济的自主决策权，国家经济竞争力的强弱与国家经济自主性的强弱密切相关。中国竞争力在全球排名中位于发达国家及部分发展中国家之后，相比之下处于较低水平。自改革开放以来中国实行全面的对外开放政策，积极参与经济全球化，经济总量迅速膨胀，在世界经济中占有越来越重要的地位，但经济竞争力呈现出一种与经济总量不相协调的发展模式。一方面，在对外贸易领域主要体现在出口产品以劳动密集型产品和工业制成品为主，出口产品附加值低，许多出口产品面对国外高技术、高标准要求显得无所适从。另一方面，中国传统的经济竞争优势在世界经济发展的潮流中逐渐消失，一些新的经济竞争优势还正在培育和引导中，没有完全成长起来，导致经济竞争力仍然处于较低水平。

第二，自主创新能力不强。创新能力既是竞争力的重要影响因素又是综合国力的组成部分。中国相对于发达国家自主创新能力较弱。一是技术和发明创新能力弱，中国社会发明和专利申请技术数量多但人均比例少，经济发展中引进高技术产品与引用国外的专利核心技术较多，而国内相同行业拥有自主技术和知识产权明显不足，技术水平与知识产权优势落后；二是管理方法缺乏创新，中国自改革开放以来借鉴与引用国外先进的企业管理经验与方法，却在很大程度上没有随着经济的发展进行调整和创新，企业的管理与方法在一些方面还较落后；三是思想理论创新有待提高，只有不断地进行思想理论创新并用于指导企业在发展中的实践，才能推进企业逐渐走向强大，中国在这方面还有欠缺，如企业管理理念、企业发展思想等都有待进一步完善。

第三，经济发展方式转变困难。长期以来中国一直以高耗能高污染、低产出低效益的粗放型经济发展方式为主，经济发展方式急需转型。与粗放型经济发展方式相对应的是低耗能高环保、低投入高产出的集约型发展方式，这种发展方式转变的关键在于对核心技术的掌握，而多年来国内创新乏力导致中国核心技术落后不具备技术优势，主要体现在经济生产过程中的生产技术不先进、生产效率不高、生产产品价值低等方面。在这种背景下，转变经济发展方式出现困难局面，落后的经济发展方式仍将在一定时期内存在。经济发展方式的转变主要涉及产业结构调整、可持续发展、协调性发展等重要方面，范围广、问题难度大，不可能在短期内完成，落后的经济发展方式还将在一定时期内牵制国家经济质量和经济水平的提升。而国家经济自主性是一国经济发展过程中的变量综合，反映一国总体经济水平的强弱波动和变化。落后的经济发展方式对国家经济水平的牵制作用，实际上也是对国家经济自主性的牵制与削弱。

3. 外贸商品结构不合理的干扰

高外贸依存度与出口商品的低值化、外商化、廉价化等问题实际上表现的是外贸商品结构不合理。随着中国对国外市场依赖度越来越大，外贸商品结构的不合理性也逐渐暴露出来。2007 年，中国在外贸领域进行宏观调控并初显效果，其目的之一就是改善外贸商品结构。近年来，中国外贸商品结构确有改善，但由于国家经济水平的限制以及新的问题不断暴露，仍存在不少问题。

外贸商品结构不合理对国家经济自主性的负面干扰主要表现在三个方面。一是过高的外贸依存度可能导致经济安全问题；我国依赖进口的能源和战略性资源的需求弹性较低，随着工业化程度的提升，能源资源的刚性需求不断增长，而一旦国际市场形势发生变化，能源和战略性资源将可能成为掣肘我国经济发展的重要因素。二是外商投资企业在出口贸易中占有较高份额不利于本国外向型企业发展。外商投资企业以其独有优势及在我国享有的优惠政策对本国企业形成巨大竞争压力，造成本国企业发展受阻，自主发展能力遭到一定程度的削弱。三是出口商品的低值化与廉价化削弱了对外经济发展的自主决策权。劳动密集型的低附加值商品，竞争力和实质影响力较低，在对外交易过程中容易受到国际市场各种因素的不利影响和冲击。贸易观念上仍看重追求当前经济获利而没有从根本上解决产品质量问题，表面上对外贸易蓬勃发展，而实质上深层次问题的长期积累造成竞争力和经济自主决策权的削弱。

4. 不合理的国际经济体系的限制

第二次世界大战后，在美英等国家主导下形成了相对稳定的国际经济秩序，并沿袭至今，战后国际经济秩序的确立对各国的经济发展、贸易增长和国际投资扩张等发挥了积极影响。此后世界经济开始了长达数十年的发达国家与新兴发展中国家蓬勃发展的局面。在2008年全球金融危机与2009年欧债危机的双重影响下，世界经济陷入衰退，发展中国家特别是亚太新兴经济体发展迅速，成为新的增长极，国际经济秩序面临新一轮的调整和变更。然而，事实是发达国家依然凭借其雄厚的资本、科技、人才等优势主导和控制国际经济秩序并为其服务，而发展中国家仍然处于边缘的被动地位，这造成发达国家与发展中国家在世界经济格局中的不对等地位。

在经济全球化深入发展的今天，几乎所有国家都主动或被动地卷入世界经济潮流之中，一国的外部经济环境成为既不可控而又身处其中的重要因素。与所有发展中国家一样，中国面临的是来自发达国家主导的世界经济秩序的不合理与不公平待遇，这种不利的外部经济环境同样对中国对外贸易中的国家经济自主性产生牵制和削弱效应。

第一，国际分工的不合理。国际分工是世界经济发展的产物。第二次世界大战后，不平等的国际分工没有被改变，并且随着战后的民族国家纷纷独立并走上追求经济发展的道路，这种不合理的分工扩大到全世界。尤其是进入21世纪以来，在经济全球化的推动下，发达国家与发展中国家更紧密地联系在一起，不合理的国际分工在发达国家的主导下继续存在。从整个世界经济来看，发达国家进行工业化的高效集中生产，主要以资本密集型、技术密集型产业为主，而发展中国家仍然有较大比重的农业和加工工业，主要以劳动密集型产业为主。发达国家处于世界分工体系的高层并占据主导者地位，而发展中国家处于底层和被动地位。经过30年的对外开放，中国变成了世界工厂、制造中心，以成熟技术的工业制成品出口和加工贸易为主，仍处于全球贸易产业链的底端。由于处于这种不平等的国际分工格局中，中国商品进出口受到一系列的条件和高标准的限制，对外经济活动范围和程度也由于在分工体系中的不利地位而受限，不利于国家经济利益和经济自主性。

第二，国际贸易的不等价交换。科技革命的浪潮和知识经济的发展，推动了世界经济与科技的新一轮发展，进一步拉大了发达国家与发展中国家的差距，国际贸易的不等价交换进一步加剧。由于发达国家在科技水平、资金、人才等方面本就占有巨大优势，其在科技革命和知识经济的潮流中将获益更大，推动了技术进步与资金密集型、技术密集型产业的进一步发展，强化了发达国家在国际经济秩序中的主导地位和话语权。结果是发达国家凭借其巨大的优势，制定对其有利的国际贸易规则，压低从发展中国家进口的原材料和能源资源价格，同时提高其出口到发展中国家的商品和服务价格，人为破坏国际市场调节功能而造成国际贸易的失衡。在这种不等价的国际贸易中，西方发达国家扮演的是获利者和主导角色，而发展中国家是被剥削者和被动角色。在发达资本主义国家主导的国际经济秩序中，国际贸易的不等价交换实际上是利己主义的体现。中国是当今世界上最大的发展中国家，比其他发展中国家更多更深地遭遇这种不公平待遇。在发达国家制定的不合理贸易规则下，国家利益在一定程度受损，对外贸易发展受限，不能充分地行使对外经济的自主决策权。

第三，国际金融的垄断资本占支配地位。现行的国际金融体制是在不平等的国际经济秩序基础上，由发达国家主导建立的，这决定了其本质是为发达国家服务并具有不平等特征。发展中国家一般都处于经济基础薄弱、缺乏发展动力、人力技术等生产要素短缺的困境，尤其是资本的匮乏，成为束缚其发展的核心要素，自身又无法在短期内改变这种局面。想要实现经济的全面发展，发展中国家不得不对外开放，参与到当今的国际金融体系中，并通过优惠政策条件吸引外资，与发达国家签订经济援助计划等，利用各种方式从发达国家获得帮助。然而，发达国家的目的却并不是促进发展中国家的经济发展，而在于通过资金链掌控发展中国家的金融市场谋取利益，甚至以金融资本来控制和左右发展中国家的发展方向。

在后金融危机时代，新一轮以信息技术为代表的工业革命正将人类带入大数据时代。全球经济面临规则重构和治理体系革新。以美国为代表的西方发达国家试图通过金融去杠杆化、降低负债率、减少贸易差额、实施"再工业化战略"等措施缓解经济"空心化"和低增长。在对外贸易领域，发达国家对传统领域多边贸易谈判兴趣消解，正在着力打造有利于发达国家的高端产业链，重构经济一体化自由化规则和布局。由美国主导的跨大西洋贸易与投资伙伴协定（TTIP）等大型自由贸易谈判，已经将竞争、投资、劳工标准等新议题纳入其中，以确立更高层次有利于发达国家竞争优势的国际分工与竞争规则。

后金融危机时代，更多的发展中国家走向市场化、开放化之改革道路，参与到经济全球化中来。发展中国家和新兴经济体的崛起，成为推动世界经济增长的重要力量，使市场经济容量和机会进一步扩大，同时也使国际市场中低端工业制成品的市场竞争更加激烈。中国已经完成工业化第一阶段，正向工业化中期即中高收入的工业化阶段迈进。一是经济与社会发展出现新的特点，环境代价、社会公平、经济协调等新的发展理念备受关注；二是出现人口红利结束和劳动力成本上升等新变化；三是产业转型迫切需要升级进入新阶段。中国经济与全球经济的相互依存关系、中国与主要贸易伙伴的相互依存关系，均日益加深。开放型经济面临巨大调整，需要充分自主的全方位开放模式。随着外贸综合成本持续上升和传统产业优势的弱化，依靠增加物质要素投入和低成本优势的传统外贸发展模式越来越难以为继。迈向全面建成小康社会，实现经济强国和贸易强国，必须更多地依靠科学技术创新优势和高端产业链优势，在更高层次上参与国际分工和竞争。

面对世界经济和中国经济新常态，中国必须抓住新的工业革命和世界经济格局调整的新形势，结合本国工业化进入中高收入工业化时期的新现实，在继续深化全方位的充分自主的对外开放过程中，把握好时机，创造新的竞争力，提升危机应变力，使中国成为世界经济贸易大国，使对外贸易发展成为新型工业化（后工业化）进程中最有力的一部分。

第二节　利用外资中的经济自主性问题

改革开放头三十年，中国的经济发展道路与一般发展中国家类似，在资本短缺的压力下，通过大量引进外资、改善外资获利条件等办法，获得经济快速发展的能量。在引进外资的过程中，难免造成国家经济自主性的局部损失。随着中国全面深化改革开放，在世界经济和中国经济都进入新常态的情况下，既有国内产业过剩向国际市场释放的资本"走出去"的需要，又有引进国际高端技术产业和绿色产业进入中国，锻造民族产业竞争力的"引进来"的需要；既要提高标准克服过去盲目引进外资过程中的国家经济自主性损害，又要避免外商投资环境的变化可能导致的大量外资"出逃"；既有过去引进外资的经验管理好引进外资的规模结构，避免民族经济损失，保证国家经济自主性的压力，又要应对国际资本在金融泡沫压力下向中国要素低谷扩张的挑战。如何在吸收外来资本、发展外资经济的过程中确保国家经济发展自主性，保障国家经济安全，在世界全球化的冲击下，规避风险，保障国家利益，这是中国面对当今世界形势亟须解决的问题。研究中国改革开放以来，外资经济发展对中国经济自主性造成消极影响的原因，使之不再单纯地从经济学角度出发进行研究，而是通过经济发展自主性这一全局性的国家利益观念，对于当今中国参与经济全球化，抵制风险，切实维护国家利益，意义重大。

一　利用外资中的国家经济自主性现状及问题

1. 中国利用外资的历程和外资经济的变化

1978 年召开的党的十一届三中全会，把对外开放确立为中国的一项基本国策，以积极吸收外资为主要形式之一的中国开放型经济发展道路的序幕由此揭开。中国吸收外商投资大致经历三个阶段。

第一阶段：起步阶段（1978—1991 年）。这一阶段中国采取了一系列的优惠政策，但其成效却不佳。吸收外资的形式主要包括合资经营、合作经营、合作开发、外商独资和补偿贸易等国际通用形式，但以合资企业为发展的重点。引进的外商投资主要集中于加工工业，如机械加工、食品工业和纺织业、轻工业，等等，投资额呈现缓慢增长的态势。这个阶段，中国外资经济主要表现为外商投资处在萌芽阶段，年均吸收外商投资额不足 19 亿美元。港澳台是外商投资的主要来源，占同期外商投资的 70% 以上。[①]

第二阶段：快速发展阶段（1992—2001 年）。在党的十四届三中全会上作出建立社会主义市场经济体制的战略部署，利用外资进入高

---

① 数据来源：中国统计局：《中国统计年鉴1992》，中国统计出版社1992年版，第42页。

速发展期。这一阶段的投资主要集中于劳动密集型的加工出口型产业，中国的廉价劳动力优势成为外商投资的考虑因素之一。这个阶段的主要特征，一是中国吸收外商投资加速发展。1999—2001 年，实际使用外资金额年平均增长率分别为 21.7%、28.1% 和 42.1%。二是外商投资以直接投资为主，截至 2001 年，外商投资占全国总量的 68.41%。三是跨国公司对中国的进一步占领。截至 2001 年，世界最大的 500 家跨国公司中，已有近 400 家在中国设立了企业。四是外商投资企业出口快速发展。外资投资企业出口年均增长 22.6%。[①] 其中，机电产品和高新技术产品的出口比重逐年提高，优化和改善了中国的出口结构，提高了中国的外汇储备。

第三阶段：稳步发展阶段（2002 年至今）。2011 年 11 月中国加入世界贸易组织，标志着中国的对外开放进入了一个新阶段。自 2001 年中国加入世贸组织以来，中国外商直接投资额较之于入世之前增长了 34.2%，实际利用外商直接投资比入世前增长 23.5%。中国 FDI 不仅走出了东南亚金融危机和 2008 年国际金融危机，并且进入新一轮的高速增长期。目前，中国现存的外商投资企业已经达到 23.6 万家，中国成为全球最大的 FDI 流入最活跃的国家之一。[②] 在这一阶段中，外商投资逐步由劳动力密集型产业向资本和技术密集型产业过渡。外商投资主要集中在中国的电子和通信制造业，交通运输设备和机械制造业的比重有所上升，而纺织行业的投资有所减少。这一阶段以加快提高外商投资质量和水平为重点。一是吸收外资又好又快发展。2007 年中国成为吸引外商直接投资最多的发展中国家，排名居世界第六。中国外资结构变化显著。服务业吸收外资的比重增大；外资更多的流向高新技术产业和高附加值产业；沿海的劳动力密集型产业向内陆或其他国家转移。二是外资经济受国家宏观调控的影响。2012 年实施《外商投资产业指导目录》，引导外商优化中国产业结构，严格控制外商投资禁止或限制类项目。三是内陆地区吸收外资水

---

① 数据来源：国家统计局官网/中国统计年鉴/2002 年 17—12（http：//www.stats.gov.cn/yearbook2001/indexC.htm）。

② 数据来源：国家统计局/中国统计年鉴/2016 年 11—13。利用外资概况（http：//www.stats.gov.cn/tjsj/ndsj/2016/indexch.htm）。

平显著提高。2006 年，商务部开始启动"万商西进"工程，中西部地区吸引外资获得了较大的政策支撑，外资开始向中西部地区流动。四是中国外资管理法律体系进一步完善。自 1979 年中国第一部外商投资法《中华人民共和国中外合资经营企业法》问世以来，中国制定了有关外商投资法律体系、规章制度等 200 多项。

2. 利用外资中的国家经济自主性问题

改革开放三十多年来，中国对外资的吸引力日益加大。据联合国贸易和发展会议发布的《全球投资趋势监测报告》称，2014 年全球外国直接投资流入量达 1.26 万亿美元，比 2013 年下跌 8%。但中国2014 年吸收外资规模达 1197 亿美元（不含银行、证券、保险领域），同比增长 1.7%，外资流入量首次超过美国成为全球第一，2015 年达1262.7 亿美元，又创新高。① 中国已经成为世界第一大 FDI 流入国。大量外资的引进，对中国经济的快速发展有积极的推动作用。

（1）利用外资的积极影响

1）外资经济弥补了中国在现代化进程中资金短缺的问题，带来了先进的生产技术、科学的企业管理和市场管理经验等。提高了中国的产品质量和效率，使"中国制造"家喻户晓。

2）外资经济是中国进入全球化大门的钥匙。吸收外来资本融入全球化的进程，使我们能够共享全球范围的生产要素，加强自身的比较优势并形成自己的品牌和竞争力。

3）外资经济加快了我国工业化进程。中国外商投资企业工业增加值的涨幅长期领先于中国的工业增加值的涨幅，这就意味着外资经济对中国工业化的进程起到了拉动作用（见图 6-4）。据测算，"实际利用外资额每增加 1 亿美元，进出口总额可以增加 4 万美元左右"②。根据国家统计局数据统计，2015 年，中国实际使用外资额1262.7 亿美元，同比增长 6.4%。③ 外资经济与中国的工业化进程相

---

① 数据来源：国家统计局/中国统计年鉴/2016 年 11—13。利用外资概况（http：//www. stats. gov. cn/tjsj/ndsj/2016/indexch. htm）。

② 李杰：《我国利用外资的正负效应分析》，《经济学家》2004 年第 1 期，第 25 页。

③ 数据来源：国家统计局官网/中国统计年鉴/2016 年 11—13。利用外资概况（ht-tp：//www. stats. gov. cn/tjsj/ndsj/2016/indexch. htm）。

结合，促进了中国劳动力转移，助推了工业化和城镇化的进程。

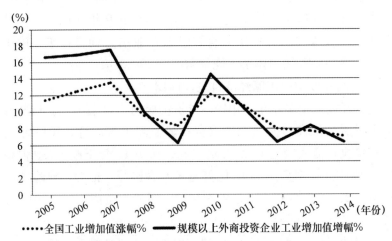

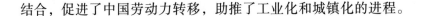

图6-4　全国工业增加值及规模以上外商投资企业工业增加值

数据来源：国家统计局各年度《国民经济和社会发展的统计公报》，其中，工业增加值绝对数按现价计算，增长速度按可比价格计算。http://www.stats.gov.cn/tjsj/tjgb/ndtjgb/。

4）外资经济增强了国内资本的流动性。一国的国内资本出现闲置，与该国金融体系的效率和投资者对投资利润的预期有关。由于中国的金融体系尚不健全，信息不完全流通，资本流动长期处于缓慢发展态势。外资经济的出现，一方面可以增加中国金融体系的活力，另一方面也可给中国国内行业造成竞争压力，有助于激发中国企业的活力。

5）外资经济促进了中国产业结构的调整。外资经济通过市场竞争，对中国本土企业产生冲击，加速了国内市场由垄断型向竞争型结构的转变。优胜劣汰的激烈市场竞争，促进了企业间的兼并和重组，扩大了优势企业的市场占有，从而客观上促进中国产业的调整和升级。外资经济带来的竞争压力，促使中国传统产业运用新型的管理经验和技术水平，克服其自身存在的弊端，使产业结构调整和升级的速度加快。

（2）利用外资的消极影响

利用外资是一把"双刃剑"，外资经济在给中国经济带来强大推动作用的同时，也带来了一系列不可忽视的负面影响，如果在利用外资规模、结构、投资方向等方面缺乏有效的监管和引导，特别是在经济管理体制和金融监管机制不完善的市场环境下，可能危害中国经济自主性，给民族经济的发展和国家经济安全带来巨大的风险。虽然从外资依存度（对外资本依存度＝实际使用外资/全社会固定资产投资总额）来看，中国的外资依存度已经很低，特别是进入 2001 年以来，实际使用外资占全社会固定资产投资总额均在 10% 以下（见图 6－5），摆脱了本国经济发展对国际市场资本的依赖（外商投资工业企业资产占工业企业总资产的比重见附录 12）。但抛开抽象的数据，具体考察利用外资的结构和外资经济的经济行为，仍然存在着削弱中国经济自主性，不利于经济持久发展的因素。

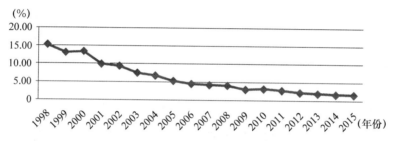

图 6－5 1998—2015 年中国对外资本依存度

数据来源：国家统计局/中国统计年鉴/2003 年 6－2：1998—2002 年全社会固定资产投资总额，2005 年 6－1：2003—2004 年全社会固定资产投资总额，2016 年 10－2：2005—2015 年全社会固定资产投资总额等数据整理 http：//www. stats. gov. cn/tjsj/ndsj。

（3）主要问题

当前外资经济在中国的发展存在的主要问题有以下方面。

1）引进外资结构不合理，增加规避国际市场风险的难度，一定程度上减弱国家经济自主性。

其一是资金来源地结构不合理。发达国家是国际直接投资的主体，但从中国来看，我国的外资来源地尽管进入 21 世纪之后有了变化，但仍然以亚洲地区的资金为主，发达国家所占的比重较小。这与其他发展中国家的资金来源迥异。其二，投资产业结构不合理。目前中国外商投资，主要集中在第二产业中的工业投资领域及第三产业中的房地产行业和公共服务业，二者占到外商投资总额的80%以上。第一产业中的农业和第二产业中的交通运输行业两者所占的比重不足10%。近年来，中国加大了对外资投资行业的引导力度，吸引了一批计算机、高新技术产业等资本密集型、技术密集型产业的跨国公司。但实际上跨国公司仅是将外围的低端产业链转移到了中国，对促进优化外资利用结构，发挥外资在推动自主创新和产业升级方面作用有限。其三，投资地区结构不合理。外商投资的主要地区都分布在东南沿海地区，国家的西部大开发战略客观上带动了中西部地区对外资的吸引力，但其根本格局却没有因此改变。

2）超国民待遇助推了外资经济对民族工业的冲击，直接削弱了国家经济自主性。

改革开放之初，中国对外资企业的政策是要求其产品80%以上销往国外。随着开放格局的进一步扩大，中国制定了"以市场换资金"和"以市场换技术"的引资战略，给予外资经济超国民的待遇，并且放松了对其所生产商品的外销限制。外资进入中国后凭借其资金、技术和管理经验等优势以及中国给予的超国民待遇等政策，运营成本低于民族企业，通过倾销等手段对中国民族工业产生了挤压效应，逐步占据了中国国内市场，在某些行业甚至形成了垄断的趋势，例如饮料、汽车、化妆品等领域，并且这种垄断逐步转向通信、软件等高新技术产业，中国民族产业的市场占有额下降。据2013年中国第三次经济普查数据，在外商投资工业企业的销售收入中，内销占69.4%，外销占30.6%。① 并且，由于外资经济相对于民族产业而言银行融资较为简单，形成外资经济对中国国内资本的挤出效应。

外资经济对我国民族资本的挤压，对中国民族工业经济的发展造成了阻碍。中国在引进外资的过程中，不仅出让了市场份额，更使得许多未成熟的民族品牌直接遭遇了兼并、重组等局面。有些民族企业由于缺乏经验，面临与外资企业的合并，也往往忽略了对自身品牌的保护，致

---

① 数据来源：国家统计局/数据查询/普查数据/第三次经济普查/1—A—2：按注册类型分规模以上工业企业主要经济指标计算得出（http：//www. stats. gov. cn/tjsj/pcsj/jjpc/3jp/indexch. htm）。

使中国民族品牌的流失。而外资企业通过兼并、重组等方式对民族企业产生实际的控制，造成中国国民经济的命脉掌握在外资的手中，形成对中国经济发展的操控，直接削弱中国经济发展的自主性。

3）对国家宏观政策的消解，削弱了国家政策执行力，影响经济自主性的实际效力。

外资经济在中国的投资行为，是以自身利益作为出发点，有它自己的存在意志。外资经济的投资行为在地区、产业之间的选择，与中国的宏观调控政策之间往往存在差异。

一是进一步拉大了中国地区经济差距。东、中、西部地区由于在政策、交通、经济发展基础等方面的差异，吸引外资的投资额度也存在差异。截至 2015 年，中国东部、中部、西部、东北四地区实际使用外资所占外资比重分别为 59.2%、24.2%、11.6% 和 5.0%。① 外资经济的投资，进一步扩大了东、中、西部、老工业区原本就存在的地区差异，拉大了差距。针对地区发展存在差异的状况，东道国一般会采取相应的政策引导外来资本的投资行为，主要通过行政手段和经济手段。由于外来资本的逐利属性，一切以追求利益最大化为投资原则，与东道国的发展战略往往背道而驰。近年来，虽然中国连续实施了西部大开发、中部崛起、振兴东北老工业区等地区发展战略，但成果却并不显著，八成以上在东部的外商直接投资，导致了东、中西部发展差距进一步拉大。

二是造成了中国行业之间的差异性。改革开放之初，外商在中国的投资主要集中在第二产业，第三产业次之。2006 年第二产业占67.4%，第三产业占 31.6%，第一产业仅占 9.5%，实际利用外资极少；之后第二产业比重逐渐减少，2006—2015 年，10 年间减少了一半；而近年来第三产业吸引外资的投资额逐步呈现扩大趋势，至2015 年第二、第三产业的地位几乎颠倒过来（见表 6-3）。这与中国近年来鼓励第三产业发展的政策基本上相符，但从实际投资领域看

―――――――

① 数据来源：中央政府网/人民银行发布《2015 年中国区域金融运行报告》，2016 年7 月 9 日（http://www.gov.cn/shuju/2016-07/09/5089845/files/7a6d592130954320be4410 aa03379ce5.pdf）。

来，外资投资第三产业主要集中于房地产服务业、批发零售和金融业，对于满足国内就业和鼓励科技创新方面，获益有限。第二产业内部，劳动密集型产业和加工业因投资量较少、价值增长速度快等特点受到外来资本的青睐。但近年来随着国内工资水平的上升，劳动密集型企业外迁，外商投资第二产业比重开始出现下降趋势。另一个值得注意的原因是，外商投资第一产业比重过少，甚至 2015 年仅占1.21%。这与中国的工业反哺农业、促进城乡一体化的发展思路和产业政策背道而驰。这也进一步证明了外商投资的逐利行为与东道国利益的不一致。外商投资企业扩大了不同产业之间的差距，使中国产业结构升级调整的政策效力减分。

表 6-3　　　　　　　　　　分行业外商直接投资结构　　　　　　　单位：万美元

	2006 年		2010 年		2015 年	
	总额	比重（%）	总额	比重（%）	总额	比重（%）
全行业	6302100	100	10573500	100	12626660	100
第一产业	59945	9.5	191195	1.8	153386	1.21
第二产业	4250660	67.4	5386037	50.94	4359480	34.53
第三产业	1991495	31.6	4996268	47.25	8113794	64.25

数据来源：国家统计局/年度数据/对外经济贸易/按行业分外商直接投资额。http：//data. stats. gov. cn/easyquery. htm？ cn = C01。

4）外资经济对中国绿色经济的发展形成了挑战，加剧了国内社会问题，造成民众的不满，同时也削弱了国家政策执行力和控制力。

中国社会主义市场经济建立初期，迅速摆脱经济落后局面的愿望、以经济增长为目标的调控手段、与本地区经济增长挂钩的干部考核制度，造成唯 GDP 的政绩观。地方政府为了追求本地区 GDP 的发展，给予外资企业超国民待遇，以吸引外商投资。罔顾国家产业引导政策，大量将资源密集型产业引入国内，造成了自然资源的过度开发。特别是引进一些为躲避本国苛刻的环境政策而将产业转移到国外的污染密集的产业，对中国环境造成了威胁。片面追求 GDP 增长让我们付出了巨大的环境代价。比如 20 世纪 90 年代以来，中国排污总量持续上升，主要原因在于钢铁、水泥等重化工业的增长速度过快，排放量过大，抵消乃至超过了治理污染所做的努力。给予外资的超国民待遇，客观上削弱了中国对内经济的执行力和控制力，不利于中国经济自主性提升。

5）外资合作过程中中国国有资产的流失问题较严重，造成国家经济自主发展中的获利性损失。

在中外合作的企业中，利用外资容易出现国有资产流失的问题。在中外企业合作的过程中，外来资本合作分为无形投资和有形投资两种。由于中方对合作的迫切需求，片面追求外商投资数额等原因，中方往往处于合作谈判的下风，出现不利于中方的情形。一方面外方的无形投资估值常常存在被高估的现象。外方以技术、设备、原材料等投资入股的有形资产，由于一开始中方对国际市场缺乏了解，原材料、设备的进口和产生的销售掌握在外方手中，外商往往采取低价高报，以旧充新，以次充好；在出口成品、半成品时则高价低报。这样造成企业应上缴的税收及中方企业应得的利润的损害，导致国有资产流失。另一方面中方有形资产则被低估。内资企业往往对无形资产认识不足，无法认识其潜在价值，在中外合作经营中，很多品牌被外资用很低的价格并购，造成了中国无形资产的严重流失。无形资产的流失对中国企业的可持续发展危害巨大。据国家税务总局估计，在中国投资的跨国公司，通过子公司之间的转移价格来避税，使中国年均损失达到45亿美元。

因此，在全球化的大环境中，外资经济在中国的存在和发展，客观上加速中国工业化，增强国内资本的流动及产业结构的调整。但不可忽视外资经济的逐利目的，并不顾及东道国的可持续发展，它们的主观作为往往与东道国利益背道而驰。随着中国开放格局的进一步扩大，外资经济对中国国家经济的渗透加大，逐步利用其自身优势形成了对本地产业的挤出效应，削弱了东道国的国家自主性。

二　利用外资中的国家经济自主性薄弱的原因分析

1. 利用外资的初衷及产业政策与执行环节的目标不匹配，缺乏引导和有效监管

社会主义国家实行市场经济，通过对外开放政策引进外国资本，

其初衷是在国家建设资金缺乏、技术设备落后的工业化初期，通过引进外资更快解决资金和资源要素的紧缺局面，同时活跃经济、增加就业。在国家建设资金充裕的时期，则是希望优化外资的利用结构，给本国企业以自主创新的竞争压力和示范效应，促进产业升级，发挥外资经济在区域协调发展等方面的积极作用。利用外资的出发点和根本目的在于发展本国经济，提高国家经济自主发展的能力，增强国家经济的自主性。然而，实际运行过程中，由于急功近利的地方行为，却出现了某些事与愿违的情形。

（1）对利用外资数量的盲目追求，放松了对外资经济的入门审核

为了推动利用外资工作的顺利进行，一系列有利于外商投资的政策相继出台，包括针对外商投资企业的"绿色通道""三免五减"等措施，降低了外资的准入门槛。许多地方政府为了加快地方经济建设步伐，把引进外资数量作为衡量地区经济发展状况的标准，导致各地纷纷施惠于外资企业的争抢行为。盲目追求外资企业数量的增长导致对环境保护的忽视，不惜牺牲当地居民的长远利益，引进高消耗、高污染的企业。跨国公司在母国和东道国往往实行两套不同的标准，环保 NGO 组织——中华环保联合会于 2015 年调查了全球 100 强在中国的 28 家企业，发现其中近一半的企业在中国都没有像在本国或其他国家一样，主动在其公司官方网站公布区域性或具体工厂的污染物排放信息。外资经济表面上是增加了本地区 GDP 收入，但这是以巨大的生态成本和长期的社会收益为代价的，与经济发展的目标背道而驰，危害了中国经济的可持续发展。

（2）给予外资企业超国民待遇，损害公平竞争环境

按照《中外合资经营企业合营各方出资若干规定》第二条规定，在合资企业中，资本的设立缴纳方式为认缴制，而内资企业的缴纳方式实行实缴制，外资企业在资金抽出和实际运作上相较于内资企业存在更大的灵活性。外资在中国享受更加优惠的税收政策。中国对外商的税收原则为"税目从简、税率从优"，根据不同的投资项目及投资区域分布享受 15%、24% 的税收优惠。而中国内资企业所得税的税收标准为 33%。外资经济由于在设立条件、所得税优惠等方面都得到了超国民待遇，因此其运营成本低于国内企业。在与中国内资企业

的竞争中，外资企业利用政策优势，采取低价倾销等策略，排挤、打压中国国内企业，占领国内市场。在形成垄断优势后，又通过提价保证了其利益的扩大。超国民待遇使外资经济与中国国内经济处在一个不平等的竞争位置上，对民族企业的利益造成了直接或间接的损害，限制了民族企业的发展和壮大。在一段时期内，中国内资经济处于劣势地位，市场份额被外资企业挤占，国内品牌被兼并、收购甚至挤垮，有些内资企业甚至沦为外资经济的生产加工车间。随着中国市场经济竞争的进一步加剧，民族经济既无法享受国家的保护，又不具备外资的政策优势，在竞争中必然处于不利地位，内资经济的生存条件进一步恶化。对外国资本过度依赖，将导致国家的税收政策、贸易政策、投资政策受外来资本挟持，对国家经济自主发展极其危险。

（3）针对外资兼并内资企业的市场操作行为缺乏有效管理

近年来，跨国公司加快了兼并和收购中国内资龙头企业的步伐，特别是对一些国有大型企业青睐有加。由于中国市场经济起步晚，市场机制仍存在缺陷，导致一些原本发展势头良好的龙头企业被外资通过并购、控股等手段控制，失去了品牌和市场优势，使自主创新技术被外来资本控制和利用，品牌价值流失。而目前中国针对外资并购等行为的监管和法律体系均不够完善，中国现有《反垄断法》《外商投资产业指导目录》和《关于外国投资者并购境内企业的规定》，缺乏细则规范，没有准入门槛的设置；对外商投资存在多头管理，相关职能分散在国家发改委、商务部、国家工商总局、国务院国资委、工业和信息化部、国家外汇管理局等多个部门，缺乏有效的国家经济安全审查；监控手段的不完备，实际工作中对外资的管理政策和措施落实不力，使得外资并购的行为常常游离于实质性的经济安全监管范围之外，造成某些行业被外资控制的局面，损害国家经济自主性。

2. 投资国与我国的利益目标差异

中国实行开放政策，希望通过外商投资发展本国经济、增强民族经济、增强国家经济自主能力的愿望，与外资企业所追求的经营目标、利益和技术归属、承担的国家责任等并不一致，甚至完全相反。因此，通过外资经济的发展壮大经济自主发展能力的愿望必然受到限制。

（1）经营目标不同

外资经济的投资策略以自身利益为出发点，其经营目标服从于总公司的全球战略规划。这与中国的宏观调控政策及产业结构的调整升级目标存在差异。并且由于其趋利避害的特征，在风险过高或预期收益较低的产业，外资经济就会撤离，而无须承担东道国的社会责任，无须顾虑对东道国造成的冲击，外国企业对东道国的社会责任低于内资企业。外资经济规模扩大，继而形成垄断优势时，势必会削弱中国对内经济的控制力，对中国经济自主性产生威胁。

（2）财富分配及归属不同

外资经济所创造的营利性收益，客观上增加了中国 GDP 的收入，但这部分 GDP 的增长并不等同于中国凭要素所有权可直接支配，并构成经济实力的财富增长，其最终的支配权归外资企业海外母公司所有。因此，外资经济虽然在短时期内增加了中国 GDP 的增长，似乎为中国创造了财富指标，但其母公司拥有利润的绝对支配权，母公司获得的财富，也为母公司所在的发达国家创造了利润，客观上拉大了中国与发达国家之间的财富和经济差距。

（3）核心技术归属权不同

外资经济的核心技术权在其母公司。外资企业依靠先进的技术优势，在某些行业形成了明显的竞争优势，并且对整个行业进行了垄断和控制。这不利于东道国经济的可持续增长以及国家经济自主性，难以摆脱对外资企业技术的依赖，这对中国产业结构调整和宏观调控政策的实施是不利的。若外资企业由于其战略布局出现大规模撤出中国的极端行为，那么将会造成中国大量空壳企业及一些产业出现空洞，中国经济安全也将受到威胁。

（4）所承担的国家利益不同

在全球化大背景下，贸易、投资壁垒并未完全消失，因此跨国企业的扩张离不开母国国家政权的保护，外资企业与母国政治经济利益是休戚与共的。外资经济对母国的认同及社会责任感也远远超过东道国。因此，若母国与东道国出现经济利益纠纷时，外资企业总会做出倾向于母国的利益决策，这给中国经济的平稳、可持续发展埋下了隐患。

3. 与民族经济自主性此消彼长的力量对比的折射

随着经济全球化进程的加快，资本在全世界范围进行流动，发达国家在输出资本的同时，也向发展中国家推行"西化"的政策战略，以其具有的雄厚资本，削弱甚至影响发展中国家的金融、高新技术产业及其他具有战略意义的产业，对发展中国家的经济运行状况产生影响。外资经济与中国民族经济自主性之间存在着此消彼长的力量对比。民族经济包括民营经济和国有经济，二者共同推动了民族经济的发展。对民营经济缺乏国民待遇的支持，对国有经济在改制过程中的自主性重视不够，而对外资经济却是迎合为主，势必会影响和削弱民族经济的国内竞争力和市场控制力，从而削弱国家经济自主性。

（1）国家对民营经济缺乏国民待遇的支持

民营经济是民族经济的重要组成部分，对社会主义市场经济的发展具有重要意义。目前，民营经济发展的最大障碍在于缺乏国民待遇的支持，合理公平竞争的外部条件缺失。在市场准入、融资环境、税负、土地使用、进出口权等方面民营经济都不能享受与外资经济相同的待遇。对民营经济的扶持往往停留在表面，说得多而做得少，外资经济凭借超国民待遇的优势，对中国民营经济的经济自主性产生了冲击。首先，外资经济与中国民营经济争夺稀缺资源。当今社会人才为各企业的稀缺资源，外资经济往往通过给予优厚工薪待遇吸引民营经济中的优秀管理人才和经营人才，使得一部分人才由民营经济流向外资经济，民营经济成为外资经济的人才培训基地，这种现象目前还在逐步加剧。其次，外资经济对中国民族品牌产生了冲击。一个没有民族品牌的国家是不可能有自己的民族经济的，品牌对于民族经济而言至关重要。外资经济在与中国企业进行合作经营的过程中，通过兼并等手段，逐步侵蚀中国民族品牌，将其变为外资品牌或者用外来品牌取而代之。再次，外资经济造成了民营经济竞争力下降。外资经济在与民营经济进行合作时，往往采用部分合资的方式，只与民营经济中的优势部分进行合资，通过这一合作，一方面增强了外资经济的竞争力，另一方面增加了民营经济原有债务、老化设施和冗余人员等负担，造成了内外资处于不平等的竞争环境中。最后，外资经济造成了大量工人失业。虽然外资经济解决了一部分人的就业问题，但其兼并行为造成了大量民营企业减产和破产的现象，造成了大量工人的失业，这部分人数远远大于就业人数。

（2）国有经济在改制过程中对自主性重视不够

国有经济的改制始于 20 世纪 80 年代中期，资产评估过程中的低估或漏估以及资产转让的过程中都容易出现国有资产流失的问题。跨国并购是当前全球外国直接投资的重要方式。外资经济通过并购等形式参与到中国的国有经济改制，外资在华并购大行其道，一方面是由于地方政府盲目追求引进外资数量的固有思维在作祟，另一方面是由于被兼并的企业可以通过兼并摆脱财务困境，可以享受外资的优惠政策。

外资经济通过并购等形式，削弱了中国国有经济的自主性。首先，外资经济在华并购，往往要求必须控股，并购的企业也往往是龙头企业和具有发展前景的产业，并且要求年利率必须达到 15%，出现了全行业通吃的趋势。外资经济已从最初的单纯占有市场份额到现在发展为控制民族产业，企图挤垮中国的民族产业。对于具有发展前景的行业，外资对其控股严重，有些甚至达到了行业垄断的地步，这对中国经济产业的安全和经济发展自主性都产生了严重的威胁。其次，外资经济的这种并购行为，通过优惠待遇及转移定价、偷税漏税和高价进口低价出口等合法或不合法的手段，侵吞国有资产，造成了中国国有经济的有形和无形资产遭到低估，国有资产大量流失。最后，对中国人民币的升值造成了压力。外国投资增多，中国外汇储备量增大，为了维护人民币汇率的稳定，政府通过外贸手段吸收外币，抛出人民币，这可能会造成货币供给量的严重失控。并且外资的投资，还会引起与之配套的人民币需求量的增加，这些最终都可能引起物价上涨，造成通货膨胀，影响中国经济自主性。

4. 世界经济体系的实质和国际经济形势使然

当今世界经济体系沿袭"二战"前资本主义殖民体系的国际经济旧秩序，是美国等发达国家居主导地位并为垄断资产阶级利益服务的。经济全球化进程对发展中国家的经济自主权的冲击是广泛而深刻的。2008年金融危机之后，随着发达资本主义国家贸易保护主义抬头和"再工业化"战略，发展中国家如何在利用外资的同时提升本国经济的发展自主能力，形成了两难困境。外资经济在中国的发展，一方面将低附加值、环境污染型企业转移到中国，使中国处于全球贸易产业链的底端；另一方面又控制了大量的资金与技术，挤压吞并民族品牌，对中国经济结构产生了负面影响，国家利益受到损害，威胁了中国经济发展自主性。这两手的得逞，与国际经济体系的主导权和当前国际经济的严峻形势有关。

（1）基于发达国家垄断资本扩张利益的资本输出，其双重标准必然不利于发展中国家的经济自主性

资本输出是垄断资本主义主导的经济全球化的主要形式。西方左翼学者认为，国际垄断资本主义的经济扩张，对发展中国家自主性的冲击，既是发展中国家本身处于竞争劣势的结果，更是全球化阶段国际垄断资本主义的经济霸权实质造成的。发达国家倚仗它们的经济实力，占据国际分工体系中的优势地位，凭借它们主导的国际生产关系，获取资本输出的最大"红利"，通过经济全球化使它们的资本运作范围大大拓展。"在西方占绝对优势的全球化和国际秩序中，所谓削弱国家职能，就是削弱发展中国家干预西方资本流动、保障本国主权和民族独立的职能。"[1] 发达国家对发展中国家的资本输出在带动经济快速增长的同时，也破坏了发展中国家的民族工业，使其在国际经济秩序中一直处于产业链的底端地位。中国作为最大的发展中国家，遭受的冲击与面临的挑战更是不言而喻。在发达资本主义国家主导的国际体系下发展起来的外资经济，决定了中国在发展外资经济过程中所处的不利位置。

（2）世界经济形势变化对我国产业经济的新挑战

2008 年国际金融危机和欧债危机使世界经济衰退，世界经济结构面临重大调整，给中国利用外资的外部环境带来很大的挑战。一方面，扼制中国经济发展的外部因素在增强。发达国家为了保持其在国际经济体系中的秩序红利、格局红利，不愿看到一个意识形态和社会制度相异的强大中国的崛起，会不惜代价试图掣肘中国经济的发展。反倾销起诉、干涉中国企业的对外投资等事件频频发生。另一方面，美、欧等经济强国相继提出"再工业化""2020 战略""重生战略"等措施，改善本国投资环境，吸引资金，振兴实业，增加本国的就业机会，解决国内实体经济空洞化、出口减少、就业不足等问题。其他

---

① 舒展：《经济全球化与国家经济的自主发展》，《红旗文稿》2010 年第 6 期。

发展中国家都在调整发展模式，重塑和加快发展具有比较优势的产业，抢占国际分工点，具有劳动力和政策优势，对中国外资经济产生了替代作用。再加上近年来中亚、北非等地区政局动荡不安和气候变化等因素带来的全球生态与环境压力，给中国经济发展的总体外部环境提出了新的挑战。

在这些因素的共同作用下，优化利用外资综合优势和总体效益的愿望，在激烈竞争下因吸引不了优质外资资源而落空，而原有外资经济却加速辙离中国。近年来，美国推行国际服务贸易协定（TISA）、欧美跨大西洋贸易与投资伙伴协议（TTIP）、太平洋伙伴关系协定（TPP）这三大谈判，意在构建涵盖服务贸易、货物贸易、投资的全方位贸易格局。这些贸易协定是以发达国家的利益诉求为出发点，意在打造有利于发达国家的高端产业链，设定了严格的知识产权、环境保护、社会责任标准等政府干预行为。越来越多的国家加入到这三大谈判中来，这对国际经济体系和国际投资流向都产生了影响，对中国的正当利益和战略空间形成了挤压态势，给中国试图通过优化利用外资结构来提升和引导本国产业结构升级的设想带来挑战。

第三节　技术引进中的经济自主性问题

随着社会生产力的进步，科学技术已越来越成为生产过程中最为重要的一项要素投入，而科技创新力正越发成为国家综合竞争力的标志和经济自主性的关键。根据生产函数法测算，当今发达国家的科技贡献率高达80％。国际技术转让已成为推动世界范围的技术进步和世界经济增长的重要力量，而发达国家的跨国公司作为技术转让方，在国际技术转让市场中占主导地位。对于技术引进国而言，如果引进技术不能与国内产业结构相适应；不能采取适当的措施，在引进技术的同时不注重对引进技术的吸收、消化；不能在引进基础上结合国内实际有所发展和创新，效果可能适得其反，使本国产业成为技术输出国的附庸，失去经济自主性。特别是自从世界贸易组织乌拉圭协议增加了"知识产权保护措施"和"与贸易有关的服务贸易自由化措施"之后，民族产业经济竞争力，特别是核心产业竞争力、科技创新能力成为国家经济自主性的重要变量因子。从技术的引进和创新角度看，单纯依赖成熟技术引进获得的国民经济总量增长，将导致与经济自主能力发展不相协调的情势。"对于发展中国家而言，活跃的技术引进交易，若没有国家层面对技术创新能力的战略引导和推进，在换取国家经济近期增长的同时，于国家经济自主性终究是一种负影响。"[1]

一　技术引进中的国家经济自主性现状及问题

1. 改革开放以来，中国技术引进的现状

技术引进是中国实行对外开放的主要经济形式之一。根据新古典经济增长理论，技术引进对于经济增长具有显著的正向效应，推动后发国家经济快速发展，促进工业经济发展方式转变。同时，技术引进也是后发国家缩短与发达国家经济差距、实现地区经济均衡的重要途径。改革开放初期，中国的工业生产技术仍十分落后，通过引进发达国家和地区的先进生产技术和设备，短短三十几年，中国通过大规模技术引进，同时鼓励企业自主创新，提倡引进技术与增强自主研究开发相结合，有力地推动了工业生产技术的革新和产业结构升级优化。以中国加入世界贸易组织为分界，中国的技术引进经历了两个阶段。

第一阶段"以市场换技术"（1979—2001 年）。20 世纪最后 20 年，随着世界格局和安全观念的变化，和平与发展成为时代的主题，发达国家向发展中国家转移制造业，使中国的"以市场换技术"战略得以实施，将外资导向型经济发展带来的技术引进，即引进先进设备、一般技术许可为主要形式的技术引进，作为中国科技发展的主要途径。1979—2002 年，用生产函数的科技进步方程率计算，得出资本、人力、技术进步对经济增长的平均贡献率分别为 71.61%、1.38%、27.01%[2]。以引进外资与设备相结合的"以市场换技术"

---

① 舒展、刘墨渊：《中国对外开放中的国家经济自主性问题探析》，《贵州社会科学》2015 年第 9 期。

② 孟繁华：《改革开放以后科技进步对我国经济贡献率的测算——基于 C - D 生产函数和索洛剩余方法》，《创新科技》2013 年第 8 期。

方式，虽然带来了显著的经济增长率，但是由于自主科技步伐缓慢，中国企业竞争力并没有得到同步提升，反而造成对发达国家技术依赖的局面。这里有不注重引进技术的消化、吸收和创新，存在大量盲目低水平引进和重复引进，忽视自身的科技积累和自主创新的问题。但同时要看到，高新技术和核心技术关联国家安全，技术领先和技术威慑是主权国家竞争力的核心要素，西方发达国家不可能把真正的高新技术转让给中国。在这种情形下，我们不可能把技术合作和引进作为中国科技发展的长期战略方针。

第二阶段引进技术与自主创新相结合、实施创新驱动发展战略（2002 年至今）。2002 年根据党的十六大提出的适度超前原则，科技部 12 个重大科技专项的启动，标志着我们的科技发展战略从以跟踪模仿为主，转向以自主创新为特征的发展模式，着力从"提高科技持续创新能力"和"促进产业技术升级"层面，提出要在进一步发挥比较优势的同时逐步形成中国高技术产业的新的比较优势。国家中长期科学技术发展规划的制定，意味着从国家层面推动技术创新的转变。为贯彻落实 2006 年《国务院关于实施〈国家中长期科学和技术发展规划纲要（2006—2020 年）〉若干配套政策的通知》要求，鼓励企业引进国外先进适用技术，商务部和国家税务总局联合制定了《中国鼓励引进技术目录》。党的十七大明确提出创新驱动发展战略，"提高自主创新能力，建设创新型国家。这是国家发展战略的核心，是提高综合国力的关键。"[1] 旨在打造高端产业链，摆脱对发达国家技术依附的局面，推进国内经济发展方式转变。"2012 年，研究与试验发展（R&D）经费支出达到 10298 亿元，比 1995 年增长 28.5 倍，占国内生产总值的比重为 1.98%，上升 1.4%；发明专利申请授权 21.71 万件，增长 63 倍。一批重大科技成果相继问世。"[2]

党的十八大进一步强调要坚持走中国特色自主创新道路、实施创新驱动发展战略。"科技创新是提高社会生产力和综合国力的战略支

---

① 胡锦涛：《高举中国特色社会主义伟大旗帜　为夺取全面建设小康社会新胜利而奋斗》，人民出版社 2007 年版，第 22 页。

② 国家统计局报告：《改革开放铸辉煌　经济发展谱新篇——1978 年以来我国经济社会发展的巨大变化》，《人民日报》2013 年 11 月 6 日。

撑，必须摆在国家发展全局的核心位置。要坚持走中国特色自主创新道路，以全球视野谋划和推动创新，提高原始创新、集成创新和引进消化吸收再创新能力，更加注重协同创新。"[1] 在十八届五中全会和"十三五"规划中提出的五大发展理念中，更是把创新发展作为引领发展的第一动力，放在首要地位。有了很大的改观，全社会 R&D 不断提高。"2016 年全社会 R&D 支出达到 15676.7 亿元，占 GDP 比重为 2.1%，企业占比 76% 以上；全国技术合同成交额达 11407 亿元，科技进步贡献率增至 56.2%"。[2]

但从全球范围来看，中国目前的技术创新能力排名仍然较靠后，与第二经济大国的地位并不相称，对外技术依存度过高，遭遇以知识产权保护为理由的技术壁垒仍然处于较高水平。根据中国科学技术发展战略研究院发布的《中国创新指数报告 2015》，中国科技创新能力排名第 18 位[3]，处于第二集团，创新能力虽然有了很大提高，但相比发达国家仍有不小的差距。如何将引进技术和自主创新相结合，通过技术创新增强国家竞争力，摆脱技术依附仍然面临挑战。

2. 技术引进中的国家经济自主性问题

改革开放前期"以市场换技术"跟踪模仿为主的科技发展道路，虽然促进了经济持续快速发展，但是产业结构在完成了传统技术革新之后，进一步升级遭遇瓶颈；近 10 年来，从国家战略层面鼓励和强调自主创新，然而企业技术创新动力仍然不强。当然，创新能力也是一个逐渐积累的过程。由于过去在引进技术过程中不注重对技术的消化、吸收和创新，尤其是在创新环节，先进技术和核心技术的掌握和运用一直步履缓慢，技术创新能力明显落后于发达国家，导致对发达国家的技术依附，国家竞争力和企业竞争力不强，经济自主性自然薄弱。主要存在以下几方面的问题。

---

① 胡锦涛：《坚定不移沿着中国特色社会主义道路前进 为全面建成小康社会而奋斗》，人民出版社 2012 年版，第 21 页。

② 数据来源：国家统计局/中国统计年鉴/2017 年 20 - 1。科技活动基本情况（http://www.stats.gov.cn/tjsj/ndsj/2017/indexch.htm）。

③ 参见董碧娟《中国国家创新指数升至第 18 位 我国创新能力远超同等发展水平国家》，《经济日报》2016 年 6 月 30 日。

（1）遭遇各国尤其是发达国家技术性贸易壁垒严重，国家市场竞争力削弱

在经济全球化进程中，自由主义和保护主义作为国际经济关系中两种此消彼长的形式，从来就没有停止过变化的脚步。在 WTO 规则下，越来越多的国家采用技术贸易壁垒措施保护自己的民族经济和国家利益。据统计，WTO 每年通报的新技术性贸易措施超过 2000 项，而且技术标准越来越严苛。技术性贸易壁垒往往打着绿色环保、知识产权、人和动植物保护等合法旗号，成为推行贸易保护主义的最有效手段。依靠对引进技术的跟踪模仿、将引进技术国产化而后外向型发展的中国制造业，曾经通过成本优势拓展国际市场，但如今技术性贸易壁垒（TBT）已经成为挡住"中国制造"的脚步的第一大关。据统计，2014 年中国的进出口总量达到 4.3 万亿美元，居世界第一位，但是有 36.1% 的出口企业受到国外技术性贸易措施的影响，直接外贸损失 755.2 亿美元。①

因为发达国家的制造业虽然劳动力成本高，但它们具有高技术含量的先进生产设备的优势，表面符合非歧视性原则的技术壁垒，能够提高中国低技术含量商品的成本，又不会伤及本国企业。如美国、欧盟、韩国发布的多种机电产品设备的测试程序、低电压指令、生态设计要求、EN 系列标准更新等规定。由于中国的制造业处于国际分工价值链的加工底端，成为技术壁垒的直接受害国。据权威部门统计，发达国家拥有占全球总量 90% 左右的关键技术，如信息技术、新材料、药品技术、生物基因技术等。掌握着未来经济发展的主导权。随着中国人口红利的消失、资源和环境保护的压力，"中国制造"的价格优势的竞争力正在失去。只有技术革新和产业技术升级，方能提升国际市场竞争力，保持未来市场的国家自主性和民族利益。

（2）科技贡献率仍不足，不能更好发挥国家竞争力

科学技术贡献率是反映一国经济发达程度和国家竞争力的重要指标之一，用来测算一国资源要素中资本、人力和技术对经济增长的贡

---

① 数据来源：中国贸易救济信息网/TBT/逾三成中国企业受国外技术性贸易措施影响（http：//www. cacs. gov. cn/cacs/newcommon/details. aspx? navid = C03&articleid = 131433），2015 年 7 月 3 日。

献份额。虽然计算版本不同，有生产函数模拟法和索洛余值法，但测算出来的结果反映，中国的科技贡献率相比发达国家还是比较低的，基本上处于第二集团，尽管得益于21世纪以来中国科技战略的转变和国家层面推进科技创新驱动发展战略，科技贡献率稳步在50%以上（见图6-6）。目前发达国家的科技贡献率一般在70%—80%。据世界知识产权组织统计数据，2015年度全球国家和地区创新能力排名（科技创新水平指数），中国仅居于第29位。① 全世界排名前五位的国家分别是美国、日本、德国、韩国、英国。科技创新水平指数可以通过从事研发的科学家数量、发明专利数量、科技期刊发表论文数量和研发经费这四个指标进行加权平均计算得到。中国的科技创新能力仍有很大发展空间。

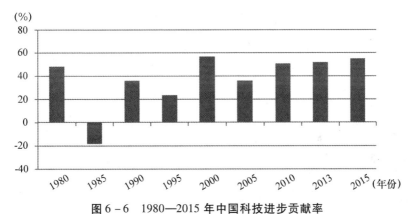

图6-6　1980—2015年中国科技进步贡献率

数据来源：根据国家统计年鉴的历年统计数据，以索洛余值法测算。

（3）政府和企业对研究开发的经费投入明显不足，科技成果转化率低

进入21世纪以来，国家转变科技发展战略，由过去以利用外资的方式引进先进技术设备的跟踪模仿、"以市场换技术"策略，转向

---

① 数据来源：中国贸易救济信息网/知识产权/2015年全球创新指数发布中国位列第29位（http：//www. cacs. gov. cn/cacs/newcommon/details. aspx？ navid = C02&articleid = 1330 48），2015年9月21日。

从国家战略层面推进自主创新与引进创新相结合，实施驱动发展战略，着眼于科技创新对社会生产和国家综合实力的支撑，增加研发经费投入，促进创新资源综合高效配置。但从近年来研究与开发经费支出（R&D）情况来看，一是虽然研发投入在增加，但研究与开发经费支出（R&D）占 GDP 比例仍然偏低，2011 年为 1.78%，比例最高的 2015 年也仅占 2.07%（见表 6 - 4），而发达国家一般是 3%—3.5%。即使是高科技产业的 R&D 经费支出，占主营业务收入的比例也不足 2.0%。从表 6 - 4 还可以看到，在全社会总科技活动中的研究与开发经费支出（R&D）中，企业 R&D 支出要高出政府 R&D 支出 3—4 倍，但科研机构中的研究与开发经费支出（R&D），企业 R&D 支出却平均低于政府 R&D 支出的 27 倍左右。说明企业科技活动经费虽然增加，但运用于创新性研发的投入比例不足，以企业为主体，产、学、研相结合的技术创新体系建设任重而道远。

表 6 - 4　　　　　科技研发经费（R&D）支出基本情况　　　　单位：亿元

指标	2011 年	2012 年	2013 年	2014 年	2015 年
全社会 R&D 经费支出	8687.0	10298.4	11846.6	13015.6	14169.9
其中：政府资金	1883.0	2221.4	2500.6	2636.1	3013.2
企业资金	6420.6	7625.0	8837.7	9816.5	10588.6
R&D 经费支出占 GDP 之比（%）	1.78	1.91	1.99	2.02	2.07
科研机构 R&D 经费支出	1306.7	1548.9	1781.7	1926.2	2136.5
其中：政府资金	1106.1	1292.7	1481.2	1581.0	1802.7
企业资金	39.9	47.4	60.9	62.9	65.4
高科技产业主营业务收入	3917.1	10033.7	33921.8	74482.8	139968.6
高科技产业 R&D 经费支出	17.8	111.0	362.5	967.8	2219.7
R&D 经费支出占主营业务收入之比（%）	0.45	1.10	1.06	1.30	1.59

数据来源：国家统计局/中国统计年鉴 2016/20—1 科技活动基本情况、20—2 科学研究与开发机构基本情况、20—12 高科技产业基本情况等数据整理 http://www.stats.gov.cn/tjsj/ndsj/2016/indexch.htm。

（4）对外技术依存度过高，技术创新能力不强

技术依存度是指一个国家的技术创新对外国技术依赖的程度。一

般对于发达国家而言，技术的引进和技术出口均是常态，因此，技术依存度可以用技术贸易专业化系数（TSC）或者技术贸易收支比来表示，表明该国技术竞争力的强度。由于中国目前尚未跻身世界主要先进技术出口国行列，关注的焦点不在于技术贸易收支比，更多的是如何利用国外先进的技术资源提高国内科学技术水平，以期快速提升产业竞争力，因此这两种适合发达国家的测度方法对我们并不适用。因此我们采用了国内较普遍的从科学技术经费支出结构的角度表示技术依存度，即用技术引进经费占总科技经费支出的比重来表示技术依存度，公式表达为技术依存度 = 技术引进经费／（技术引进经费 + R&D 经费支出）。其中，各年份的技术引进费用采用的是国研网公布的世界贸易组织（WTO）统计的数据。

且不说 2003 年以前以跟踪模仿为主不重视自主创新的阶段，单从 2003 年以后的情况看，我国的技术依存度一直徘徊在 45% 左右，处于比较高的水平（见图 6－7）。这与"十三五"规划的希望能将技术依存度控制在两至三成仍有不小的距离。目前，并且单从对外技术依存度指标角度还不能完全反映对外国技术依赖的真实状况。因为当前统计的一国技术引进费用仅包含了专利权的转让和技术许可和技术咨询的费用，而没有统计进口的生产设备和中间产品（材料和零部件）中的技术依赖。也可能一国引进的专利技术和技术许可少，但直接引进先进设备多，如中国 20 世纪八九十年代。这样一来，从技术依存度上看数值不大，但实际上技术的自主性、自给率很低。

因此，看待一个国家和行业的技术创新能力不仅要看其对外技术依存度指标，还要结合 R&D 强度指标。一般而言，一国对外技术依存度在 30% 以下，同时研发经费占 GDP 的比值在 2.5% 以上，对外技术依存度低且研发强度高，表明该国具有较高的自主创新能力；如果对外技术依存度高但研发强度也高，表明技术学习的力度大；如果对外技术依存度低且研发强度也低，这表明中国研发能力低，同时也无法获得国外的先进技术。从图 6－7 和表 6－5 来看，中国的对外技术依存度低且研发强度也低，因此中国的技术创新能力并不强，这必然影响到技术自主性。

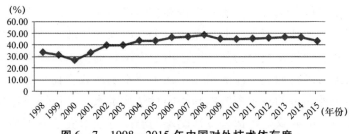

图 6-7　1998—2015 年中国对外技术依存度

数据来源：根据国研网/世界经济数据库／年度数据/世界贸易组织（WTO）数据中的知识产权使用费 http：//data. drcnet. com. cn/web/，以及国家统计局历年中国统计年鉴中的 R&D 经费支出 http：//www. stats. gov. cn/tjsj/ndsj/等数据整理计算得出。

（5）高技术产品进出口占商品进出口比例偏低，企业竞争力不足

发展中国家作为主要的技术引进方，为了节省引进成本，往往采用技术引进、设备进口与产品制造相结合的一般许可方式。1995—2015年，中国的技术发展战略经历了以引进外资与技术跟踪模仿方式为主，到引进技术与自主创新相结合的战略转变，但单就技术引进的方式本身来看，并没有发生根本变化，仍然处于产业链底端的加工组装环节。从表 6-5 可以看到，虽然 20 年来工业制成品的进出口占中国商品进出口贸易比重占很大部分，但高技术产品的出口和进口占工业制成品的比例很低，尽管 20 年来有很大的发展，但仍然不到三成。

表 6-5　高技术产品、工业制成品和初级产品的进出口贸易比重

年份	1995	2000	2005	2010	2015
商品出口贸易比重 = 100（%）					
工业制成品	85. 6	89. 8	93. 6	94. 8	95. 4
#高技术产品	6. 8	14. 9	28. 6	31. 2	28. 8
初级产品	14. 4	10. 2	6. 4	5. 2	4. 6
商品进口贸易比重 = 100（%）					
工业制成品	81. 5	79. 2	77. 6	69. 0	71. 9
#高技术产品	16. 5	23. 3	30. 0	29. 6	32. 7
初级产品	18. 5	20. 8	22. 4	31. 0	28. 1

数据来源：国家统计局/中国统计年鉴 2016/20—18 高技术产品、工业制成品和初级产品的进出口贸易额。http：//www. stats. gov. cn/tjsj/ndsj/2016/indexch. htm。

从经济自主性指数来看，竞争力指数 B2 是最低的，一直在 0.4—0.5 之间左右徘徊，虽然总体趋势有缓慢上升（见图 6 - 8）。其中构成竞争指数的三个一级指标中，贸易竞争力基本呈下降趋势，企业竞争力较弱，长期停滞在 0.3，2008 年以后才有好转；显示性优势基本没有大的起色。从二级指标的原始数据（附录 7—附录 9）看到的是，一方面初级产品的贸易竞争力和显示性优势正在失去，而另一方面，工业制成品的贸易竞争力和显示性优势提升不大。整体趋势压低了竞争力指数 B2。

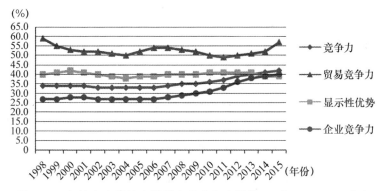

图 6 - 8　经济自主性综合指数中的竞争力指数 B2 （1998—2015 年）

总体而言，中国虽然已经成为全球制造业第一大国，但是仍然处于全球价值链的不利地位，缺乏竞争优势，导致在国际市场中的被动地位，有失经济自主性。虽然有规模庞大的工业制成品出口和服务业出口，然而均集中于国际分工体系的底端，许多看似从事高端"产业"，实际处于加工制造环节，出口增加值总量有限。产品设计、研发等高技术含量、高附加值生产环节基本由发达国家的跨国公司所垄断。推动技术创新，提高自主创新能力，改善技术引进方式，加大研发投入力度和结构，是提升中国产业国际竞争力和全球价值链分工地位，优化和升级产业结构，增强国家经济自主性的必然出路。

二　技术引进中的国家经济自主性薄弱的原因分析

改革开放以来，参与国际分工融入经济全球化的过程，使中国对外经济迅速发展的同时，也将中国制造业的资源禀赋长期锁定在全球价值链的底端加工制造环节，无法打破国际分工体系中的被边缘化的境地。技术自主创新能力，对外技术依存度必然高，对外经济控制力和企业竞争力这两项经济自主性重要指标必然薄弱。如何摆脱处于世界分工体系和产业链底端的不利局面，缩短与发达国家的技术差距，把技术引进、消化、吸收和自主创新相结合，使经济发展的"外生变量"转变为"内生变量"。必须清楚认识导致技术被动的现象背后的原因。

1. 国际竞争和国家利益下技术政治化的国际因素

高技术产业是 21 世纪国家利益和国家实力的根本保障，每个国家都希望能在高新技术领域掌握主动权和制高点，在国家经济、政治、军事等领域占得先机。因此在技术贸易领域，存在更多国际竞争和国家战略的色彩。

（1）基于既得利益的维护，无论是发达国家还是跨国公司都不会轻易转让先进技术

发达国家处于国际分工体系的顶端，是全球化利益的最大攫取者。国际分工一方面是生产力发展跨越国界的必然，另一方面也是资本主义生产方式的主观作为。在生产力发展过程中，发达国家的跨国公司将产业链底端的劳动密集型、资源密集型、环境污染型以及技术含量较低的加工型企业迁往成本更低的发展中国家，以确保利润最大化，自然不会将仍在成长期的领先技术转移给发展中国家。发达国家甚至还会利用知识产权保护等种种措施，阻碍发展中国家的技术习得和超越。"对华高技术出口管制"不只是意识形态的产物，也是资本的本质使然和国家利益高于一切的竞争环境使然。

当今国际经济体系中，一国或者地区在国际分工中的地位，主要取决于其在国际产业链和产品工序中所处的地位，表现为价值增值能力的提升。维持技术不断创新和领先地位，是发达国家的经济获得持续增长的原因和动力，因此发达国家更加注重科技研发，使其一直保持在国际价值链的顶端，依靠知识产权获取物质财富增值，而把底端附加值小的加工制造环节等转向发展中国家，从而形成发达国家与发展中国家之间新的依附关系——技术依附关系。跨国公司向发展中

家迁徙加工制造业的产业转移过程，出发点是保证利润盈余的成本核算。在这种国际分工格局中，是跨国公司而不是东道国决定着本国的产业发展，发展中国家除了提供廉价自然资源和劳动力，配合发达国家跨国公司获取利润的需要之外，很难涉足核心技术。因此，发展中国家在利用外资引进技术过程中，生产规模得以迅速扩张，但并不能促进产业结构的同步升级和优化，很难谈得上真正的发展，也就很难有国家经济自主性的提升。

（2）21世纪国际竞争和国家综合国力较量使技术问题更加趋向政治化

国际竞争说到底是综合国力的竞争，而高新技术是决定一国综合国力的关键。国家要在世界竞争格局中获得相对优势地位，必须拥有自己的战略技术和战略产业。科学技术水平不仅是一个国家政治实力和经济实力的体现，在高科技广泛运用于军事的今天，技术优势已然成为影响国际政治军事格局、保卫国家安全利益的最具决定意义的手段。在先进技术上的领先地位和技术威慑是主权国家扩大国际影响力、参与国际政治较量的关键因素。在国际关系强权政治较量的舞台上，一个国家若没有技术强势的支撑，没有符合社会生产力发展趋势和时代特征的现代科技工业体系，就不能获得国际政治中的战略主动权。特别是在当代世界风云变幻，各种不确定因素愈加复杂的情况下，对涉及国家安全和国家竞争力问题的科学技术研究和开发，作为国家意志介入技术研发，确保本国科技的领先地位，是国家政治战略意图的一种新表现。

技术贸易和技术研发，早已不是一项单纯的经济活动。知识产权保护和技术贸易壁垒正是技术领先的西方发达国家给技术后起国家戴的紧箍咒。技术先进国家不仅不可能把真正的高新技术转让给他国，更会为了维护既定国际格局中的领先地位，防范和打压后起国家对既定国际格局的挑战，而越来越严格地把技术特别是高端技术问题政治化。在这种情况下，试图在没有技术创新的前提下单纯通过引进技术，改变在国际分工和国际经济体系中的地位，只能是一厢情愿的幻想。技术引进可以迅速获得比发达国家更快的增长速度，增加经济的总量，但不可能缩短与发达国家之间的技术差距，从而不可能真正实现经济强国的自主地位，也就不可能确保国家利益和国家经济安全。

2. 国家经济实力和技术战略制度因素

改革开放以后，我国的技术引进战略经历了以 FDI 为主的"市场换技术"、跟踪模仿为主的阶段；2002 年以后，进入强调引进技术和自主创新相结合，实施创新驱动发展战略（2007）阶段。将 FDI 技术引进作为中国科技发展的主要途径，使得我们在一段时间内忽视了自主创新，R&D 投入严重不足。虽然该战略部署是与全球化的历史趋势相一致的，带来了中国经济速度和经济总量的迅速扩大，但与国家的技术差距仍然不小，经济技术强国的目标仍然遥远。而在强调自主创新为主的技术发展战略的十多年来，虽然技术创新能力有了很大进步，但问题的惯性仍然存在。

（1）当初跟踪模仿技术战略的不二选择和必然后果

为了缩小与发达国家的经济技术差距，发展中国家一般通过两种渠道获得技术进步，国内 R&D、引进吸收（技术转移和 FDI）。从中华人民共和国成立到改革开放之前的时期，由于东西方两大制度阵营对峙与冷战的环境制约，"科技追赶"和自主创新是中国技术政策设计的必然选择。20 世纪 70 年代末以来，随着世界局势和国家安全观念的转变，各国对经济利益的追求使得政治不再是国际关系的唯一主导因素，发达国家的对外产业大转移，使中国以 FDI 为主要形式引进技术的战略得以实施。彼时的中国经济技术十分落后，整体工业生产技术仍然停留在 20 世纪 50 年代的水平，80% 的生产技术设备需要更新换代。而且国内建设资金严重困难，一方面只能通过利用外商直接投资（合作和合资），解决建设资金的困难；另一方面通过外商直接投资过程的"以市场换技术"的方式，希望通过引导外资企业的技术转移，习得国外的先进技术，并且消化、吸收，形成自己的创新能力。

通过"以市场换技术"转移而来的只能是适用的成熟的先进技术，即一般技术。除了发达国家及其企业不可能将最新技术转让给潜在利益对手的他国之外，当时的中国外汇紧缺，没有能力大量引进成本昂贵、以软件技术为主的先进技术，没有能力独占许可和全权许可的技术转让贸易。更多只能是"以市场换技术"，通过引进成套设备和一般技术许可的技术转让权，同时在合作过程中培训本国的技术人员，以获取和积累创新能力。这是一条通过 FDI 方式快速提升本国产业结构和促进经济增长提速的捷径。1999—2003 年，中国引进国外技术装备总额达到 75 亿美元，这是中国经济起飞的重要物质基础。

但是，中国在大量利用国外技术资源的同时，虽然产业结构的总体状况有了很大的改善，但国内企业的创新能力不足是一个不容忽视的事实。这是"以市场换技术"的必然后果，即未能引进核心技术，反而落入"引进—落后—再引进—再落后"的技术引进陷阱，形成外向型技术依赖，严重影响了自主创新能力。

（2）沉醉于发展速度而没有及时转向技术积累和创新

向发达国家购买专利或者技术，或者向发达国家进口高技术的商品和设备，依靠这种直接或间接的技术引进方式，迅速取得成熟适用的先进技术成果，相比单靠自主研发，可不必重复别人已作的科学研究，这无疑是一种成本低廉的技术进步方式。根据新古典增长理论，"当作为技术引进方的发展中国家采用了从发达国家引进的技术来提升自己的技术水平，在拥有相同的技术进行生产的情况下，由于资本边际报酬递减规律的作用，发展中国家的资本积累速度应该比发达国家的资本积累速度更快，从而发展中国家的经济增长速度应该大于发达国家的经济增长速度，出现发展中国家的人均收入水平向发达国家人均收入水平收敛的现象"[①]。中国改革开放短短三十多年的经济发展事实也证实了这一论断。2010 年中国 GDP 总量超过日本成为世界第二大经济体，比 1978 年增长了 50 倍；2012 年的进出口贸易总额首超美国成为世界第一，比 1978 年增长了 187 倍；1993—2012 年，中国的 GDP 每年增速均在 8% 以上。

但是，随着作为技术引进方的技术水平向技术转让方的技术水平的靠近，以 FDI 方式引起的技术习得的溢出效应逐渐减弱，最终造成技术引进方的发展中国家和技术转让方的发达国家之间出现持久的技术差距，从而使得发展中国家不能实现与发达国家之间缩小差距。缺

---

① 林毅夫、张鹏飞：《后发优势、技术引进和落后国家的经济增长》，《经济学》2005 年第 5 期。

乏技术创新能力的以 FDI 和技术转移为主的技术进步方式，是一种惰性的技术进步方式，可以带来短时期的经济增长速度和经济总量。没有技术的领先必然缺乏核心竞争力，造成被动和依附，最终无益于国家的自主性。这也是经济大国不等于经济强国的原因。要突破技术引进壁垒，除了要注重自主创新，在技术引进过程中要将引进、消化、吸收、创新相结合。即使是近些年从国家意志层面强调技术创新战略，研究与开发经费支出（R&D）比例仍然偏低。2011—2015 年，全社会研究与开发经费支出（R&D）占 GDP 比例仅占 2.% 左右（见表 6-4），而发达国家一般是 3%—3.5%；即使是高科技产业的 R&D 经费支出，占主营业务收入的比例也不足 2.0%。虽然战略层面上已然从跟踪模仿的引进技术方式转向自主创新与引进技术相结合，更加注重自主创新，但实践中不注重研发和创新的惯性仍然存在。

（3）技术引进环节相关国家政策配套不完善

经济全球化背景下技术壁垒有增无减的势头表明，当今世界依然盛行贸易保护主义，并不是完全自由竞争的世界市场。各国政府依然运用技术壁垒和反倾销等手段在经济活动中发挥重要干预作用，确保科技进步在综合国力竞争中的战略优势地位。中国的科技发展必须坚持政府组织协调与市场机制相结合的原则，增强国家在技术进步中的战略规划力和宏观决策能力。同时运用 WTO 规则中的"国家安全"例外原则，在公开、透明的原则下合理合法地保护国内产业在国际市场上与外国公司的竞争。

现有研究结果表明，技术引进仍然是中国获取技术能力的重要来源，并且具有显著的正向效应。但是，中国技术引进还存在诸多问题。一是在技术引进过程中对引进项目缺乏总体战略，大量的低水平的重复引进和盲目引进，造成对行业内自主创新工作的抑制；二是对技术引进的消化吸收再创新环节重视不足，导致技术引进的后续资金短缺；三是缺乏全盘认识，引进的技术与现实脱节，既与现有的技术力量不适应，也与后续的消化吸收和科技攻关环节衔接不当；四是技术政策缺乏配套性，使技术引进和进一步自主创新受到阻碍；五是技术转让组织功能不完善，常使引进的技术未能被充分利用。还需要通过进一步完善相关政策法令，以及重视和引导吸收能力的培养，形成

"引进—消化吸收—扩散—再创新"的良性循环，使跟随模仿的引进模式，真正向自主创新的道路转变。

3. 制度环境下的企业对技术引进的成本考虑因素

改革开放四十年来，中国的民族企业（国有企业和民营企业）有了长足的发展，在国际市场的众多领域都能看到中国制造的存在，甚至航天、高铁技术等个别领域处于科技领先地位。1998 年，世界 500 强中中资企业仅 4 家，18 年后已有 98 家（见附录 11）。从表中可以看出，中国企业跻身世界 500 强的形势转变是从慢慢累积发展过来的，在 2011 年以后发展迅速。2007 年以来国家层面大力主张转变经济发展方式、实施创新驱动发展战略的成效初显。但是整体而言企业的技术创新意识不强，企业竞争力不强，大量的企业仍然停留在加工生产和贴牌生产的低端环节，造成强势增长和弱势竞争力长期并存的局面。

（1）引进技术带来近期较快盈利的惰性使然

如果仅从企业短期盈利目的来看，尤其是对于一个劳动力资源丰富的发展中国家的民族企业而言，只要引进一般的成熟技术，不太需要自主研发也能通过发挥劳动密集型企业的比较优势获得国际市场份额和利润。即使是企业的产品更新换代，也可以通过从发达国家引进技术的方式，不断跟踪技术进步，来换取和分享国际技术溢出所带来的好处。从而导致企业满足于眼前的现状，对引进技术的消化吸收再创新环节的不重视，科技研发动力和能力都呈现出惰性状态。从表 6 - 4 的 2011—2015 年科技研发经费（R&D）支出情况来看，在全社会 R&D 经费支出总额中，企业资金支出占全社会 R&D 经费支出总额的 80% 左右，但科研机构的 R&D 经费总额中，绝大部分是政府的资金投入，而企业资金投入仅占 3% 左右。这表明企业尚不重视与科研机构的技术研发合作，而自主研发能力又有限的情况下，且结合该表中"高科技产业 R&D 经费支出"仅不足 2%，可以判断企业的绝大部分 R&D 经费用于一般性技术服务，用于企业自主创新的比例并不乐观。

由于国际经济外部环境的不确定性，以及各国政府和企业对先进技术的自利性保护，依靠技术引进满足于低技术水平和低附加值的国际分工状态下的盈利，是不可能持久的，对国外先进技术转移的依赖，必然使自身在国际市场上缺乏竞争的回旋余地，长期来看不利于产业结构升级和国家竞争力的差距缩短，不利于企业的发展和壮大。

（2）知识产权保护下的成本考虑使然

技术引进和自主研发，是发展中国家技术创新的两大源泉。知识产权保护分两个层面的意思，一是与技术引进相关的专利、专有技术和商标品牌的使用费；二是对于专利、专有技术和商标品牌的生产、使用、经营和转让提供保障的法律制度环境。如果技术引进方所在国的知识产权保护环境和观念差，对于技术供给方而言，出于自身利益考虑，会提高技术转让费，降低技术转让的质量，严守核心技术，减少技术外溢；对于技术引进方而言，过低的知识产权保护环境，使市场上充斥着假冒伪劣商品，引进方对于引进技术的二次创新动力受到抑制。换言之，知识产权保护环境差，会导致转让方忌惮技术的外溢，引进方能得到的技术层次也就差，知识产权保护环境差，也使假冒伪劣行为泛滥，既抑制对引进技术进行二次创新的动力，也会伤害企业自主创新的积极性，从而形成一种逆淘汰的恶性循环。知识产权保护方面管理不善，发达国家转移一般技术，和本国企业缺乏技术创新意愿，是同一问题造成的两个方面。如果知识产权保护力度增强，技术转让的质量和数量会增加。但引进成本也会相应增加，同时高昂的知识产权使用费也可能会抑制企业引进技术的动力。

在知识产权保护方面，就中国自改革开放以来的技术引进路线来看，由于引进技术外汇资金缺乏，国家基本上放任企业"有限引进大量模仿"，知识产权保护水平较低。中国加入 WTO 以后，由于作为成员国必须承担"与贸易有关的知识产权保护措施"，加大了对引进技术的知识产权保护力度，企业引进成本增加，这原本是引导企业走自主研发创新的机会，但由于国内知识产权保护环境和观念的缺乏，本国企业自主研发技术和产品的保护也受到侵权和仿制，从而影响企业自主创新的积极性。总之，引进技术和自主研发是国家技术创新的两大源泉，知识产权保护的缺失不仅导致对引进技术二次创新的积极性，而且也会伤害企业自主创新的动力和环境。这就是国家提倡自主创新、实施创新驱动战略近十年，但企业自主创新意识仍然不强的原因。

第四节　国际金融活动对中国经济自主性的影响

跨国金融活动是经济全球化和国际投资的重要内容。在证券交易领域，金融衍生品如金融期货、期权及股票指数等具有很强的国际渗透性。在促进国际投资、生产、贸易发展的同时，作为转移风险工具的金融衍生品，也可能被用作投机工具，从而危及国家经济自主性乃至整个世界经济的稳定。2008年金融危机使国际金融环境更为脆弱，市场变化持续动荡。主要国家货币当局纷纷采取的传统和非传统宽松货币政策，造成全球流动性再度泛滥。后危机时代，虽然发达国家银行体系去杠杆化进程持续，但对新兴经济体持有的债权却有所增加。国际金融动荡、重大冲突对国家的危机应变力和经济自主性构成严峻挑战。

一　国际金融市场主要形势

全球金融危机以来，国际金融形势变化复杂。伴随着全球经济进入一个增速放缓的增长周期，金融市场动荡加剧，而国家宏观审慎监管方法仍在探索，下一波金融危机的隐患仍在。

1. 金融一体化的深化与经济全球化脱钩现象并存，金融监管意识不断增强

金融一体化是经济全球化的直接结果，随着经济全球化进程，各国的债市、股市、汇市以及大宗商品交易市场的一体化不断深入，国际金融市场中的资本市场和证券市场的风险源逐渐趋向一致。随着互联网技术、信息技术的广泛运用，国际金融业务包括各种交易工具、结算汇兑、货币种类、利率决定机制等呈现趋同性。但2008年国际金融危机之后，金融一体化受到质疑，IMF等国际金融机构开始认同对资本流动的设限管理，各国加强了对市场监管和风险管理的力度。无论新兴市场经济体还是发达经济体，都面临着较大的通胀风险，货币扩张政策逐步显现。全球金融一体化逐步与经济全球化脱节。新兴国家和发展中国家的外部金融风险加大，资本项目市场开放的进程放缓。

2. 以美元为中心的主导地位并未被撼动，"特里芬难题"依然拖累全球经济

虽然新兴经济体在国际金融市场中的重要性愈加显现，然而国际金融市场的格局并未改变，新兴经济体的崛起并未撼动美元的主导地位，美元仍是外汇市场交易的最主要货币，且在全球债券市场中占有很大比例。由于美元的国际中心地位与世界政治经济格局的多极化并不匹配，美国的宏观经济政策不受外界约束却能广泛影响全球，给全球经济带来了诸多不稳定因素，使新兴经济体承担更大风险。2008年金融危机以来，连续三年，美联储不顾其他国家的金融风险和压力，推行量化宽松政策，向市场大量注入流动性，并宣布维持长期低利率以提振实体经济。其他发达国家纷纷仿效，加剧国际金融市场泡沫化。据《中国跨境资本流动报告》数据，金融危机后连续三年的量化宽松货币政策，已使新兴经济体净流入货币量达2.1万亿美元，超过之前15年平均水平即18%，年均增长率达40%。美元中心地位需要其实体经济顺差维持币值稳定，而其作为国际结算和储备货币必然只能通过持续发行美元货币来维持，理想与现实相悖的"特里芬难题"造成美国生产货币、其他国家生产商品的不合理现象仍然无法消除。2014年美联储退出量化宽松政策后，随着美元汇率和美元资产收益率的上升，国际资本加速回流美国，引发国际债市、股市、汇市和大宗商品市场的持续波动，从而加剧国际金融市场的动荡。

3. 金融衍生品不断创新，资产债券化日益深化

随着新技术革命的加快，金融衍生品创新业务不断开拓，新金融工具不断推出。各国银行的传统业务缩减，而证券、基金、期货和保险等业务比重持续上升。现代电子信息和通信技术的广泛运用，使电子银行业务迅速普及，助推了金融工具、金融产品和金融服务等领域的金融创新热潮。金融衍生品的多样化和规模化发展，提高了金融机构的经营管理能力，加速了金融业不断创新的进程。同时，受到2008年国际金融危机以及2010年欧债危机的影响，各国政府以及金融机构增加了以发行债券筹集资金的方式，国际债券的发行日益成为国际资本市场融资的主要渠道，从而改变了国际融资渠道。国际金融市场日益转向资产债券化。

二　对我国经济自主性的挑战

近年来，随着发达经济体货币政策和地缘政治的影响，全球金融风险增大。目前我国资本项目采取视国家经济条件分阶段逐步开放的政策，随着资本项目市场的开放，国际金融市场波动对国民经济的冲击增大，给本国金融稳定和经济安全都带来严峻的挑战，考验着国家的危机应变力和金融监管能力，影响着国家经济自主性的强弱。

按照国际惯例，一国金融安全要有发达稳健的金融体系，具有可自由兑换的国际货币，适度规模的债务负担率和外汇储备占比，构成国家危机应变力的基础，这些是国家在国际经济中的自主性的保障。由于美元在国际货币体系中的主导地位，其与世界政治经济格局的多极化并不匹配，美国的宏观经济政策不受外界约束却能广泛影响全球，给全球经济带来了诸多不稳定因素，尤其是干扰和制约新兴经济体的经济自主性。

近二十年来，基于我国经济的快速发展，快速增长的外汇储备为金融安全提供了充裕的资产保障，再加上对国际金融市场清醒的风险意识，对自身金融监管能力和体系尚不健全的充分认识，我国的资本项目市场一直是有限度的视金融经济条件逐步开放，债务负担率和债务结构相对合理适度，因此应对国际金融动荡和金融危机的应变能力较强。见图6-9危机应变力指数（包括债务负担率和外汇储备占GDP比重两个二级指标）。危机应变力指数从1998—2008年有10年的良好上升势头，2009—2015年虽然有波动，但基本处于60%—80%的高位，危机应变力较强。但忧患仍在。

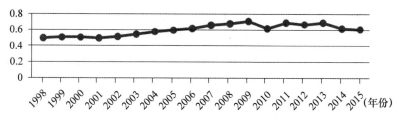

图6-9　经济自主性综合指数中的危机应变力指数（1998—2015年）

第一，1998 年以来，中国债务负担率变动不大，基本维持在 15% 以内，似乎离国际警戒线还有相当远的距离。但是，作为外债余额占 GDP 的比重，GDP 总量可能有一个下降周期，特别是在中国和世界经济新常态下，中国经济可能出现长期的"L"型，而外债余额却可能是一个稳定量，甚至随着到期还本付息的外债的增加，使债务负担率会出现骤增的情况。如从原始数据（附录 5：债务负担率 D5）可以看到，2014 年债务负担率突然一改近 20 年来的状况，一下提升了 10%，达到 21%，接近国际警戒线。

第二，高额外汇储备虽然提供了金融安全的资产保障，但加大了对国内通货膨胀的不确定性。外汇储备是面对国际金融市场冲击的"缓冲器"，反映一国的经济和金融实力。2000 年我国的外汇储备仅为 1655.74 亿美元，但在经济高速增长和国际收支持续顺差的作用下，外汇储备增长迅猛，2006 年成为全球第一大外汇储备国，2014 年 6 月达到 3.99 万亿美元的峰值，2016 年年末下降至 3.01 万亿美元。充裕的外汇储备能有效保障本国金融和经济稳定，增强对外清偿能力，有助于加快中国人民币国际化的进程。但巨额外汇储备不仅增加了显性成本，同时积累了潜在的金融风险，削弱国内宏观经济调控效力。一方面，中国高额外汇储备使得价格信号失真，从而扭曲宏观经济的价格形成机制和资源配置机制。另一方面，持续增长的外汇储备造成货币供应量的持续扩张，导致社会总需求的"主动增加"，加剧了中国通货膨胀的不确定性的压力。

第三，人民币的地位上升较快，但国际化道路任重而道远。长期以来在国际储备货币体系中，美元处于中心地位，是国际主要结算货币和储备货币，其次是欧元、日元和英镑，根据 IMF 统计，2010 年美元、欧元、英镑和日元在国际储备货币中的占比分别为 62%、26%、4%、4%，而人民币在国际储备货币中的占比仅为 1.6%。2010 年以来，随着中国经济持续成为拉动世界经济的引擎，全球货币格局发生了相应变化。2015 年 10 月，人民币加入特别提款权，成为 SDR 篮子货币之一。中国人民银行《2016 年人民币国际化报告》显示，2015 年跨境人民币收付总额达 12.10 万亿元，比上年增长 21.7%，占货币跨境收付总额的 28.7%。据环球银行金融电信协会

（SWIFT）统计，2015 年年末，人民币已成为全球第三大贸易融资货币、第五大支付和外汇交易货币。但"据 IMF 统计，2014 年全球官方储备中人民币仅占 1.1% 左右"。"据汇丰银行报告，2012 年中国进出口贸易使用人民币结算的比重达到 12%，但是人民币在国际金融市场上的大宗商品定价权非常有限。"①进入 2016 年，人民币大幅贬值，在岸离岸汇差剧烈波动，凸显了央行干预下的人民币在未来或将面临巨大的潜在风险。在外汇市场日益呈现出风险的情况下，维护外汇市场稳定成为中国外汇管理工作的主要问题，"人民币国际化"和"加速资本项目市场开放"政策战术性暂缓。从趋势看，人民币很可能超越英镑和日元，成为第三大国际货币，与美元、欧元构成三足鼎立之势。这个变化可能对国际货币体系的稳定带来重大挑战和机遇。

第四，跨境资本流动剧烈，面临大规模资本外逃的风险。新兴经济体的跨境资本流动，主要还是受发达经济体的经济金融形势影响。近年来，发达国家货币政策分化和地缘政治风险上升，全球避险情绪波动较大，国际资本流动剧烈，包括中国在内的新兴市场国家主要面临资本流出的局面。据 IIF 的测算，由于美元在国际货币体系中的中心地位，美联储调低 1% 的美元利率，新兴经济体的金融资本流入将增加 172 亿美元。2008 年美国的次贷危机引发国际金融危机以后，美联储多次推出量化宽松的货币政策，美元汇率下降，出现国际资本大量涌入新兴经济体的情形。随着美国经济回暖、美联储加息意愿增强，2014 年停止货币量化宽松政策，2015 年、2016 年两度加息，美元回流，国际资本流动出现逆转。根据国家外汇管理局统计数据，中国的跨境资本由单向流入转入双向流动偏流出的拐点，主要发生在 2014 年 8 月之后，银行跨境收付的月度数据开始出现净流出，在资金结构上出现了"经常项目顺差、资本项目逆差"的情况。

从债务负担率的预期可能增大、巨额外汇储备喜忧参半的压力、人民币汇率波动及国际储备货币占比仍极低、资本外逃现象等形势看

---

① 魏礼群：《从经济大国到经济强国的发展之路》，《新华文摘》2013 年第 18 期，第 25 页。

来，面对金融全球化趋势，虽然中国在国际金融领域取得丰硕成果，有强大的外汇储备作为资产保障、人民币被纳入特别提款权、亚洲投资开发银行等由中国主导的区域性金融组织应势发展，但仍然存在着金融安全和受国际金融危机冲击的危险，特别是中国市场经济体制尚不完善、金融监管体制体系仍不健全、规避国际金融动荡和金融危机的应对能力和经验不足，这就需要有审慎稳健的国际金融市场管理意识和风险意识，加强国际金融市场交易、投资活动的管理力度，坚决打击违规违法行为，防范和挤压国际热钱操作空间，以在国际金融市场风险日益加深的情势下，维护外汇市场和资本项目市场稳健发展，避免对国家经济金融安全和国家经济自主性造成巨大冲击。

第七章　国内维度的经济自主性
现状及原因分析

　　国内维度的经济自主性表现为国家与社会群体之间关系的国家"中立性"，即不受制于某一群体利益而试图超越群体利益，是服从于国家战略利益最大化的意志力。反映了国家管理和协调社会各阶层利益的能力，包括国家凝聚力和政策执行力，反映民众对国家合法性和执政能力认可的程度。从利益分配的核心主体来看，国家与社会群体、国家利益与群体利益的关系，主要表现在国家、企业、居民①三者之间的关系。这三者之间不仅涉及收入分配，还有更深层次的制度安排。三者之间的关系程度和质量，最能直接反映国家的凝聚力和政策执行力，从而呈现出国家经济自主性的状况。

　　不同社会制度性质的国家，其国家与企业、居民的关系也不一样。从中国社会主义国家的具体情况来看，随着社会主义市场经济建设和现代化进程的加快，社会成员经济收入和社会地位出现了分层甚至分化现象，转型期的各种社会矛盾也在加剧。社会主义计划经济时代的国家、集体、居民三者之间"统管—服从"利益关系的模式也发生了变化，出现了国家与居民之间"缺位—不满"的关系模式。国家与企业的关系变成了权力与资本、政府与市场的关系博弈。2006 年

---

　　①　从利益分配主体来看，计划经济时代主要是国家、集体和个人的关系。但随着社会主义市场经济体制的推行，个人已经不再是从属于国家和集体的"单位人"，而成了"社会人"，并且出现了个体从业者、自由职业者、农民工、企业从业者、私企所有者等新兴阶层。对于个人、居民、公民、劳动者这些概念，因为不是本书研究的重点，因此不对概念分歧做辩解。只是在此章节作为研究客体时，选择了居民这个比较"中性"的概念，在其他章节则按其语境、语义采用最合适的概念。

之后，国家重视社会建设，特别是党的十八届五中全会"五大发展理念"的提出和"十三五规划"的实施，国家与企业、国家与居民的利益关系有望向"协调—共享"关系模式推进。

国家、企业、居民的利益关系的"缺位"，主要带来收入分配的不合理、收入差距的扩大、资源环境污染问题加剧、企业社会责任感下降导致消费安全等问题，影响国家的凝聚力和国家政策执行力，损害国家经济自主性。国家与居民关系问题集中在收入分配领域，梳理哪些问题是由市场体制本身带来的、哪些问题是由转型期的管理缺位带来的，具体分析收入差距扩大的原因，是维护国家长治久安，增强国家凝聚力，提升国家经济自主性的先决条件。在国家与企业关系问题上，如何协调政府与市场的关系，既能充分发挥民族企业的效率和技术创新力，又能实现宏观调控，避免经济剧烈波动，既能确保国家整体利益，实现经济持久发展，又能提升国家综合实力。这就需要重新梳理国家与企业的关系与症结。

第一节　国家、企业、居民之间利益关系的演变

一　国家与居民之间利益关系的演变

国家与居民的关系包含着经济、政治和社会多重关系，但最基础性的是经济利益关系。在国家与居民的经济利益关系中，包括税费分配关系和公共服务的供求关系两个方面。对于国家而言，加快经济发展、增加财政收入、提高整体国力是最重要的；对于居民而言，消费状态包括消费水平的提高、消费差距的缩小、消费安全的保证才是最重要的。当前"民生"问题成为社会焦点，反映了国家与居民之间关系某种程度的紧张，久之会影响国家凝聚力，从而损伤国家经济自主性，影响国家现代化目标的实现。党的十八届五中全会提出"创新、协调、绿色、开放、共享"的五大发展理念，其中共享理念的提出，就是要着力解决公共服务和社会保障体系不完善，解决收入分配不公平、公共服务不均等问题，坚持发展为了人民，让广大人民共享发展成果。

当前中国社会正处于转型期，社会形态由农业社会、封闭社会向

工业社会、开放社会转变，经济形态由社会主义计划经济向社会主义市场经济转变，发展模式由粗放单一向科学发展转变。从利益分配角度看，我们国家与居民的关系也正经历着转变。

1. "统管—服从"的利益关系

第一阶段，在社会主义计划经济阶段，国家与居民的关系是"统管—服从"的关系。为了改善新中国落后的局面，建立基本完整的工业体系和巩固的国防，国家实行高度集中的经济体制模式，国家统管人力、财力、物力等一切社会资源，建设新中国。在国家、集体、个人之间提倡一切服从国家利益和集体利益，居民为了国家和集体利益可以牺牲个人利益。如果这种情形发生在私有制的专制国家，国家虽然具有威权，但不一定具有强大的自主性，因为可能遭遇民众的反抗。但中国社会主义国家在实施高度集中的计划经济体制、统管一切社会资源的同时，也承担着惠及所有个人的一切公共服务，包括基本生活资料的配给制，还建立了全面的公共服务和保障体系。比如在城市实行完全就业、享受公费医疗、住房分配、义务教育、生活补助、退休保障等；农村则可以从人民公社中获得相应的社会福利。此外还有城市"三无"人员救助体系和农村"五保户"制度。尽管居民牺牲了大量的利益和权利，但同时也从国家统管一切的资源中获得了补偿，虽然水平和质量不高，但确实是个公平公正的公有制社会。国家与居民的利益关系其实是一致的，因此国家具有高度的凝聚力和政策执行力，国家自主性程度很高。

2. "缺位—不满"的利益关系

第二阶段，1978 年开始推行市场取向的经济体制改革，国家逐步放开社会资源的统管，允许居民追求合法的个人利益，展开自由竞争。同时，国家为了充分调动市场效率，对企业进行放权和让利的改革，对原来的社会保障体系也进行了市场化和社会化改革。一方面取消了国家包揽就业和福利，把社会福利保障推向社会和市场，居民个人不再享受原有的福利。另一方面，国家把承担公共服务的职能推给地方政府，而在 1994 年分税制改革以后，地方政府的财力有限，又加上唯 GDP 政绩的影响下，无暇顾及社会建设。因此无论是中央政府还是地方政府，都处于"缺位"状态。获得了自主性的地方政府和企业像脱缰的野马，追求利润最大化，忽视了环境、人权、公平、正义等社会发展问题。此时隶属于单位和人民公社的个人，分化成了企业从业者、农民工、私营企业者、自由职业者等各种新的社会阶层，"单位人"进入了多元化、复杂化时代，他们需要自我负责和风险自担，具有自利性、流动性、责任性和独立性的特征。而在市场经济的高风险社会中，农民工和城市低收入者，原本就可能无力享有"付费福利"。因此实行市场经济之后具有权利意识的居民个人，由于国家在收入分配、社会福利和公共服务领域的"缺位"，产生不满甚至对立的情绪，进入社会矛盾频发期，影响社会稳定和国家凝聚力。

3. "协调—共享"的利益关系

2006 年，十六届六中全会审议通过了《中共中央关于构建社会主义和谐社会若干重大问题的决定》，提出"把构建社会主义和谐社会摆在更加突出的地位"①。党的十七大进一步提出要"创造条件让更多群众拥有财产性收入"，强调"初次分配和再分配都要处理好效率和公平的关系，再分配更加注重公平"②。在坚持社会主义市场经济体制下进行收入分配制度的深化，以缩小收入差距为目标，正确处理效率和公平的关系，同时强调要完善收入分配格局，整顿和规范收入分配秩序，明确提出要强化政府责任，加大对收入分配的调节力度。党的十八届五中全会提出"五大发展理念"，将统筹协调各方利益关系作为深化改革的着眼点，将共享改革发展成果作为深化改革的归宿，注重机会公平，保障基本民生，实现全体人民共同迈入全面小康社会。在继续深化改革的同时，社会建设将全面覆盖到每个居民个人，内容涉及教育、就业、医疗、住房、养老等各个方面，建立更加公平更加可持续的社会保障制度，实施全民参保计划，建立覆盖城乡的基本医疗卫生制度，实现公共服务均等化。③ 国家将不再仅是社会

---

① 中国共产党第十六届中央委员会第六次全体会议：《中共中央关于构建社会主义和谐社会若干重大问题的决定》，人民出版社 2006 年版。

② 胡锦涛：《高举中国特色社会主义伟大旗帜，为夺取全面建设小康社会新胜利而奋斗：在中国共产党第十七次全国代表大会上的报告》，人民出版社 2007 年版。

③ 参见《中国共产党第十八届中央委员会第五次全体会议公报》，新华网，2015 年 10 月 29 日。

资源的统管者和摄取者，不再允许经济放任发展而忽略居民个人的权益和公平。国家提供保障居民个人的基本权益，居民则通过制度渠道共享改革发展成果，居民对国家因"缺位"而造成的不满和对立情绪将得到妥善的解决，国家凝聚力和国家经济自主性也将得到恢复和改善。

二　国家与企业之间利益关系的演变

国家与企业的关系包含着税费的经济利益分配关系，也包含着资本权力的分割关系。在社会主义计划经济时代，企业（只有全民所有制和集体所有制企业）是国家生产计划的执行者，企业作为生产单位没有经营自主权，所有利润全部上缴，然后按国家预算统一支配。企业没有自身经济利益，只是国家经济发展蓝图的完成者和执行者。改革开放以后，国家为了利用市场机制充分调动企业的积极性，实行国有企业税费改革，放权让利，允许非公有制经济的企业存在和发展。此时，国家有权力而企业有资本，国家为了经济发展和财政收入增加，企业为了获取利润，如果政府和企业变成利益共同体，政府的"经济人"思维方式，将使制度管理出现漏洞，导致公共风险丛生，引发环境污染、消费安全、劳动者和消费者权益被侵害等一系列经济社会问题，使社会贫富差距进一步扩大。国家与企业的关系主要表现在三个方面。

1. 权力与资本的关系

马克思曾经说过，资本的运动是"谋取利润的无休止的运动"①，在没有制约的情况下，资本的逐利本性可以肆无忌惮地吞噬一切，包括腐蚀公权力、侵害消费者权益和生命健康、竭尽消耗资源和环境、无视工人的劳动条件和剥削工资。社会主义国家实行市场经济是为了利用资本的本性来提高劳动和经济效率，利用资本发展生产力的积极作用。对于消极作用，必须有法制的约束，尽可能减少资本对经济、社会和群众的损害。国家作为资本的规制者，企业对消费者造成利益损害和侵犯时，政府应设法平衡生产者和消费者的关系，保护消费者权益，同时也是维护生产者的信誉。若政府为了经济发展，生产者主权至上，给企业

---

① 马克思：《资本论》第 1 卷，人民出版社 1975 年版，第 175 页。

特殊关照，政府与企业关系过于紧密地绑在一起，可能导致"权贵资本主义"，使公共权力因私人资本的渗透导致公共风险。

2. 政府与市场的关系

政府宏观调控与市场微观规制的关系，是权力与资本、国家与企业的关系在经济运行与管理方式上的反映。在完善的社会主义市场经济条件下，国家与企业的关系更多地应该通过宏观和微观的经济调控手段，而不是通过行政直接命令的方式进行。社会主义利用市场经济是为了利用市场加快发展生产力，最终实现国家强盛和人民幸福。要尊重市场经济规律的要求，让市场在资源要素配置中起基础性的调节作用。政府从促进公平竞争、维护公平正义的角度，为市场经济的健康发展提供充分的市场竞争、完备的市场环境、健全的法律体系等条件。市场不加约束地发挥作用必然导致两极分化和资源的巨大浪费，因此，需要政府既做好"守夜人"的角色，又能在市场经济运行的"事前""事中""事后"做好"制度安排"。政府实行宏观调控，通过政策路径配置公共资源，其中包括制定促进社会公平的收入分配政策，制定有利于产业结构转型升级的产业政策，减少行政性干预等。

政府要更好地配置公共资源，需要政府和市场的边界，大致可作如下界定："涉及国家安全和生态安全的由政府决定；公平分配和环境保护方面等由政府干预；涉及全国重大生产力布局、战略性资源开发和重大公共利益等项目由政府安排；公共性、公益性项目由政府安排。在这样一些领域政府不只是进入，而且应该充分并且强有力地发挥作用。"[1]

3. 国企与民企的关系

国有企业与民营企业作为中国民族经济的两大支柱，在市场上应该是平等竞争关系。社会主义市场经济体制改革，一方面，通过放权让利使国有企业拥有了相对自主权；另一方面，允许非公有制经济发展的政策，使中国的民营企业一路壮大，撑起了繁荣和活跃市场、创造就业机会、增加社会积累的一片大天地。经济全球化进一步纵深发

---

[1] 舒展、崔园园：《"诺斯悖论"消解：政府与市场两种决定作用的耦合》，《海派经济学》2015 年第 1 期。

展，国际竞争日益激烈，国有企业和民营企业应该"国进民也进"，共同撑起充分自主开放的中国经济大舞台。不过，国有企业和民营企业的关系仍需要理顺。国家作为国有企业的资产所有者，同时又是社会管理者。作为所有者的财产权和作为管理者的公共权力，在实际运行中可能存在边界模糊，这给国有企业带来更大的权利和利益空间。国有企业政企分开、政资分开的改革不彻底，一方面，导致行政垄断，国有企业获得了额外利益；另一方面，导致公共资产流失，部分既得利益者暴富。这是导致当前收入差距扩大的主要原因。党的十八大报告中提出完善国有资产管理体制，"对于国有企业要引导它们更多投向国家安全和国民经济命脉的重要行业和关键领域。对于民营企业要鼓励、支持和引导，保证依法平等使用生产要素公平参与市场竞争、同等受到法律保护"①。

第二节　利益关系演变下的经济自主性现状

社会主义计划经济体制下，国家、集体、个人之间的统管—服从的关系模式，发生了改变，需要重新确立国家、企业与居民的利益模式。随着社会主义市场经济体制的推进，由于市场机制本身的缺陷，以及体制转轨过程中的制度不完善，出现了收入分配不合理、贫富差距扩大、资源环境代价巨大、企业责任意识淡薄等问题。

一　收入分配问题

收入分配问题是当前经济社会改革的焦点、热点和难点问题。谈到收入分配，人们必然想到是分配体制的不合理，导致贫富差距扩大化和可能出现的阶层固化，危及社会稳定和国家持久发展。

由于中国作为一个发展中国家的特殊国情，一方面，有着巨大的人口规模；另一方面，各地区的自然条件和发展水平有着明显的差异，再加上当前中国处于社会经济转型时期，各种复杂的因素加大了

---

① 胡锦涛：《坚定不移沿着中国特色社会主义道路前进　为全面建成小康社会而奋斗》，人民出版社 2012 年版，第 21 页。

收入分配政策执行的难度。缩小收入差距是一个持续渐进的过程，受到经济发展状况和政策执行状况的影响，而中国近年来的一些政策对于缓解收入差距扩大也起到了一定的作用。

1. 城乡差距

国家统计局数据显示，1978 年以来，中国城镇居民人均可支配收入增长明显，但是农村居民纯收入增长缓慢，城乡居民人均收入差距呈现扩大的趋势（见表 7 - 1），年均收入增幅差距近 10 年来达到 3 倍左右。不过 2011 年以来，城乡居民收入差距每年有小幅缩小。这一时期国家对"三农"支持力度的不断加大，农村扶贫开发的推进，农产品价格的放开，户籍制度放松和促进劳动力流动的政策、九年义务教育的实施，对缩小城乡收入差距都起到了一定的作用。

表 7 - 1 　　　　　　　　中国居民人均收入城乡比较

年份	城镇居民人均 可支配收入（元）	农村居民人均 纯收入（元）	城镇居民人均收入相当于 农村居民人均收入的倍数
1978	343.4	133.6	2.57
1985	739.1	397.6	1.86
1990	1510.2	686.3	2.20
1995	4283.0	1577.7	2.71
2000	6280.0	2253.4	2.79
2005	10493.0	3254.9	3.22
2010	19109.4	5919.0	3.22
2011	21809.8	6977.3	3.12
2012	24564.7	7916.6	3.10
2013	26955.1	8895.9	3.03
2014	29381.0	9892.0	2.97

数据来源：中华人民共和国国家统计局/中国统计年鉴 2015/6—6 城乡居民人均收入。http：//www.stats.gov.cn/tjsj/ndsj/2015/indexch.htm，2016—08—19。

2. 地区差距

西部大开发、中部崛起以及东北振兴这三大发展战略均衡性的区域协调发展，对抑制地区之间差距扩大起到了一定作用。数据显示，虽然东部地区人均可支配收入仍高于其他三个地区，但东部地区居民人均可支配收入的增速比中部地区和东北地区慢了0.8%，可见收入绝对差距扩大的趋势开始出现缓解。西部地区的人均收入增速仍低于东部地区4%，而且西部地区居民人均可支配收入仍然是最低的，仅为东部地区人均收入的0.59%，这就仍需要加快西部地区收入的追赶步伐（见表7-2）。

表7-2　　　　　　全国居民按地区分组的人均可支配收入

地区	2014年（元）	2013年（元）	地区差距（以东部为1）	2014年增速（%）
东部	25954.0	23658.4	1	9.7
中部	16868.0	15263.9	0.65	10.5
西部	15376.0	13919.0	0.59	5.7
东北	19604.0	17893.1	0.76	10.5

数据来源：中华人民共和国国家统计局/中国统计年鉴2015/6—3 全国居民按东、中、西部及东北地区分组的人均可支配收入。http://www.stats.gov.cn/tjsj/ndsj/2015/index-ch.htm，2016—08—19。

3. 行业差距

从行业工资水平来看，各行业的地位并没有多大改变，金融业和软件信息技术服务业依然是行业收入中的佼佼者，平均工资水平是全行业平均水平的两倍左右。教育行业工资水平与全国工资平均水平持平，而农、林、牧、渔业的工资水平一直处于全行业最低水平，2005年仅为全行业平均水平的45%，2014年仅为全行业平均水平的50%，基本没有改观。2005年软件信息技术服务业的平均工资在全行业占据第一位，是农、林、牧、渔业工资水平的4.7倍；2014年金融业的平均工资在全行业占据第一位，是农、林、牧、渔业工资水平的3.8倍。因此，行业间的差距没有继续扩大，稍有缩小的趋势。

表 7-3　　　　　2005 年、2014 年部分行业平均工资排名　　　　单位:%

行业名称	2014 年			2005 年		
	平均工资（元）	与全行业平均的比率（%）	在全行业中的排名	平均工资（元）	与全行业平均的比率（%）	在全行业中的排名
金融业	108273	1.92	1	29229	1.60	2
软件和信息技术服务业	100845	1.79	2	38799	2.13	1
电热水气生产供应业	73339	1.30	4	24750	1.36	4
采矿业	61677	1.09	9	20449	1.12	9
教育	56580	1.00	10	18259	1.00	12
制造业	51369	0.91	14	15934	0.86	13
农、林、牧、渔业	28356	0.50	19	8207	0.45	19
全行业平均工资	56360	—	—	18200	—	—

数据来源：中华人民共和国国家统计局/中国统计年鉴 2015/4—15 按行业分城镇单位就业人员平均工资。http：//www. stats. gov. cn/tjsj/ndsj/2015/indexch. htm，2016—08—19。

4. 五等份收入差距

2014 年占全国最多人口 20% 的高收入户，其人均可支配收入占全国居民可支配收入总额的 45.86%，而占全国最少人口 20% 的低收入户，其人均可支配收入仅占全国居民可支配收入总额的 4.34%，高收入人群是低收入人群人均可支配收入的 10.7 倍；2005 年占全国最多人口 20% 的高收入户，其人均可支配收入占全国居民可支配收入总额的 41.32%，而占全国最少人口 20% 的低收入户，其人均可支配收入仅占全国居民可支配收入总额的 7.25%，高收入人群是低收入人群人均可支配收入的 5.7 倍（见表 7-4）。这是一种阶层之间严重的不公平现象，而这一阶层差距 10 年来不仅没有缩小，反而在更快速地拉大。基本上证实了中国近些年基尼系数极高，已突破了警戒线是不争的事实。离收入分布呈橄榄型的中产阶级时代，相去甚远。

表 7 – 4　　　　　全国居民按收入五等份分组的人均可支配收入

组别	2014 年（元）	占总收入比率（%）	2005 年（元）	占总收入比率（%）
低收入户（20%）	4747.0	4.27	4017.3	7.25
中等偏下户（20%）	10887.0	9.79	6710.6	12.11
中等收入户（20%）	17631.0	15.86	9190.1	16.58
中等偏上户（20%）	26937.0	24.23	12603.4	22.74
高收入户（20%）	50986.0	45.85	22902.3	41.32

数据来源：中华人民共和国国家统计局/中国统计年鉴 2015/6—2；全国居民按收入五等份分组的人均可支配收入；http：//www. stats. gov. cn/tjsj/ndsj/2015/indexch. htm，2016—08—19。中华人民共和国国家统计局/中国统计年鉴 2015/6—7 全国居民按收入五等份分组的人均可支配收入，http：//www. stats. gov. cn/tjsj/ndsj/2014/indexch. htm，2016—08—19。

二　资源环境问题

30 多年来，中国经济在迅猛发展带来物质的极大丰富之外，也付出了严重的资源环境代价，粗放型经济增长方式的不可持续性日益凸显，经济发展过程中的资源环境约束持续增强，环境问题的结构性、区域性和复合型的特点，给未来新常态下的经济发展带来了严峻的挑战。正确处理环境污染与经济发展的关系，使经济建设与生态文明建设相辅相成、协调发展，对于提升民生福祉、增强国家凝聚力和自主性，具有重要的现实意义。

迅猛增长的粗放型发展模式带来的是生态破坏和环境污染的代价。据有关研究机构计算，20 世纪 90 年代，"中国每年由生态恶化和环境污染破坏带来的损失占 GDP 总值的 8% 以上。2012 年中国能耗的产值仅为日本的 66.08% 和美国的 49.17%"。[①] 根据世界银行发布的数据，2014 年中国碳排放量是欧洲的 2.9 倍和美国的 1.9 倍。2005 年国家环保总局共收到 76 起突发环境事件报告，特大、重大事件 17 起。其中，因安全生产事故发生的环境事件占 34.2%，因企业违法排污占 25%。按污染类型分，水污染占 53.9%，大气污染占

---

① 吴继贵、叶阿忠：《环境、能源、R&D 与经济增长互动关系的研究》，《科研管理》2016 年第 1 期。

31.6%，土壤污染占17.1%，固体废物污染占5.3%。[1] 2015年国家环保总局共收到82起突发环境事件报告，特大事件、重大事件3起。其中，因安全生产事故发生的环境事件占58.5%，因企业违法排污占11%。2015年，全国338个地级以上城市中，城市环境空气质量轻度污染天数比例为15.9%，中度污染为4.2%，重度污染为2.5%，严重污染为0.7%。480个城市（区、县）开展了降水监测，酸雨城市比例为22.5%，酸雨频率平均为14.0%，酸雨类型总体仍为硫酸型，酸雨污染主要分布在长江以南、云贵高原以东地区。[2]

许多学者运用环境库兹涅茨曲线EKU，采用20多年来各省的面板数据，建立VAR等模型，试图证明环境污染与经济发展之间的辩证关系，说明环境质量随着经济发展先恶化后改善的倒"U"型曲线关系。经济产出的规模效应会加剧环境污染，只有控制环境污染的相关技术获得的产出效应超过规模效应时，才能真正起到降低环境污染的作用，在考虑环境污染的情况下，只有清洁的技术进步和知识积累才是人类发展的动力。

以生态环境的恶化为代价的经济增长是不可持续的，最终也与发展经济的目标相背离，造成人类健康的损害，使发展为了人民的目标反被人们所排斥和背弃。改革开放之前，人们饱受物质生活长期匮乏的困扰。改革开放初期，以环境污染为代价的经济飞速发展，带来了物质的丰裕、民生的改善和人们幸福感的获得。但是在物质条件改善之后，人们主观感知的环境污染程度，包括城市居民环境和工作环境的下降，又引起人们幸福感的下降，从而导致对政府管理能力的不满和抱怨。

不过，在连续多年中国的碳排放居全球第一之后，2014年已经开始减缓。根据第65版《BP世界能源统计年鉴》（2016年7月出版）公布的数据，中国的碳排放量自1998年以来首次出现下降。经

---

① 数据来源：中华人民共和国环境保护部/环境质量/2005中国环境状况公报（http: //www. zhb. gov. cn/hjzl/zghjzkgb/lnzghjzkgb/2016—08—20）。

② 数据来源：中华人民共和国环境保护部/2015中国环境状况公报（http://www. zhb. gov. cn/hjzl/zghjzkgb/lnzghjzkgb/201606/P020160602333160471955. pdf），2016年8月20日。

过了20多年的高能耗高污染高增长的增长模式之后，近几年的中低速经济增长和节能减排已经初见成效（见表7-5）。这既是中国经济增速放缓的结果，也是节能减排的生态文明建设措施实施取得的效果。未来中国居民对环境污染的敏感度会更强，环境质量与民生水平、居民幸福感息息相关，国家只有在经济"新常态"的政策指导下，坚定不移地推动经济结构转型与产业升级换代，摒弃旧的经济发展模式，坚持"创新、协调、绿色、开放、共享"的发展理念，才能谋求经济的永续发展和民生福祉。

表7-5　　　　　　　平均每万元国内生产总值能源消费量

年份	能源（吨标准煤/万元）	煤炭（吨/万元）	燃料油（吨/万元）	电力（万千瓦小时/万元）	石油（吨/万元）
1980	13.20	13.36	0.67	0.66	1.92
1990	8.90	9.51	0.30	0.56	1.04
2000	2.89	2.80	0.08	0.27	0.45
2010	0.88	1.10	0.01	0.13	0.11
2013	0.80	0.82	0.01	0.10	0.10

数据来源：国家统计局/中国统计年鉴2015/9-16平均每万元国内生产总值能源消费总量。http：//www.stats.gov.cn/tjsj/ndsj/2015/indexch.htm，2016-08-20。

三　企业的社会责任问题

"企业社会责任的本质即不同历史条件下企业的投资者和经营者的利他性及其限定。"[①] 企业的社会责任包括道德责任和法律责任。学术界关于企业责任的理论主要有两种，一是投资者利益最大化理论，认为作为市场经济的主体，追求自身利益最大化是企业的本分，企业的自利性有其正当性，企业只要最大限度地盈利，就能客观上增进整个社会的福利；二是利害关系人的企业理论，认为企业凝聚了投资者、生产者、消费者、职工、社区利益，甚至全民利益和下一代的

---

① 陈敏光：《论企业社会责任及其限定》，《首都师范大学学报》（社会科学版）2016年第2期。

利益（包括资源的利用和环境的保护等），妥善处理各主体之间的利益关系，更有利于企业的长远发展，也更符合社会的整体利益。

界定企业的社会责任要遵循经济人的利己性和社会人的利他性相结合的原则，正确处理作为投资者、经营者的企业行为具有自利性和利他性的特点，协调平衡利己与利他的关系，对于自利性和利他性均不能极端化、绝对化。企业的自利性应以不损人利己为限度，承认并平等对待对方的利益，同时应当承担一定的社会责任，否则只能造成掠夺性的利益转移。而对于企业社会责任的强调，前提是需要尊重企业的营利性，这是市场经济有效运行的基本条件。

中国实行社会主义市场经济体制以后，作为自主经营、自负盈亏的经济微观主体，既有跻身世界五百强的大型企业，也有籍籍无名的小微企业；既有主导经济命脉的国有企业，也有非公有制的民营企业。作为多元主体间进行商品交易、既有分工又有合作的企业组织，只有在自主经营、自负盈亏、自我发展的基础上，才能谈得上社会责任。完善的市场经济体制应该既有法律又有道德规范，一方面，鼓励企业在不损害他人正当利益下合法经营；另一方面适当引导、规范企业合理地承担社会责任。

但是，由于我国在社会主义市场经济体制建设初期，一方面，市场经济体制不完善，另一方面，由于在"唯 GDP 至上"思想影响下企业的自利性得到无节制的扩张，为了降低生产成本，实现最大利润，将生产成本转嫁到社会身上，导致了企业诚信缺失、疯狂掠夺资源环境、罔顾消费者安全利益、偷税漏税、拖欠工人工资等严重缺乏社会责任的行为，加剧了市场经济的负面效应，进而损害了经济发展质量、人民生活水平和国家经济自主性。

第一，侵害劳动者的合法权益。企业为了追求最大利润，必然会运用各种手段降低生产成本，特别是许多民营企业，在企业生产经营过程中明显存在着侵害职工合法权益的现象，诸如，拖欠和克扣职工（尤其是农民工）工资，降低生产经营过程中的基本设施和劳动条件配备，使劳动者缺乏基本的安全工作保障，拒绝为职工支付合法的保险和保障费用等，导致工人职业病现象普遍、劳资关系紧张，加剧了初级分配不合理现象，使社会贫富差距愈加悬殊，加剧社会不和谐因素。特别是企业的劳资纠纷，若处理不当，会引发各类刑事案件，诸如对企业主的人身攻击、群体性暴力事件、游行示威等，对企业的发展和社会的稳定都会产生负面影响，不仅干扰正常的生产生活秩序，甚至影响社会的稳定和经济的长远发展。据中国社科院法学院研究所发布的《2014 年中国法治发展报告》统计分析，我国 2000—2013 年共发生群体性事件 871 起，其中劳资纠纷占 36.5%，是导致千人以上群体性事件的主要原因，包括国有企业改制导致的职工安置和下岗问题，民营企业拖欠工资、工资水平过低以及企业违反劳动法和劳动合同法，侵犯员工合法权益问题。[①]

第二，罔顾消费者的安全利益。一些企业片面追求利润最大化，唯利是图，无视社会责任，公然违背生产道德伦理。诸如销售存在健康和安全隐患的假冒伪劣产品，从 2005 年的"孔雀石绿"事件开始，苏丹红鸭蛋、地沟油、三聚氰胺毒奶粉、瘦肉精、塑化剂、镉大米、过期肉……主副食品、鱼肉果蔬等都被发现各种安全问题，还有医药行业的如假疫苗事件，给消费者的健康安全和生命财产造成严重威胁。有的企业提供的商品和服务存在欺行霸市、虚假广告、虚假折扣等不端行为，蒙蔽和损害消费者的合法权益。这些损害消费者权益的行为，大大透支了消费者的信任，也破坏了整个社会的诚信环境，严重损坏了中国企业在国内外消费者心目中的形象和地位。频频出现的食品安全问题以及消费者权益问题，已经严重触痛了社会神经，最终也必然使企业自身的生存环境走向恶劣，影响和阻碍中国民族企业的成长和壮大。

第三，公益慈善接济观念淡薄。企业应该是经济人和道德人的统一，因为企业的财富积累源于社会资源。因此企业回报社会，承担增进人类福祉的社会使命，在社会公益领域发挥重要作用，是应有的社会责任。但是，一方面，由于中国尚未建立起完善的公益慈善运行体系，另一方面，企业的社会责任意识偏差，使许多企业忽视自身所肩

---

① 参见晓丹社科院统计 14 年间群体性事件：广东居首 劳资纠纷是主因，观察者网，2014 年 2 月 25 日（http：//www. guancha. cn/society/2014_ 02_ 25_ 208680. shtml），2016 年 8 月 25 日。

负的社会责任，甚至把社会责任理解为对社会弱势群体的施舍，因此对"绿色生产"、社会公益和慈善捐赠领域缺乏尽责表现。中国企业向红十字会、医院、福利院、贫困地区和贫困家庭等社会公益事业提供捐赠的行为，向各类教育机构提供培养创新型人才的各种奖学金行为等，虽然近十年来有增长趋势，但相比发达国家企业对社会公益事业的热衷和投入，仍有很大的差距。2006—2013 年，中国慈善捐赠总额由 100 亿元上升到 989 亿元，其中企业捐赠占年均捐赠总额的 55%，但慈善捐赠占中国 GDP 比重始终徘徊在 0.2% 左右。而美国的企业慈善捐赠从 2006 年以来一直维持在 3000 亿美元，占 GDP 比重一直保持在 2%。① 这些现象折射了中国企业在社会公益层面的社会责任仍很不足。

第四，轻视资源环境保护。许多企业经济利益至上，只顾追求眼前利益中的利润增长和政绩加分，完全忽略了经济的可持续发展，导致企业发展与经济社会发展不协调和不可持续的问题日益严重。企业成为资源耗费、生态破坏、环境污染的主体，资源过度开发，且资源利用率不高，对生态环境的社会责任认知度相当低下，将生产污水随意排放，甚至排放到地下水层。2015 年全国 82 起突发环境事件报告中，安全生产事故次生的环境事件占 58.5%，企业违法排污占 11%。② 因此，企业在节能减排和环境保护方面有不可推卸的社会责任。对自然资源的掠夺性开采，对生态森林的恣意砍伐，污水废气的超标排放，已经有资源耗竭的危险，环境承载不堪重负，最终将导致经济不可持续发展的后果，皮之不存、毛将焉附，企业发展最终也将无以为继，也给人类社会带来生存隐患。尊重经济、自然与环境之间的和谐关系，倡导绿色经济、低碳经济、循环经济的发展理念，已经成为企业的社会责任担当的重要内容。

---

① 参见张强、韩莹莹《中国慈善捐赠的现状与发展路径——基于中国慈善捐助报告》，《探索与争鸣》2015 年第 5 期。

② 数据来源：中华人民共和国环境保护部/2015 中国环境状况公报，2016 年 8 月 20 日（http://www.zhb.gov.cn/hjzl/zghjzkgb/lnzghjzkgb/201606/P020160602333160471955.pdf），2016 年 8 月 20 日。

四 由以上问题造成的国家自主性状况

国内维度的国家经济自主性，主要包括凝聚力和政策执行力两个方面。在第四章中，我们谈到，国家利益目标与社会群体各自的局部利益目标，即使是在社会主义公有制国家，也不可能完全一致。而国家经济自主性表现为国家与社会群体间关系的国家"中立"性，即不受制于某一群体利益而试图超越群体利益，是服从于国家战略利益最大化的意志力。经济发展过程中比较利益、资源环境代价、国民福利等经济发展的品质，影响国家凝聚力，从而影响国家政策执行力，它们构成国家经济自主性的损益因素。国家凝聚力越强，政策执行力就强，国家经济自主性也就越强。国家、企业、个人之间在收入分配、资源环境代价、企业责任等方面出现的问题，折射出国家凝聚力和政策执行力的状况，反映了国内维度的国家经济自主性的损益表现。

我们从经济自主性的获得性指数中的两个二级指标，即资源环境代价指数和国民福利指数的状况，可以看到近二十年来国内维度的经济自主性在凝聚力和政策执行力方面的现状及其变化趋势。

1. 从凝聚力方面来看

国家凝聚力是促使一个国家生存和发展的精神状态和内在驱动力。国家凝聚力的强弱从一个侧面反映了民众对国家合法性和执政能力认可的程度。当一个国家内部经济发展、政治稳定、社会安定，对外又能从容应对国际纷争的时候，国民对国家的归属感和信心就会增强。在社会阶层和社会利益集团多元化背景下，国家的税收最大化目标与社会福利目标之间的重合程度，正是凝聚力的强弱表现。一国收入分配越合理，民众对国家制度和发展模式的认同度就越高，社会稳定性就越强，国家经济政策和战略实施的执行力也就越强。

国民福利指数 C8（包括基尼系数和人类发展指数两个二级指标）映射国家经济自主性的构成要素——国家凝聚力。从经济自主性综合指数中的获利性指数 B3（1998—2015 年）可以看到（见图 5－5）：单看国民福利指数，还是比较高的，基本上处在 60%—70% 之间，尽管国民福利指数从 2003 年起有一个较大的落差，从 70% 下降至

60%。这个时期是中国开始实施社会主义和谐社会建设，着重改善民生的时期，和谐社会建设的成效表现为稳住了继续下滑的势头，但国民福利指数并未提升。而且此指数的高位主要是由表现不俗的人类发展指数支撑起来的。从原始数据（附录18：中国的人类发展指数 D20）来看，我国的人类发展指数基本在0.72左右，较好的年份是2002—2007年，2007年最高达到0.772。从世界范围来看，0.7接近"高人类发展水平国家"，国际排名大概在80位，相比我国改革开放前大约在0.53左右的"低人类发展"水平，有了非常大的进步。我们更应该看到的是构成国民福利指数中的另一项反指标：基尼系数指标。从原始数据（附录17：基尼系数 D19）来看，2003年以来，基尼系数一直在0.47以上，超过了社会收入分配警戒线。同样说明了中国近年来的基尼系数较高，收入分配不公平问题亟待解决。

收入差距的扩大和分配的不合理，带来的负面影响是国家凝聚力的下降，各种影响社会治安和稳定的群体性事件频发。社会改革和转型期，财富和收入分配政策中的不合理，使部分阶层受益的同时，另一部分阶层成为改革代价的承担者，产生群体间矛盾与冲突。贫富分化引发社会心理失衡，社会群体性事件增多。据中国社会科学院发布的2014年《法治蓝皮书——中国法治发展报告》，过去13年间我国发生的百人以上群体性事件共871起，导致百人以上群体性事件的原因众多，其中：劳资纠纷占1/3，执法不当占1/5，拆迁征地占1/10。[①] 群体性事件的频繁发生，增加了国家的执政难度和成本，不利于社会安全和稳定。例如，劳资纠纷若不能得到及时有效的解决，容易激化成更大范围的群体性事件，致使"劳资矛盾"演变为"劳政矛盾"，社会与企业的矛盾转化为社会与政府的矛盾，甚至产生民众对政府的信任危机，间接或直接影响国家凝聚力。

2. 从政策执行力方面来看

政策执行力是国家利用公共策略平台，整合公共资源，从而在政策制定、执行、监督过程中朝着政策目标指向所形成的合力。政策执

---

① 参见李林、田禾《法治蓝皮书——中国法治发展报告》，社科文献出版社2014年版。

行力是国家自主性的主要表现形式。政策执行力从国家调整收入分配政策、整治环境污染、监督企业承担社会责任等方面的政策实施成效中表现出来。

第一，从国家对整治环境污染的政策执行力，中国对国内生产企业的环境治理政策措施，特别是排污收费政策的执行标准中可以看到，中国的环境治理政策执行力不强。中国从 2003 年起就开始执行排污收费政策，但长期以来存在排污收费标准太低，不足以构成污染企业的环境成本压力，起不到积极的政策效应。理论上讲，对企业的排污收费标准应高于环境成本，即高于环境收益曲线与环境成本曲线相交点处的污染防治费用，否则排污收费反而成了污染单位合理排污的借口，宁可缴纳排污费而不愿致力于污染的防治。"目前我国排污收费的标准仅为污染治理设施运行成本的 50%，某些项目的收费甚至不到污染治理成本的 10%。"[①]

经济自主性综合指数中的获利性指数 B3（1998—2015 年）显示（见图 5-5），1998—2015 年，中国的资源环境代价指数始终在 0.10—0.20，一直在低位徘徊，资源环境治理成效不大，生态文明建设任重而道远。从原始数据（附录 15：污染密集型或资源消耗型产品进口率 D17）可以看到，中国污染密集型或资源消耗型产品进口额 1998 年为 17%，2008 年起进口额占全部商品进口额的 27%，且一直保持了这种较高的水平，说明了中国对于环境污染的管控执行力度和管理措施都有待完善和加强。反观其他国家对环境污染的管控力度，从中国对污染密集型或资源消耗型产品出口率变化可见一斑（附录 16：污染密集型或资源消耗型产品出口率 D18），数据表明，该项指标从 1998 年以来几乎没有变化，这至少说明其他国家对于污染密集型或资源消耗型产品的进口一直是保持谨慎的态度。这是从引进式环境污染角度说明了中国在这方面的政策执行力不足。

第二，从中国对调整收入分配政策、缩小收入差距过大的努力来看，也存在着政策执行力不足的问题。从表 7-1、表 7-2、表 7-3

---

① 祝飞、赵勇、岳超源：《排污收费政策下的企业执行行为及其影响分析》，《华中理工大学学报》2000 年第 2 期。

来看，城乡居民之间、地区之间、行业之间的收入差距有了缩小的迹象。但是从这些数据推论出收入差距将由不断扩大向不断缩小的趋势发展还为时过早。客观地说，收入差距扩大幅度的大小将取决于国家执行收入分配和再分配政策的力度。2002 年以来，中国相继颁布了一系列政策，如区域发展战略、新农村的建设政策、社会福利体系的普及、贫困地区扶贫战略、以基本公共服务均等化为导向的财政体制改革、积极的劳动力就业政策、户籍制度改革、农村土地制度改革、农产品价格政策、教育改革与发展等。这些政策措施在一定程度上缓解了收入差距不断拉大的趋势。但是这些政策并没有产生预期的执行效果，其产生的影响难以抵消引起收入差距扩大的其他因素的作用，比如，较高的通货膨胀率、房地产价格上升、垄断利润的快速增加以及严重的腐败收入。也就是说，国家针对收入调节方面所颁布的一系列政策，总的执行效果并不理想，只是发挥了抑制差距进一步扩大的作用，收入差距扩大的问题，并没有得到根本性扭转。2013 年由国家发改委、财政部、人力资源、社会保障部共同完成的《关于深化收入分配制度改革的若干意见》① 明确指出了收入分配领域存在的这些问题，与收入分配及相关领域的体制改革不到位、政策不落实等直接相关。

第三，在企业社会安全责任的频发，特别是非公有制企业劳动者权益保障、食品药品安全监督等方面也存在政策执行力不足的问题。从《中国劳动统计年鉴》可以看到，随着市场经济体制改革的不断深入，企业劳动者权益保障问题特别是非公有制企业的劳资纠纷问题不断增加，且有逐年上升的趋势。劳资纠纷现象的增加，固然有企业主片面追求利润最大化损害劳动者利益的根源，但也说明了中国《劳动法》在企业执行状况不佳，以及政府部门对企业的劳动保障监督、完善协调解决机制方面的不足。在食品安全、药品安全等关系民生健康领域，也存在同样的问题。在市场经济条件下，企业的资本本性必然是唯利是图，需要政府的监督管理，这也正是市场和政府两种调节手段必须同时使用的原因，不能将市场不善仅停留在对市场机制的道

---

① 国家发展和改革委员会、财政部、人力资源社会保障部：《关于深化收入分配制度改革的若干意见》，人民出版社 2013 年版。

德批判上，而应该发挥政府的监督职能。近二十年来的食品药品安全问题恶性事件频发，显示政府执行《食品卫生法》和《药品管理法》的不力。而《刑法修正案（八）》增设了比玩忽职守罪定性更重的食品监管渎职罪之后，食品安全问题得到明显改观。全国食品国家抽查合格率由 2006 年的 77.9%，上升到 2015 年的 96.8%。①

第四，由于中央和地方利益关系的客观存在，导致地方政府在执行公共政策的过程中，存在着政策执行力的薄弱环节，使政策目标难以达到理想效果。包括宣传和理解不到位；忽略与地方实际情况的结合，机械照搬国家指导性政策；地方利益至上，选择性执行政策；发生政策执行失误时逃避和转嫁责任；甚至是消极怠惰不作为，这些不仅影响政策执行力，也会间接伤害政府的公信力和凝聚力。例如，在改革开放过程中，中国的外资政策一直强调在引进外资过程中要注重引进质量，合理优化产业结构。但是地方政府为了增加地方性经济收入，GDP政绩至上，往往在本地区利益的驱使下，盲目吸引外商投资，既造成大量的低质量引进、盲目引进和重复引进，同时也根本上忽略了民族经济的安全性和自主性。2016 年年底，一则曹德旺跑了的消息引爆各大网络，引发人们对国内民营企业经商环境问题的思考。中国最大的玻璃制造商曹德旺在接受第一财经采访时透露，福耀玻璃已经在美国投资 6 亿美元新建汽车玻璃厂，并接受美国当地政府补贴 3000 万多美元。曹德旺表示中国国内企业综合税负比美国高出 35%。② 诚然，中国企业资本出海，优化配置全球资源，是政府长期倡导的"走出去"战略。但是，在国内民间投资增速下滑的情形下，中国企业对外投资增速则频频跃升，国内制造业正面临"脱实向虚"的危险。近年的中央经济工作会议特别强调要"减税、降费、降低要素成本"，提振实体经济信心。而国内特别是民营企业仍然抱怨税负过高，是减税力度不够还是原有基数过高？还是地方政府在执行减税政策过程中实际上又大开其他费用闸

---

① 数据来源：国家食品药品监管总局 2016 年食品抽检合格率为 96.8%，新浪网，2017 年 1 月 17 日（http://finance.sina.com.cn/roll/2017 - 01 - 17/doc - ifxzqnva3799006.shtml）。

② 参见王晓易《制造业回流美国靠谱吗?》，第一财经/一财速递，2016 年 12 月 17 日（http://www.yicai.com/video/5185383.html，2016 - 12 - 17）。

门，变相增加企业负担？中央经济会议精神引得企业家一阵叫好，然而难在落实。政策执行力的不足也使政府宏观调控不能发挥应有的作用。总之，如何增强国内维度的国家经济自主性，提高经济发展过程中的国家凝聚力和政策执行力，还有很长的路要走。

第三节　国内维度经济自主性薄弱原因分析

从国内经济社会生活各个方面表现出来的现象，特别是在收入分配、资源环境治理、企业社会责任以及中央与地方博弈等方面的诸多问题，折射了国家增强凝聚力和政策执行力方面尚有很长的路要走。凝聚力和政策执行力是国内维度经济自主性的主要表现形式。探索国家在收入分配、资源环境治理、企业社会责任方面存在的问题，导致国家经济自主性薄弱的原因，有助于我们克服困难，提升国家经济自主性，实现国家富强和民族复兴。

一　对居民权利的保障缺位造成的凝聚力损害

凝聚力问题涉及利益比较和社会情绪，关系人心向背。在以社会主义公有制为基础的体制转型时期，国家与居民、国家与企业的利益关系均发生了很大的变化，人民内部矛盾错综复杂。在国家经济发展、整体人民生活水平普遍提高的巨大成就下，收入差距和财富积累的差距导致的不仅是事实上的阶层分化和情绪对立。再加上环境污染久拖难治、食品药品安全事故屡屡发生等公共政策领域的责任问题，人们对生活质量的主体感受下降，加剧了对事实上的经济收入不平等的忍受力。凡此种种都造成了对国家凝聚力的损害。凝聚力问题，就是人心向背问题，能够损害人民向心力的，最主要集中在以人为本、切实保障居民权益方面的不足。

从收入分配领域来看，收入差距扩大不一定会损害国家凝聚力，但是政府在收入分配政策方面的表现不力会损害国家凝聚力。在市场经济条件下，收入差距扩大有其必然性。因为优胜劣汰、资源配置趋利导向的市场机制本身，会导致个人、城乡、区域收入差距扩大。也正因为市场机制的缺陷，才需要国家的宏观调控，特别是社会主义公有制国家更有调节社会收入分配、防止收入差距和财富差距过大、实现共同富裕的使命。然而，纵观四十年的经济体制改革，居民收入差距不断扩大、不同经济收入阶层甚至有阶层固化的趋势。对于造成中国收入差距扩大的原因，学者们从市场机制的缺陷、体制转轨及政府管理不完善等多维度进行了剖析。

作为社会主义市场经济，克服市场经济的弊端，反而间接助推了收入差距，究其原因是没有正确发挥政府在收入分配特别是社会福利和社会保障领域的调控作用。市场经济导致收入差距扩大，而政府调控作用的"缺位"，尤其是对居民权利保障的缺位，助推了收入差距扩大。政府作为公共权力机构在市场经济中具有多方面的经济职能，但在市场经济体制改革过程中，政府没有及时建立和完善公平竞争的市场机制、城乡一体的社会保障和公共服务制度，税收体制的不完备、对高收入行业缺乏行之有效的制约监督体系，等等，制约着收入差距问题的解决。市场调节不能自发缩小收入差距、实现共同富裕，政府才是推进社会公平的主体。我们可以看到，"二战"后欧美发达资本主义国家收入分布的橄榄型社会，是政府福利政策的直接结果。

概言之，市场机制本身导致的收入差距，不一定会引起国家凝聚力的下降；政府在市场经济条件下对居民基本权利保障的缺位，加剧了市场机制本身导致的收入差距扩大趋势，才容易导致国家凝聚力的下降。主要表现为以下方面。

1. 初次分配政策在非公有制经济领域的失灵

随着社会主义市场经济体制改革，非公有制经济得到了巨大发展。为了调动发展社会生产力的一切力量和企业的生产积极性，国家对待国民经济初次分配时实行效率优先的鼓励态度，实际上存在着向资本方严重倾斜的不利于劳动者的现象。十六大之前的国家收入分配政策提倡"效率优先、兼顾公平"，十六大报告提出"初次分配注重效率、再分配注重公平"[1]。既说明了国家对收入分配公平性的重视，同时也为地方和企业的经济效益至上、忽略分配的公平性有了拖延的

---

① 江泽民：《全面建设小康社会，开创中国特色社会主义事业新局面：在中国共产党第十六次全国代表大会上的报告》，人民出版社 2002 年版。

借口。随着经济体制转型，国家与居民的利益关系发生了改变，大量的劳动者在非公有制企业就业，其就业率达到 70%。非公有制领域的初次分配公平问题，需要国家介入，保障和维护非企业职工在基本劳动条件和劳动收入方面的合法权益。但是，1995 年开始实施的《劳动法》，国家采取的是"鼓励用人单位根据本单位实际情况为劳动者建立补充保险"，"用人单位应当创造条件，改善集体福利，提高劳动者的福利待遇"这样的弹性措施。党的十七大首次提出"初次分配和再分配都要注重效率与公平、再分配更要注重公平"。①2008 年完善《劳动法》，实施《劳动合同法》，加大了对劳动者的保护力度，对企业包括民办非企业欠薪、违约、休假、社保缴纳等方面的权责作了明确的规定，未依法为劳动者缴纳社会保险费的劳动者可以解除劳动合同。劳动者在初次分配领域的公平性才有了明确的政策和法律保护依据。

2. 国家在再分配领域特别是社会保障制度建设方面的迟滞

市场经济社会也是高风险经济社会，需要国家在再分配领域的介入和保障。随着社会环境的变化，出现了越来越多的新的需要保障的群体。一是数量庞大且增长快速的老龄化人口，二是城市化进程中规模庞大的农民工群体，三是因市场经济优胜劣汰生活陷入贫困的群众等。但由于福利制度处于缓冲期和时滞性，他们还处于保障体系门外，特别是农民工群体的保障缺位问题。随着市场经济的快速发展以及大规模的农村人口向城市的转移，数量庞大的农民工群体在城市生活、就业、教育、医疗等方面中面临着各种各样的风险，但是现有的社会福利体系对这些弱势群体呈现为一种保障"真空"状态。目前农民工与城市人在二元社会结构中保障权益的不平等，使目前 8000 万多农民工群体陷入濒临边缘群体的命运，成为城市生活中的另类，权益的不平等致使诸多不和谐因素出现，造成诸多社会问题和矛盾。

在这种情况下，必须建立覆盖全社会的社会保障体系，由明确合

---

① 胡锦涛：《高举中国特色社会主义伟大旗帜，为夺取全面建设小康社会新胜利而奋斗：在中国共产党第十七次全国代表大会上的报告》，人民出版社 2007 年版。

理定位下的政府整体推进、统筹规划，以实现城乡社会福利平衡发展。但是，由于以户籍制度为核心的城乡分割，使城镇和农村之间的社会福利政策类型呈现巨大差异，二元分割的经济社会体制切断了两者之间的资源配置，导致板块状社会福利管理体制的形成和发展。又由于旧制度惯性和新制度之间的矛盾，经济体制改革并没有使城乡二元经济社会结构分割状况得到改善。这种情形下，必然导致历史责任与现实责任混乱不清，政府责任定位不明晰，国家在社会福利中呈现为主体缺位。

此外，诸如资源与环境保护、食品药品安全等公共领域问题层出不穷，导致国家凝聚力受损，也与政府在制定公共政策时对居民权利保障的重视不够有关。环境污染治理、食品安全等问题涉及问题施与者、监管者和受害者三方。作为问题施与者的企业，在追求利润最大化的前提下，如果被处罚成本和被处罚概率都很低的情况下，必然会无视问题；相反如果违规的成本很高，那么企业更有可能选择遵守法律法规。因此问题的解决关键在于有效的政府监管。环境污染和食品安全问题制造者的行为，很大程度上取决于它们所处的政策、法律与监管环境。作为监管者，在执行职能的过程中，一方面，防治环境污染和保障食品安全是服务于民众的政治责任和社会目标；另一方面，又面对着地方经济发展指标、税收指标和其他政绩指标考核等政府自身目标。在两者的政策取舍和权衡中，对居民权利的重视不够，天平倾斜于政府自身考核目标，公共领域的这些问题就很难得到有效解决，从而引发民众不满，损害凝聚力。

二　对企业的监督管理缺位造成的执行力损害

社会主义经济体制的优越性在于，国家不仅对国民经济增长有短期的考虑，还有对经济发展的长期战略规划，使经济发展最终有利于持久发展、有利于国家经济稳定与安全、有利于公共利益。随着以经济建设为中心的社会主义改革开放以来，国家出台了一系列促进宏观经济发展、调整收入分配、保护资源环境、监督企业安全责任的战略规划和政策措施。这些覆盖范围十分广阔，调控目标愈益深化，充分体现了社会主义制度优越性的战略政策，创造了巨大的经济成就。然而，政策的预期目标与实际效果之间仍然存在着不小的差距，主要原因在于地方、部门与企业的政策执行力问题。

1. 转型期客观存在着"诺斯悖论"下的"政府职能异化"

第四章第一节中谈到，在社会主义市场经济体制下，国家具有的社会主义经济管理者和国有企业所有者的双重身份，使得国家在进行相关的经济决策时难免产生冲突。因此，中国虽然不存在"诺斯悖论"的制度基础，但是，在处理与市场相关的一些问题上，国家利益与人民根本利益在目前无法真正达成一致。尤其是转型期，在制度建设方面还存在许多体制性弊端，甚至于某些领域某些时期还可能出现利益分歧扩大的现象，导致社会主义整体利益与局部利益、国家利益与居民利益的冲突，出现国家让利于地方政府和企业的政策取向，使财富过多向政府和国有企业倾斜的现象，造成社会产出最大化与国家的租金最大化的矛盾。这是社会主义国家存在的"诺斯悖论"。作为社会经济的管理者，国家在进行决策时可以做到一视同仁；但当以国有企业所有者的身份出现时，基于维护国有企业的保值增值的动机，保护"僵尸"企业的政策可能出台，导致社会整体生产效率的降低。[①]

悖论导致政府职能异化。现实生活中，国家职能尤其是社会公共事务管理职能往往因为统治阶级自身利益追求的变化，可能异化成为国家至上的权力。恩格斯也认为"随着时间的推移，这些机关——为首的是国家政权——为了追求自己的特殊利益，从社会的公仆变成了社会的主人"[②]，当然，恩格斯所处时代，社会主义未实际诞生，所以他对社会主义制度下国家职能异化问题没有给出更多详细的论述。在中国，多数学者认为政府机构的运行需要一定的成本，其自身有满足某些利益的需求，所以政府职能异化是客观存在的。例如，地方保护主义的出现，政府本身和其各部门、地方政府在业绩、形象、工作条件、政府公务人员的薪酬福利等方面都有其自身的需要和利益，反映了政府职能异化的存在。这是由于转轨时期各项制度的不完备所导致的

---

① 参见李培林、陈金光、张翼《社会蓝皮书——2014年中国社会形势分析与预测》，社会科学文献出版社2014年版，第6页。

② 《马克思恩格斯选集》第3卷，人民出版社2012年版，第54页。

现象，不是社会主义国家政府部门的本质现象，它是现阶段政府社会管理职能机制发展不成熟的表现。各项社会政策在执行阶段，国家所追求或代表的社会"公利"，往往被政府自身的部门利益及其成员利益所取代。由此，政府职能异化的存在使最公正的社会政策产生错误倾向，致使其政策执行行为与公共利益轨道发生偏离，政策执行力被削弱。从马克思经典作家的国家的起源思想来看，国家的公益性特征，要求政府以寻求社会公正、促进社会公共福利最大化、实现社会公共利益为根本目标。社会主义国家行使权力的出发点和归宿都是全心全意为人民服务，"政府职能异化"现象尚需经过努力才能得以克服。

2. 市场经济体制下企业的价值观转变，但政府监管建设滞后

以环境治理、食品安全等涉及民生的公共政策领域为例，企业对国家公共政策的消极应对、执行成效不足的行为，固然有企业利益至上、社会责任意识淡漠的主因，究其成因，不能排除国家的政府监管建设滞后的因素。关于企业追求的价值观转变，一方面，体制转型过程中，部分国有企业长期被压抑的追求自身相对利益的冲动，在市场逐利环境下一时得到极大的释放，而忽视了国家民族责任和群体价值。另一方面，改革开放以来，在引进西方先进技术和管理理念，促进中国市场经济体制建立的同时，唯利是图的市场本性和拜金主义的价值观也渗透而入，使作为市场和生产经营主体的企业，其价值取向转变，甚至侵蚀中国诚信道德准则大环境。例如企业虚假营销推广、漠视市场规则、道德诚信缺失、同行不正当竞争、忽视自身所肩负的社会责任，频频挑战公众舆论和社会集体心态的底线。经济的快速发展和市场经济优胜劣汰的残酷竞争，原先单一的经济结构向多元式、链条式转型，在各行业产业升级加快的背景下，一些企业为了在夹缝中间谋生存，职业底线频频失守，金钱至上、丢弃诚信正义成为企业生存的圭臬。

逐利性是资本的本质特征。公平、有序的竞争环境，是市场经济健康的必要条件，企业追求的价值观多元化、功利化需要企业监管制度的创新。计划经济时代形成的传统企业监管制度、行业准则和职业规范已经无法适应社会发展需求。当前中国社会主义市场经济体制不断完善，随着全面建成小康社会的大背景下社会转型升级的加快，全面深化改革进一步展开，但与此相适应的新的监管制度包括市场准

则、竞争规范尚未完全建立,企业监管建设非常滞后,无法满足社会主义市场经济发展的需要。因此,企业在改革开放的大好环境中虽取得了巨大的进步和赢利,由于监管制度的革新缓慢,导致一些企业不遵守社会规范、无序竞争,甚至尽量侵占社会资源吞为己有,完全忽略了其所应承担的社会责任和义务。例如,在环境保护方面,监管不力导致掠夺性的资源开发。由于缺乏对高耗能、高污染企业的有效监管和治理,导致一些企业,无视自然规律和人居环境,大肆开发和浪费自然资源,使资源难以为继、环境不堪重负、可持续发展受到严重威胁。这不仅制约了企业本身的持续健康发展,而且造成严重的社会问题,影响社会的稳定与发展。

3. 对企业承担的社会责任缺乏具有法律效力的过程监督

缺少法律层面的过程监督,使本不完善的制度愈加脆弱。对企业遵守国家公共政策的社会责任缺少过程监督,惩罚措施过轻,客观上放纵了企业在承担社会责任方面的玩忽职守,削弱了国家政策执行力。比如,从国家对资源环境管理方面来看,我国从 20 世纪 90 年代开始实施可持续发展战略,形成了比较完整的加强环境保护、促进污染防治的政策体系。党的十八届五中全会更是将坚持绿色发展作为核心发展理念之一,加大环境保护力度,实施最严格的环境保护制度。但从执行环节来看,仍然存在着实施不到位,环境政策在执行过程中被"弱化"的现象。首先,环境保护政策的具体实施,没有在环境立法环节得以明确和细化,运用法律手段解决环境问题的制度尚不完善,环境赔偿的民事诉讼制度缺位。其次,对环境污染的行政处罚普遍偏轻,使现有环境执法缺乏有效性。譬如,按照《环境影响评价法》,对于不符合环境评价规定的企业,不得擅自开工,违者予以 20 万元以下的罚款。由于行政处罚偏轻,一些企业基本不重视环境评价报告,往往采取边开工边做环评,或者先开工后做环评,甚至以交罚款代替环境评价的情况。再次,体现生态服务的市场机制尚未构建,地方政府唯GDP 的发展观念和政绩考核机制仍未扭转,缺乏环境保护责任意识,对环境保护的政策执行力不够。资源环境的使用成本过低状况并未得到根本改变。最后,政府、企业与民众的沟通与协商机制仍未形成,鼓励和保护民众和社会舆论参与生态文明建设与监督的制度有待加强。例如，在食品安全领域，有些食品企业违背社会公德和职业道德，生产加工没有安全保障和质量保证的损害人民生命健康的食品，却是屡查屡犯，得不到彻底的责任追究，造成极坏的社会负面影响，这些都与过程监督不到位有关。再如，在执行《企业劳动合同法》方面，对企业践行社会责任的制度约束力不够，劳动合同的签订行为与落实行为在企业日常工作中往往存在着分离状态，企业社会责任制度对于农民工要求增加工资、缩短工时的刚性权益需求显得软弱无力。

不仅是在环境污染治理、食品安全等领域存在政策执行力被弱化的现象，在国家宏观产业政策、收入分配政策等领域也较普遍地存在着上有政策、下有对策，政策在执行过程中被弱化甚至走样的现象。这既有职能"异化"的客观原因，也有中央与地方、国有企业追求在相对利益时的主观作为，更有其他所有制企业在市场经济环境下的逐利本性使然。当前，企业在承担公共政策领域的社会责任的缺失，已经对中国经济的协调绿色共享发展和良性运行产生了严重的负面效应。确保"五大"发展理念的政策目标，增强国家政策的执行力，国家应该制定更完备的政策执行细则，确保地方政府有效执行国家政策目标；研究出台更加具体完备的法律保障体制，管理和监督企业肩负起所应承担的社会责任，督促企业采取切实可行的措施，大力改善生产职业道德，创新生产发展方式，加大环保力度，发展绿色生产。

1957 年毛泽东同志提出当前的主要矛盾是人民内部矛盾。在社会经济转型期，人民内部矛盾主要是国家、地方、企业与居民的利益矛盾。如城镇化符合全国人民的根本利益，但城镇化的推进涉及征地拆迁，触及一部分群众的利益，这就是长远利益与眼前利益、整体利益与个人利益的矛盾。再如社会主义倡导劳动致富，但确实存在一部分不法经营和非法致富的企业和个人，这必然会产生社会的仇富现象……"任何社会都不可能没有矛盾，人类社会总是在矛盾运动中发展进步的。构建社会主义和谐社会是一个不断化解社会矛盾的持续过程。"[1] 只有从整体利益出发，按客观规律办事，有重

---

[1]　中国共产党十六届六中全会：《中共中央关于构建社会主义和谐社会若干重大问题的决定》，人民出版社 2006 年版。

点分步骤地持续推进，才能克服发展过程中的矛盾和问题，创造和谐稳定的社会局面，增强国家凝聚力和政策执行力，提升国家经济发展自主性，确保中华民族伟大复兴和符合人民根本利益的国家战略目标的实现。

第八章 增强中国社会主义国家
经济自主性的对策

国家经济自主性是一个综合性概念，涉及国际经济关系和国内经济建设两个维度，蕴含着国家的对内对外经济控制力、危机应变力、国家和企业竞争力、国家凝聚力和政策执行力的综合指数。如何提升国家经济自主性必须要有一个全球化视域的政治意识和大局意识。今日中国是国际秩序的建设者和改革者，但当前的国际经济体系毕竟是西方资本主义国家主导下的全球资本主义扩张，如果一味单纯地从经济增长和经济交往的角度去衡量国际经济关系、参与国际经济体系，在带来经济增长的同时，国家经济自主性并不一定相应提升，甚至长远来看还是不利于发展的，这就是国家经济发展中的政治意识。发展对外经济关系目的是国家经济自主性，经济建设和对外经济关系必须服从于增强国家经济自主性、实现国强民富的中国梦这个大局，努力实现以确保国家利益、以增强自主能力为目标的充分自主型开放局面。在国家与地方关系、国家与企业关系、国家与个人关系上，要有看齐意识和核心意识，国家要致力于增强政策执行力和国家凝聚力，建设人民主体观的国家治理体系，为人民谋福利，为实现建设社会主义现代化的"双百"而努力。

第一节 基于全球战略视域的国家
利益观和安全观

在改革开放四十年一以贯之的中国特色社会主义建设探索中，中国取得了举世瞩目的成就。但是要成为真正的强国还有很大的差距。

一方面，西方发达国家在金融危机和债务危机之后的缓慢复苏，更低的金融杠杆和更多的政府干预相结合，"再工业化战略"等措施，必然加剧各国之间尤其现有经济强国与新兴国家、资本主义国家与社会主义国家的经济与政治摩擦，国际竞争更加激烈，现有经济强国对中国开展对外经济关系的制约因素增强。另一方面，中国经济发展进入了增长速度换挡期、结构调整换挡期和前期刺激政策消化期"三期叠加期"。如何克服挑战、实现愿景，完成供给侧改革的"三去一降一补"，实施《中国制造2025》规划，实现经济大国向经济强国的转变，继续推进中国社会主义初级阶段现代化建设的发展战略，即21世纪的具体发展目标就是实现"双百目标"。要以当代眼光、中国视角，重新梳理对外开放政策，审视对外开放与国家经济自主性的关系，深入研究国家经济自主性的重要性及其提升途径，对中国进一步深化对外开放，使对外开放更好地服务于中国现代化，维护国家利益、确保国家经济安全等意义重大。

一 认清国际经济体系本质下理性参与全球治理

党的十八大以来，中国在经济全球化的新形势下，采取了更加积极主动的开放战略，全面提高开放型经济水平。从第五章我们对经济自主性指数的测算中可以看出，五年来中国经济发展自主性有了一定的提升，形成了多元平衡、安全高效的开放型经济体系。特别是在推进"一带一路"建设，促进与"一带一路"沿线国家互利共赢方面的务实合作，人民币正式纳入国际货币基金组织特别提款权货币篮子等方面取得了具有重大战略意义的突破。

回顾改革开放头三十年中国的改革开放模式，即由原先的封闭型经济走向国际市场，参与国际经济大循环，由此改变封闭经济模式下的工业与农业互相争夺资源、靠牺牲农业发展工业的老路子，成为在开放系统中的农业、工业互相促进的模式：通过始于沿海地区的对外开放、引进外资，发展劳动密集型三资企业，吸纳农村劳动力；通过外向型经济的鼓励出口创汇，赢得中国经济发展紧缺的资金，购买本国需要的资源、引进技术设备；引进技术设备改造中国落后于世界的工业；工业率先实现现代化之后，再由工业反哺、发展农业的现代化。

国际经济大循环理论的实践运用取得了显著成就，但也存在问题。一是农业实行家庭联产承包特别是包干到户后，家庭联产承包责任制可以很好地调动农民（为自己生产）的生产积极性，有利于分流农村过剩人口推进城市的工业化和现代化进程，但是农业本身却出现了逆向发展的现象，随着现代化建设进程的深入，家庭联产承包责任制的经营方式越来越不适应现代农业和社会主义新农村建设的需要。虽然当初邓小平同志提出"两个飞跃"的思想，但由于缺乏对经济规律和趋势的整体性把握，农业第二次飞跃的设想并没有在实践上产生。

一是引进技术过程中的消化、吸收、创新问题。分析中国改革开放四十年来没有很好地重视引进技术与消化、吸收、创新，尤其是没有很好地重视创新方面的重要性，导致大量的低水平引进和大规模的重复。这里固然有发达国家技术保护的原因，也有倚重技术含量低下的数量积累的外因，与企业引进过程中的急功近利、不注重企业的技术研发投入有关。但更深层次原因，是忽视了对外经济交往中的国家意识，导致对国家经济自主性的重视不足，从而对本国企业在对外经济关系中的自主创新导向不足。尽管党的十八大报告就已提出实施创新驱动发展战略，但实践中并没有建立起相应的激励机制和引导机制。

二是以实现经济对外开放、通过出口需求拉动的发展模式，对国民经济快速发展起到了重要作用，但是，由于经济体系的不合理性和美元霸权的存在，经济快速增长的同时，也意味着国家大量实体资源的流出和环境污染生态平衡的破坏，快速增长的美元外汇储备造成规模庞大的外汇占款所增发的基础货币，导致日益严重的通胀问题，更深层面是对美元为主要国际结算货币的美国主导的全球化体系的依赖。必须清醒地认识到我国加入的国际经济大循环的国际背景，即经济全球化实质——世界经济体系的不合理性。

"国际大循环经济发展战略"是在中国经济实力较低、技术落后、人才缺乏和管理落后、建设资金与外汇储备紧缺的特殊情况下的较为被动的开放型经济模式。如今，随着国家经济实力和国家经济竞争力

的增强，在国家建设资金特别是外汇储备较充裕的情况下，应该实施
具有高瞻远瞩、全球布局、多元平衡的主动型开放模式，积极参与全
球治理，甚至引领世界经济的和平平等发展，消除原来经济体系中的
不合理现象。

1. 对国际经济体系保持客观理性的认识

新马克思主义流派代表人物卡利尼科斯 A. Callinicos（2003）认
为，资本主义的生存从来都离不开高度整合的外部空间，全球化的过
程就是资本对外扩张的过程。在西方占绝对优势的全球化和国际秩序
中，"所谓削弱国家职能，就是削弱发展中国家干预西方资本流动、
保障本国主权和民族独立的职能"①。

第一，国际规则制定的主导权在西方发达国家手中。世界银行
WB、国际货币基金组织 IMF、世界贸易组织 WTO 等国际经济协调组
织的领导权均是掌控在西方发达资本主义国家手中，它们对发展中国
家和发达国家实行双重标准，其目标是建立以发达国家为主导的全球
经济新秩序和资本主义的全球扩张。他们倡导稳健货币（低通胀）、
小政府、私有企业、自由贸易和善待外国投资。与发展中国家有关的
是，新自由主义的议程一直是由美国所领导的发达国家政府机构所推
动，并由基本被它们所控制的国际货币组织、世界银行和世界贸易组
织来斡旋的。发达国家利用它们的援助预算和国内市场准入作为"胡
萝卜"，诱导发展中国家接受新自由主义政策。虽然有时会对进行游
说的个别企业有利，但通常会使相关的发展中国家在整体上创立一种
善待外国商品和外国投资的环境。

第二，发达国家对先进技术的保护和垄断。例如，WTO 中的
"与贸易有关的知识产权保护措施"，以及西方各国以国家安全名义
的干涉和引导，使核心技术掌握在自己人手中，确保在国际分工的有
利地位。例如，美国当局对联想集团购买摩托罗拉专利的干涉，目的
在于防范核心技术，确保不造成美国"安全泄密"。所以，中国对外
开放过程中引进的技术只能是成熟技术，不可能是最新技术，使中国

---

① 周穗明：《国外左翼论全球化与资本主义、社会主义》，《理论视野》2003 年第 2
期。

成为产业链底端的加工大国。而我们的国外并购也只能并购到已在本国产能过剩的并不急需的一般制造业企业。

第三，美元霸权导致发展中国家的经济依附性。目前绝大部分国际间的银行交易是以美元结算的。但 1972 年以后，美元发行已经与黄金脱钩，美元是美国政府和美国中央银行（美联储）发行的美国的货币，并不是世界货币，但却充当世界货币的职能。美国凭借美元的国际通货地位，可以发行大量美元来购买他国商品或劳务，或者进行对外直接或间接投资。这就造成了几种怪象：对外贸易越繁荣、国家顺差越大、外汇储备越多，表面上很繁荣；外汇储备增长的另一端，是牺牲环境和资源耗竭的代价；由外汇占款所不断增加发行的基础货币，导致日益严重的通胀压力。

总之，中国改革开放初期的国际大循环经济发展战略，在带来经济快速增长的同时，由于国际经济体系的不合理性，也给中国经济带来极大的弊端，即以促进对外开放的拉动外需的粗放型经济增长方式，处于产业链的底端，以资源和环境的代价换取 GDP 增长方式的不可持续性。欲在对外经济开放带来经济繁荣的同时，国家经济自主性相应增强，必须要有全球战略视域下的开放战略，逐步消弭国际经济体系的不合理性，甚至美元的霸权地位。

2. 对国际经济体系不合理性的可能超越

从生产力层面来说，经济全球化是人类社会生产力发展的客观趋势。但从生产关系层面看，经济全球化又一直处在发达国家的国际垄断资本的支配之下，是不合理的国际经济体系。国际垄断资本的运行规则是，要求"外围"国家主动适应"中心"的标准来改变自己的经济乃至政治制度、体制和结构。若中国全盘接受全球化的规则，中国的经济发展必然逃脱不了被发达国家所控制，成为不合理的国际经济体系的外围和依附。因此，我们在参与经济全球化的过程中，必须对其背后的垄断资本的国际扩张和新自由主义范式保持高度警惕。中国能否坚持独立自主，关键在于能否在坚持中国制度、中国道路下，在参与国际经济秩序重构的全球治理斗争中维护和有效发挥国家的经济自主性。

在不合理的国际经济体系下，没有技术创新就永远不可能有在国际产业分工中的有利地位，只能永远成为国际经济主导国家的技术附庸。如果不能克服美元独大的国际通货地位，就不能扭转中国经济金融被美国经济捆绑和拖累的局面。只有通过技术创新和逐步推进人民币国际化，用好用活外汇储备，才能使对外经济活动创造真正的财富。

第一，继续强化措施，推动全社会共同努力转变经济发展方式。当前提出经济新常态的供给侧改革不是仅从供给方面入手，核心仍然是在技术支持下实现经济结构调整和经济发展方式转变。为适应由技术创新所带动的生产力的发展，需要优化企业结构和改良内部体制，进而带动企业管理向知识管理转变，实现技术创新与知识管理的真正结合。提升国家经济自主发展的能力关键在于能否以创新为驱动有效推动技术的进步与管理的改善。为此，在宏观上，国家应该做到：一是从国家制度层面制定相应的政策，将创新以政策规定的形式落实到具体的企事业单位中；二是完善产权保护法，切实保护好团体及个人等发明创新成果；三是强化创新思维，营造社会创新氛围，在各行各业中真正落实创新能力的发展。

第二，逐步推进人民币国际化，减小外汇储备中美元的比例。中国外汇储备以美元资产为主，是因为国际金融市场和能源市场（如石油、天然气）上的批发交易绝大多数是以美元作为结算货币的，同时美元也是各国央行进行金融操作的主要参照货币。但是，欧美等发达国家近几年大量投放货币，增加了中国经济和金融风险。针对新的形势，中国央行应该及时调整外汇储备结构，在"一带一路"建设的带动下，进一步推动人民币的国际化进程，鼓励商业银行和企业申请外汇贷款，使得中国企业更容易"走出去"。同时继续巩固和推行金砖五国之间的货币互换。

第三，建设开发性金融机构，用活美元储备。近年来，以中国主导的开发性金融机构与"一带一路"建设，已迈开中国经济引领世界的步伐，成为全方位开放新格局的两翼。不仅有利于国内产能过剩、石油资源的获取、战略纵深的开拓三大战略问题的解决，而且要通过这个全球布局的过程，用活中国的美元储备，且逐步提升人民币地位，最终超越美元霸权地位造成的中国经济自主性的被动因素。

二 制度自信下巧于周旋的国家利益和安全博弈

近年来，日益高涨的民粹主义和"逆全球化"，使世界经济和国际安全局势陷入极大的不确定前景之中，全球治理机制在应对危机时已经显现"捉襟见肘"的局面。当前国际治理机制的局限在于：一是发达国家经济体仍然是主导，新兴经济体和发展中国家在全球经济治理方面能发挥的决策作用极其有限；二是国际规则的标准制定仍然以发达国家为标准，不重视全球经济的均衡发展；三是多边机构决策体制滞后于世界经济发展局势，发展中国家的合理利益无法得到有效保障。许多专家提出，作为经济大国，中国的经济增长正成为引领世界经济回暖的推动力，理应有所作为，积极主动参与全球治理机制改革与创新。但本书认为，中国作为负责任的大国，确实应该有所担当，本着互利互惠、求同存异的包容态度，追求各国经济的公正平等发展，从而在全球治理机制变革与创新中，为克服不合理的国际经济体系作一份贡献。但是，公平和包容的基础是各国对经济自主性的维护，只有国家利益和国家安全合理保障条件下，才有自主性，才能得到更多国家的理解与支持，才有能力在全球治理中发挥大国的公平公正作用。

第一，始终以增强经济自主性作为参与经济全球化的前提和基础。中国特色社会主义道路，贯穿其中的基本原则就是坚持发展的自主性，这是中国共产党人总结长期历史经验得出的基本结论，也是实现自主性发展的本质要求。在自身强大的经济自主性的前提下的对外开放，在全球经济中有合作共赢，才是实现中国梦的重要途径。三十多年来，中国特色社会主义现代化建设，在世界现代化史上创造出举世瞩目的奇迹，正是坚持独立自主的原则，实现自主性发展，中国的现代化才得以呈现其蓬勃的生机和活力。

第二，以提高国家竞争力作为赢得经济自主性的根本途径。增强综合国力的基本途径，是促进经济的发展，增加国家的经济总量，同时提高人民生活水平和巩固国防力量。战略人才储备情况，国家的科学技术水平，国民的教育、文化、身体和心理素质，民族文化的先进性和优越性，国家的社会福利水平，国家和民族的凝聚力与社会的稳定程度，经济和社会发展的可持续性等，是提高国家竞争力的基本要素。应当清醒地看到，在经济全球化时代，欲有效维护和增强国家的经济自主性，光有经济实力是远远不够的，还必须有政治、军事、文化和道义的力量。

第三，在社会主义"三个自信"下坚持发展的自主性，确保国家经济利益和经济安全。作为发展中国家，通过参与全球经济活动，进行国际资金、技术、资源等交流互补，一方面，可以弥补本国资源缺口，促进技术、管理等各个方面的进步，另一方面，有利于平衡产能，避免国内产能过剩而导致的经济停滞，从而有利于促进本国经济持续发展，增强经济发展的自主性。因此，对处于国际经济竞争中非主导地位的发展中国家而言，面对经济全球化对国家自主性的挑战，尤其需要做出正确的战略选择。一国的经济发展只有建立在充分利用本国资源、技术、资本的基础上，适当降低对外国技术、资金、资源的依存度，才能持续、健康、稳定地发展。

第四，不仅要加强南南合作，还要联合更多国家参与治理，在完善全球经济治理机制中维护国家经济发展的自主性。迄今为止，全球治理机制仍然是由西方发达资本主义国家主导的，而西方发达资本主义国家是对发展中国家不够公平的旧的国际经济秩序的维护者。革新并非易事。中国作为全球第二大经济体，理应在解决全球重大现实国际性问题中有更多的担当，发挥更积极和更重要的作用，但这并不意味着中国争当霸主。中国不仅要保持团结发展中国家南南合作的传统，而且还要联合发达国家，在更加广阔和公平的视野下，通过经济外交尊重和促进彼此的共同利益和共同诉求，推动世界和平发展。因此，一方面，在积极参与经济全球化过程中，首先是要按照现行的国际规则和国际惯例办事，与国际规则接轨。另一方面，积极参与全球治理体系并在其中发挥更加重要的作用，积极主动地向国际社会提供更多的互利共赢的公共产品，比如"一带一路"建设、亚投行等。要通过实际行动，让世界各国看到我们追求平等和维护世界和平共同发展的真诚，维护国家经济自主性。20世纪发展中国家为保护自身民族和国家正当利益的斗争经验昭示人们：只有经过联合更多的国际力量，才能打破经济新秩序的不合理规则。我们应该抓住这个机遇，发展自己，逐步改变与发达国家的依附或单方面的依赖关系，逐步改变发展中国家在与发达国家合作中的不平等地位。

因此，中国参与全球治理应该巧用策略。在关注全球治理机制的同时，注重实现自身的更好发展和构建本国利益的保护机制，也就是对国家经济自主性的维护。从国际维度看，随着中国对外投资规模的增长，中国的海外利益不断增多，保护本国民族企业和本国公民在海外合法权益的内容和难度都相应增加。从国内维度看，中国有着巨大的国内消费市场，作为世界第二大进口国和第一大电子商务国，应充分利用好以市场换话语权这个优势资源。

三 在各项工作中加强国家经济自主性意识

加强国家经济自主性意识构建是增强国家经济自主性的前提。国家经济自主性意识要求在经济实践中及国家间的交往中以国家利益为重，并将国家作为思考问题的出发点和落脚点。党的十八届五中全会指出"我国发展仍处于可以大有作为的重要战略机遇期，也面临诸多矛盾叠加、风险隐患增多的严峻挑战。我们要准确把握战略机遇期内涵的深刻变化，更加有效地应对各种风险和挑战，继续集中力量把自己的事情办好，不断开拓发展新境界"①，加强国家经济自主性意识构建，就是坚持国家利益至上，是有效应对风险和挑战、集中力量办好自己的事情的关键。国家经济自主性意识的构建不仅要在工作中树立国家经济自主性意识，还需通过相关国家安全和保护政策、政府经济职能转变等配套措施全面地推进国家经济自主性意识的增强。

1. 树立国家经济自主性意识

从某种层面上看，国家经济自主性意识，就是在处理国际关系问题，特别是中国经济引领过程中，必须有全球战略意识；就是处理国内经济社会关系中的全局意识。中国共产党在新中国成立初期就提出的自力更生、独立自主的原则，国家经济自主性就是体现这一原则的核心。国家经济自主性是马克思主义理论在当代发展的一个重要组成

---

① 中国共产党第十八届中央委员会第五次全体会议公报（全文），新华网，2015 年 10 月 29 日（http：//news.xinhuanet.com/fortune/2015－10/29/c_ 1116983078.htm）。

部分，有着深厚的理论来源并且已被实践证明，在社会主义国家建设中具有充分的合理性地位。

中国作为社会主义国家，一切经济活动都以人民利益为根本出发点和落脚点，而社会主义国家的国家利益与人民利益在根本上是一致的。实践证明，走独立自主的发展道路是坚持社会主义道路，实现并维护中国广大人民根本利益的必然选择。只有在充分地独立自主、自力更生的基础上努力提升综合国力和国际竞争力，才能为中国的社会主义道路和国家根本利益提供保障。这就是坚持树立国家经济自主性意识的必然性。

国家经济自主性的重要性，最主要地体现在对国家经济安全的维护上。国家经济自主性作为一国的经济自主发展能力，为国家经济发展提供战略支持和安全保障，对一国的经济发展具有十分重要的意义。强大的国家经济自主性，作为国民经济的内在素质，能够确保国家经济长期处于安全状态。

2. 建立相关国家安全与保护政策

增强国家经济自主性，还需要制定与国家经济自主性相关的国家经济安全政策和措施，引导全社会的积极因素，创设提升国家经济自主性的政策环境。

第一，完善培育和保护国内自主创新的政策。以制度性的切实优惠政策，激励国内企业自主创新热情，创造全社会重视创新的氛围；同时加大科研投入，尤其是规定政府科研经费支出，给予创新水平较高的企业和人才资助，利用政策保护国内自主创新能力的发展。

第二，专门针对具有一定历史的民族品牌企业及在国民经济重要领域具有一定实力和潜力的本土企业，制定专门的政策加以扶持和保护，培育自己的民族品牌和重要领域的支柱型企业，利用政策优惠切实保护和加强本土企业的发展。

第三，建立合理的政策，引导外资在国内的投资。规避外资在某些重要行业的垄断，尤其是技术含量高的行业要适当控制外资规模，着力培育本土企业，并在政策指导下建立相应的制度机制，规范外资企业的经济行为。

第四，建立能源、资源的安全保护政策。目前要重点解决某些能源资源的进口依赖问题，通过政策加强监督管理，提高能源资源利用率，激励节能技术、清洁能源技术等研发，实施各种节能方案和研究开发新资源。

第五，详细制定对外技术引进规章制度，保护国内技术市场的活跃度，以政策文件的形式倡导引进高端核心技术，并提高对引进技术的学习和模仿，对于国内有条件研发的技术要适当控制引进规模，防止过度依赖。

3. 树立"四个意识"，加快政府经济职能转变

国家经济自主性属于国家经济职能的范畴，体现在国家的政策执行力方面，考验着政府对经济的调控能力。因此，增强国家经济自主性，必须加快政府职能转变，使宏观调控更加有效。

第一，政府经济职能的转变最主要的是依据经济发展的现实需要，健全和完善宏观调控体系，及时转变经济职能，更好地满足经济发展的需要。一要推进生产要素市场的正常健康运行，促进资源的合理利用；二要维持经济总体平衡，促进资源在各领域的合理均衡分布；三是要合理区分宏观调控的范围，消除政府对市场不合理干涉和过度干预。增强政府效能，提高政府经济职能的执行力和效率，规范与优化政府自身行为，让政府在经济发展过程中更好发挥决定作用。

第二，加强政府对国家经济自主性意识的倡导作用。社会主义核心价值观的规范之一是爱国，国家经济自主性意识与社会主义核心价值观是一致的。政府对经济发展的引导和管理不仅是通过对经济进行宏观调控及财政税收等手段得以实现，还有必要在经济活动的行为观念上倡导国家经济自主性观念和意识。加强政府对国家经济自主性意识的导向作用，就是树立在国际经济关系中的国家安全和国家利益上的"四个意识"，政府在履行经济管理职能时坚持促进经济自主性的提升，树立大局意识，为增强国家经济自主性积累积极因素；以政治意识和核心意识为增强经济创新力、竞争力与企业自主性发展制定政策文件和进行宏观调控，通过政府的实际行为将潜在的国家经济自主性意识灌输到市场主体的意识中。

第二节 国家利益至上的充分自主型开放策略

当今世界是开放的世界，中国的发展离不开对外开放。但是中国实行对外开放的目的是增强国家经济自主发展的能力。实行对外开放是手段和路径，目的是独立自主的发展。独立自主是从新中国成立以来始终坚持的一项基本原则。在党的十二大报告中，邓小平进一步指出"独立自主、自力更生，无论过去、现在和将来，都是我们的立足点。中国人民珍惜同其他国家和人们的友谊和合作，更加珍惜自己经过长期奋斗而得来的独立自主权利"[①]。中国共产党十八大报告提出，"适应经济全球化新形势，必须实行更加积极主动的开放战略，完善互利共赢、多元平衡、安全高效的开放型经济体系……形成以技术、品牌、质量、服务为核心的出口竞争新优势……提高利用外资综合优势和总体效益，推动引资、引智、引技术相结合……提高抵御国际经济风险能力"[②]。提升国家经济自主性是一个庞杂巨大的系统工程，涉及国家经济建设各个领域的合纵连横。

一 构建开放型经济新体制增强自主决策权

国家经济自主性的语境前提是有多个国家之间相互竞争，存在国家经济不安全与国家利益受损的可能。增强国家经济自主性，即是要提升国家竞争力与自主发展的能力，在国际竞争力中以最大优势保护本国利益，在世界新经济常态下，如何增强国家经济自主性，降低经济发展中存在的风险成为关键点。"十三五"规划建议中指出，要"建立风险识别和预警机制，以可控方式和节奏主动释放风险，重点提高财政、金融、能源、矿产资源、水资源、粮食、生态环保、安全生产、网络安全等方面的风险防控能力"[③]。防范风险、增强国家安

---

① 《邓小平文选》，人民出版社1993年版，第3页。

② 胡锦涛：《坚定不移沿着中国特色社会主义道路前进　为全面建成小康社会而奋斗——在中国共产党第十八次全国代表大会上的报告》，人民出版社2012年版。

③ 中共中央关于制定国民经济和社会发展第十三个五年规划的建议（http://finance.ifeng.com/a/20151103/14054229_0.shtml），2015年11月3日。

全是中国今后发展中的努力方向。提升国家经济自主性不仅追求经济的独立自主发展，更是整个国家在独立自主基础上的长治久安，这不仅要求提升国家经济实力增强国际竞争力，实现更好地独立自主发展，还要求特别关注在对外经济过程中，切实维护国家经济利益与经济安全，做到对内经济实力增长与对外经济安全维护两方面的结合。提升外贸中的国家经济自主性，重点在于构建开放型经济新体制，优化外贸格局，促进国际国内要素有序自由流动，合理利用外资与引进技术。

1. 通过外贸供给侧改革引导产业转型

第一，大力发展资本密集型、技术密集型产业。中国在对外出口中仍是以低附加值、低技术含量的商品为主，以及相当一部分的加工贸易。出口商品的低竞争力是对外贸易中国家经济自主性薄弱的关键因素。在对外贸易中增加高附加值、高技术含量的商品出口，提高出口商品的总体竞争力，要求大力发展资本密集型、技术密集型产业。在全面深化改革中实现产业重组，吸收利用外资和学习先进的外企以推进国内资本密集型、技术密集型产业发展，并促使形成一定的规模效应；在市场主导下政府合理地引导该类产业跨地区、跨部门的重组与升级，努力构建一批本土的资本密集型、技术密集型产业作为该产业的支柱性力量，培育参与和引领国家经济合作竞争的新优势。同时应警惕外资和外企进入中国，可能会对本土一些刚起步的资本密集型、技术密集型企业造成挤压，这需要政府制定政策对这些产业实施保护和培育并创造良好的发展环境。

第二，减少能源资源对外依赖，消除安全隐患。减少能源资源的对外依赖要求走独立自主的可持续发展道路，并且国家经济自主性内在地要求国家应有能力独立自主地规划和决策可持续道路发展，尽量依靠本国的人力、物力、自然资源等，而不受外来资源或技术方面的限制。一方面，重视自然资源的开发和利用，加大能源资源的投资和开发并注重能源资源利用技术的研究创新。中国自然资源种类繁多、储藏丰富，但长期以来不合理的开发和低利用率降低了国内自然资源对经济的价值贡献，从而增加了能源资源的对外依赖。要改变这种局面就要合理整顿和规划自然资源开发，增加对清洁能源技术、能源高效利用技术等核心技术的研发力度。另一方面，从全局出发，制定合理有效的能源安全战略，根据中国经济发展和能源资源使用的现实状况，将具体的可实际操作的措施和办法归纳总结上升为一种指导性的文件政策，并持续关注和监督其实际执行力，以期从根本上解决能源安全问题。

2. 正确利用外资，提高外资利用率

第一，合理引导外资投向和投资方式。合理引导外资在中国的产业布局，以符合中国实际需要，既有利于增强经济实力，又能避免可能出现的外资垄断造成的经济安全问题。一是加大外资在第一产业的投资比例，鼓励外资对农业、林业等国民经济基础产业的投资，为推进农业发展提供更好的条件；二是将外资在第二产业中的资本密集型、技术密集型产业的投资控制在合理范围之内，防止出现某一产业外资过分集中，同时将多余的外资分化在劳动密集型产业和传统产业中，实现老工业的改造和持续发展；三是努力吸引优质外资在高尖端科技产业的投资，充分挖掘和利用这类外资在技术上的优势条件，并给予更多优惠条件。此外，改善外资投资方式，以实际优惠鼓励中外合资或中外合作的投资模式，加强国内企业与外企、外资的联系，规范外商企业对本土企业尤其是优秀企业的并购，限制超出市场配置范围的不合理、非常规的并购，在给外资发展创造规范、有序环境的同时保护本土企业的发展。

第二，完善外资激励机制，提升外资质量。2014年中国吸引外资规模已达1195.6亿美元，跃居世界第一。在如此庞大的外资规模下，提高外资质量、重视外资效益是国内市场的基本诉求。一是对外招商引资时注重外资规模和质量的考察，重点鼓励大型跨国公司、集团等实力强大的外商来华投资，尤其是在资本、技术、管理上都具有较高水平的外企要给予更多的政策优惠。二是适当增加来自欧美等发达国家的外资，优化利用外资的投资比例，避免利用外资的地区结构相对集中的现象。三是根据中国实际市场需求建立完善的外资激励机制，根据外资实力的不同执行有差异的梯度优惠政策。

第三，合理规划对外投资方向和布局，提高风险防范能力。进入21世纪以来，中国加快经济"走出去"的步伐，根据中国与全球化智库（CCG）对外发布的《中国企业全球化报告（2016）》蓝皮书显示，2005 年以来，中国对外直接投资流量持续增长，2015 年对外投资规模达到 1456.7 亿美元，对外直接投资首次超过吸引外资，成为全球国际直接投资的第二大来源国。① 目前，跨国并购是中国企业对外投资的主要方式，2015 年中国企业跨国并购案达到 498 起，其中中国民营企业的海外并购占当年总投资案例数的 53%，成为中国海外并购的主力军。

中国企业海外并购主要目的是获得资源、技术和市场渠道。例如，联想集团收购 IBM 的 PC 部门，借助 IBM 的品牌力度获取全球营销网络；美的收购东芝的白色家电，把东芝在电子控制领域的技术应用到家电智能领域，弥补在核心技术上的空白，提高美的国际制造水平。目前，中国企业海外投资主要集中在亚、欧及北美地区，比重分别为 30%、29% 和 25%，布局相对合理，美国是我国海外直接投资的最热门国家。CCG 主任王辉耀认为，中国企业海外直接投资的主要瓶颈在于，国际标准制定参与度较低，这是影响中国企业在海外经营与发展的关键因素。法律风险成为除政治风险外中国企业对外投资面临的最大风险。因此，中国企业要抓紧国际投资标准制定、翻译和对比验证。同时，政府要注重人才和经费支持，推广中国制造标准。

3. 合理引进技术加强自主研发能力

第一，建立健全技术引进制度与机制。目前中国引进技术存在的问题不仅是对外技术依赖，而且引进技术的消化吸收能力低，不能很好地对引进技术进行学习并在此基础上进行创新。建立健全技术引进机制，一方面，制定合理政策，倡导和激励企业加强对引进技术的消化吸收，形成引进、吸收、创新、应用到再引进再吸收的良性循环，彻底改变原来引进、应用二环节的简单无创造循环，对那些在引进技术后能够很好地吸收并自主创新的企业给予政策优惠和经费的扶持。另一方面，避免过多重复引进某类技术，大力鼓励高尖端技术的引进，形成以企业为主体、政府为辅导的核心技术引进机制，争取与发

---

① 参见陈彦旭、李玉坤报告，称去年中国对外直接投资额 1456 亿美元，首超吸引外资，新京报新媒体 2016 年 11 月 23 日（http://www.bjnews.com.cn/news/2016/11/23/424630.html）。

达国家建立更多的高端技术引进合作安排，加大力度奖励在形成高尖端技术的引进、吸收、创新循环上有重大成果的企业和人才，充分提高引进技术的利用率及对中国经济的贡献。

第二，加强企业自主研发能力。企业是市场的主体也是引进技术的主体，提高引进技术的利用率、解决中国对外技术依赖的关键在于企业。一方面，应以发展的眼光看待"比较优势"，不能满足于劳动力优势带来的红利中，要不断地生成新的技术优势，才能跟进世界经济发展潮流，转变企业追求眼前利益的心态，而培养自主研发能力以实现长远利益为目标。另一方面，引进技术不只是为了应用并从中赚取利润，更重要的是对引进技术的深度学习并获得启发进行新的创新和研发，加强企业在对引进技术消化的基础上自主研发能力的提升，注重利用引进技术与原有技术的融合与集成开拓创新的思路。通过政府政策倡导鼓励、制度体制约束、市场自动调节等培育一批拥有自主知识产权和国际竞争力的企业，既是提升国家经济竞争力的需要，同时也是增强对外贸易中的国家经济自主性的客观要求。

二　打造适应全球治理的经济金融管理体系

追求国家经济独立自主发展，在对内对外经济活动中充分实行自主决策权不受外来力量限制或风险威胁，是国家经济自主性的内在要求。在现有国际经济体系的不合理对中国对外经济活动及国内经济发展造成不利影响时，积极推动全球治理机制的改革、优化外部经济环境是国家的基本职责所在。中国不称霸，也无意主导国际经济秩序，但积极联合各国包括发达国家和发展中国家，共同推动全球治理机制的改革和调整是全球经济现阶段的发展趋势。国际经济秩序的改革和调整是一个漫长而充满不确定性的过程，充满大国之间的实力较量和利益博弈，而不在一朝一夕。参与推动全球治理机制的改革和调整的重点不在于聚集力量推动一时的国际形势变化，而首要在于完善自身条件、积极提升自身实力，再汇聚各方力量共同发力以谋求互利共赢的国际经济秩序的建立。

1. 完善自身经济条件应对国际经济体系的不合理性

发展中国家的国内产业分工不合理、产业升级缓慢、落后产能过剩等问题，从国际经济维度而言，是国际分工和国际经济体系长期不合理，对发展中国家剥削的结果，这种情形造成对国家经济独立自主发展的不利影响。在全球化日益加深、中国经济面临深层发展问题的今天，如何消除国际经济体系的不合理和不平等所带来的不利影响，首要的是积极扩展经济发展空间，培育国内、区域以至全球范围的新经济增长点，以缓解产业结构升级缓慢与国内产能过剩的压力。

第一，不断推行新经济策略，在坚持各国共商、共建、共享，平等互利的原则下，积极倡导和推进"一带一路"建设，加强与沿线国家的战略对接和务实合作。加强"一带一路"建设同京津冀协同发展、长江经济带发展等国家战略的对接，是中国经济步入新常态迫切寻找新动力源、优化经济发展空间格局的重大举措，有利于形成全方位开放、东中西部联动的发展格局。随着中国成为世界第二大经济体，中国经济发展也步入新常态，要继续保持健康发展的形势，必须具备全球视野，以国家利益大局自觉统筹国内国际两个市场，谋划积极主动的大开放大战略。从本国利益而言，"一带一路"建设，有利于推动国际产能和装备制造合作，通过供给侧有效改革催生新的需求，实现世界经济格局新的平衡发展。特别是在当前世界经济持续低迷的情况下，若能够利用本国的巨大产能和建设能力，支持沿线国家现代化进程和对改善基础设施的迫切需要，既有利于稳定当前国际经济形势，也有利于提高中国国际影响力，更好促进国家自主能力的提升。

第二，积极筹建和加入国际经济机构和协议组织，充分利用现有的实力和影响力参与或开拓新的国际平台，在坚持各国共商、共建、共享，平等互利的原则下，欢迎世界各国搭乘中国发展的快车，欢迎世界各国和国际组织参与到合作中来，如提议开设上合组织开发银行、金砖国家开发银行、筹建亚洲基础设施投资银行、丝绸之路基金等地区性开发性金融机构。

亚洲基础设施投资银行的建设不仅可以带动全球经济的复苏，也是中国参与以美国为主导的国际金融体系的最佳练手，尝试在国际外交中发挥资本在国际金融中的力量，并将可能成为人民币国际化的制度保障。地区性开发金融机构的建设，可以用好中国的巨额外汇储备，变高储蓄为高投资，并且可以通过向外投资，消化国内的过剩产能。另外，亚洲基础设施投资银行的互利共赢原则和公私合作伙伴关系模式（PPP），也能促进国际货币基金组织（IMF）和世界银行的（WB）的进一步改革。

第三，推动国内新兴产业的发展，如以创意为内核的满足人们不同层次精神追求的文化产业，减小在传统工业中遭受国际分工不合理的负面影响。扩大内需增加国内消费。作为拥有 10 亿以上人口的发展中大国，中国本身蕴藏着巨大的消费潜能。在不等价交换的国际贸易中处于劣势地位时，更应该做的是扩大内需，充分挖掘国内消费潜能，以自立自足为主减少对外经济依赖。一方面要增加消费需求，创造条件将消费潜能释放出来。中国人口系数和 GDP 总量都很庞大，但人均 GDP 却处于较低水平，增加居民收入是刺激消费的前提。此外，中国的一个现实问题是居民习惯储蓄不敢随意消费，这需要政府提供足够的公共服务，解决好民生保障问题。另一方面，中国在服务业上缺乏精准到位的高质量产品，这需要提供足够的服务型消费供给。并且由于国内产品质量低端和市场参差不齐，中国每年海外消费数额巨大，如果能解决此类问题，将国外消费转移到国内，将成为拉动内需的重要力量。

2. 努力推进国际经济秩序的共建

第一，增强国际经济治理的经验积累和平台建设。增强中国在国际经济中的参与度和影响力，从而提升对外经济中的国家经济自主性。要重视并进一步推进金砖国家、APEC、G20 等中国已参与的治理平台建设，同时，"一带一路"建设、金砖国家开发银行、上合组织开发银行、亚洲基础设施投资银行等重大国际层面的行动，得到越来越多国家的支持和认可。通过共享模式既提高了国际影响力、推动国内经济继续发展、提高了国家对外经济自主能力，同时也加快世界银行等全球机构治理的规则调整的步伐。此外，维持和增强原有经济合作伙伴关系，努力推进更多区域经济合作及全球范围内合作机制的建立。

第二，推动综合性多边投资格局的发展。自加入 WTO 以来，中国对外投资规模迅速扩大，成为对外投资大国，积极参与和推动国际投资规则的调整与多边投资协定的谈判，符合中国对外投资利益的需要，更是维护国家对外经济发展自主性的要求。一是积极主动加入中美、中欧双边投资协议谈判及更多的多边投资协定中，参与国际投资规则的制定，改变由发达国家主导并掌握投资规则制定权的局面。二是保障中国在国外投资的利益空间，尤其是在发达国家中的投资，一方面要加强谈判，降低投资标准和限制；另一方面要提升中国输出的资本质量，两方面实现投资利益的最大化。三是增强交流与合作，降低其他国家的投资壁垒，减少人为设障，推动中国海外投资的顺利实行，营造良好的国际投资环境。

第三，推进"南北问题"的解决。国际经济秩序不合理的最大原因在于发达国家与发展中国家利益的不一致，因此着力解决"南北问题"，以期在某种程度上达成一致的共识和协作是推动国际经济秩序共建的关键。加强发达国家与发展中国家在重点分歧问题中的沟通和协商，争取在互利共赢的基础上推动南北方在更广范围、更深领域建立合作协议。经济全球化潮流下发达国家与发展中国家已构成世界经济运行中不可缺失的主体，在更多方面存在共同利益并相互需要，在新的时代条件下重提"南北问题"，并推动问题的解决符合世界各国的利益。只有彻底解决"南北问题"才能为真正建立公平合理的国际经济秩序打好基础，未来还应继续推动发达国家与发展中国家的交流与合作，并在此基础上促使国际经济秩序变革。

3. 推进与全球治理相适应的金融体系改革

在面对国际金融的垄断资本独占及资本主义经济周期性危机不利的因素时，要保障国内经济安全，首要的是确保金融体系的安全，尤其是随着中国经济"走出去"规模的不断壮大，中国逐渐走向国际金融领域的前台，国际经济传导机制对本国经济的影响和冲击也会不断加大，必须改革金融宏观审慎体系，以防范系统性金融风险，确保国家经济与金融安全。

第一，采取各种措施和利用各方资源，培育和发展在国际金融市场具有较强竞争力的商业银行、投资银行及其他金融机构，增强中国金融业总体实力和抗风险能力。目前，中国正处于经济结构调整的关键时期，经济金融国际化也在不断发展，要求金融证券业也能跟上时代的步伐"走出去"，提供国际化的金融服务。2014 年国务院发布的《关于进一步促进资本市场健康发展的若干意见》和证监会发布的《关于进一步推进证券经营机构创新发展的意见》明确提出，证券公司要适应经济发展方式转变和多层次资本市场的发展需要，向现代型投资银行转型，加快培育一批具有国际竞争力、品牌影响力和系统重要性的现代投资银行，努力在全球金融体系中占据一席之地。加快综合型券商的集团化和国际化，使之与对外开放格局不断发展、全面深化改革的进程相匹配。

第二，大力推进金融改革和创新，适时调整相关金融制度体制，以国际金融发展新趋向为目标加快金融产品的更新换代。中国银行业的金融改革和创新既要顺应国际金融创新的趋势，同时也要考虑本国金融现状，建立金融创新组织体系和人才开发体系，提高创新产品的市场生命力和竞争力，大力推进金融电子化创新，进一步完善中间业务和表外业务发展体系。加快制度创新，推动国有商业银行产权制度创新，完善法人治理结构，建立现代银行制度，使国有商业银行真正具备金融创新的内在动力。鼓励和支持商业银行进行规范的金融创新，加强对金融创新的引导和管理，为商业银行金融创新提供政策支持和制度保障。

第三，强化金融市场规制，通过加强管理、强调纪律、完善体制等提升金融监管能力，建立有序竞争、监管到位的跨境金融市场。构建以金融宏观审慎政策框架为核心，将货币政策与行为监管相协调、宏观管理与微观监管相统一、综合监管与功能监管为重点的新型金融审慎监管体系，以减缓国际金融市场波动对本国宏观经济和金融稳定造成的冲击。特别是要建立对外债和跨境资本流动的宏观审慎政策框架，尤其是对短期跨境资本流动的监测、分析、评估和预警体系的建设。同时要整合监管机制，建立国家层面的监管协调机制，强化在交叉性金融产品、跨市场金融方面的协调，加强跨境、跨业的监管合作。

第三节　人民主体观的国家治理体系建设

在第四章关于国内维度的国家经济自主性影响因素的分析中，笔者提出经济自主性表现为国家与社会群体间关系的国家"中立性"，即不受制于某一群体利益而试图超越群体利益，是服从于国家战略利益最大化的意志力。这种"中立性"受国家凝聚力和国家政策执行力的影响。经济发展过程中比较利益、资源环境代价、国民福利等与民众生活福利相关的经济发展的品质，影响国家凝聚力，从而影响国家政策执行力，它们构成国家经济自主性的损益因素。国家凝聚力越强，政策执行力就强，国家经济自主性也就越强。

本书认为，国家自主性具有两个基础内涵。在应然层面上，要强调国家作为社会公共利益的代表应当超越各种社会力量，具有实现公共利益的自主性；在实然层面上，要强调政府（广义上的概念）的政策行动力具有突破各种利益群体阻碍实现公共利益的自主性，因为它是国家现实政治生活的代表，代表国家行使经济管理职能。因此如何增强国家经济自主性，从国内维度看，笔者认为主要应该抓住两点，一是坚持人民主体观，树立和坚持为人民谋福利的思想，增强国家凝聚力，这是解决问题的根本，也是社会主义国家经济自主性中不同于其他社会制度的内核。二是完善国家治理体系，充分发挥国家管理职能和服务职能，提高政策执行力，这是增强国家经济自主性的关键。

一　为人民谋福利，增强国家凝聚力

人民群众是社会历史和社会生活的主体，也是社会生产力的主体和最活跃的因素，这是马克思主义的基本观点。社会主义国家进行经济和社会建设就是为了人民群众的幸福生活，国家利益与人民的根本利益是一致的。党的十八大以来，习近平总书记在新的历史时期多次强调"必须坚持人民主体地位"。"十三五"规划提出的"坚持人民主体地位"的重要原则，体现了坚持马克思主义和尊重人民主体地位的一致性。全面建成小康社会的目标，包括人民生活、社会保障、教育和健康等，都是使全国人民的物质生活、精神生活和生存环境得到全面改善的目标，是提升人民群众的生活水平和质量的目标。

增强国家凝聚力，需要从发展经济提高国家综合国力、弘扬核心价值观进行文化建设、依法治国建设诚信政府、治理环境建设生态文明、消除腐败进行党政廉政建设等多方面综合建设。笔者认为，从经济方面来看，增强国家凝聚力主要依靠两条重要途径。第一，增强国家凝聚力必须以提高国家综合国力为必要前提，在综合国力的诸要素中，经济实力是最关键和最基础的，它是一个国家提高国际地位、增强民族自豪感和向心力的根本支撑点。第二，增强国家凝聚力必须不断削减影响国家凝聚力的离散力。凝聚力和离散力是此长彼消的一对矛盾。从经济领域来看，增强当代中国的国家物质凝聚力，必须注重经济发展的质量，着力改善民生，妥善解决收入分配中的不公平问题，削减追求经济发展过程中可能造成的离散力，抓紧完善福利体系。这与坚持人民主体地位是一致的。坚持人民主体地位，必须着力改善民生，这是增强国家凝聚力的根本途径，也是国家经济自主性的获利性目标的主要体现。

1. 注重发展质量，削减追求经济发展中可能造成的离散力

社会主义的生产目的是满足人民群众日益增长的物质文化需要，这是中国共产党人对马克思主义的理论觉悟和几十年来社会主义建设实践的经验总结。从党的十一届三中全会以来国家工作重心的转移、十三大以人民生活水平提高为目标的全面小康社会的发展战略目标的提出和实施、对实施可持续发展战略的承诺、全面建设小康社会促进人的全面而自由地发展到科学发展观的提出，及至建设生态文明，对发展目的的觉悟和发展质量的注重越来越清晰。但在实践过程中依然存在着亟待解决的问题和困难，需要进一步凝聚共识，努力削减经济发展过程中可能造成的影响国家凝聚力、导致国家经济自主能力下降的离散力。

第一，改变和完善国家经济发展评估体系，克服以单纯经济发展速度的 GDP 指标作为重要衡量标准的考核做法。发展的目的不仅在于丰富人们的物质生活，更重要的在于使人们获得丰富生活的能力，并从中感受到幸福。这是人类发展的要求，相比经济发展，具有更为丰富的内容，包括生活水平和质量的提高、生活环境的改善，还包括

政治和文化生活的改善。建立经济社会综合评价体系，重视人类发展报告 HDI 对经济和社会发展的预警作用，是增强国家凝聚力的有力保证。国家凝聚力强，执政基础稳固，国家复兴的宏伟目标才能有力推行并最终达成，国家发展自主能力也才能相应增强。

第二，加强生态文明建设力度，严格执行《绿色发展指标体系》和《生态文明建设考核目标体系》。将资源消耗、环境损害、生态效益等体现生态文明建设的要求纳入经济社会发展评价体系，把生态文明融入经济建设、政治建设、文化建设和社会建设的全过程，才能为子孙后代留下青山绿水的生产生活环境。不过，目前的《绿色发展指标体系》和《生态文明建设考核目标体系》只是监测体系和生态文明建设本身的评价体系，并不是地方经济社会建设总评价体系，而且并没有将其与政绩、贡献，尤其与政府官员任免制度挂钩，执行效力和效果有限。建议实行严格的下线督察制和生产问责制，严肃法律制度、环境标准、执法纪律、执法手段，对于严重破坏生态环境的人要坚决惩处，杜绝一切环境违法行为。同时，建设生态文明，需要全体社会成员的积极主动参与，国家应该着力推行生态文明主流价值观，动员人人参与资源节约型、环境友好型社会的建设。

第三，加强与民生问题直接相关领域的执法与治理并重的管理。例如食品安全领域，2015 年 4 月 24 日，新修订的《中华人民共和国食品安全法》被称为"史上最严"的食品安全法。以产品为核心的食品安全监测体系在食品安全认知上有偏差，并不能如实反映生产过程中的食品安全水平。从食品生产源头而言，食品安全与环境安全有相关性。随着食品安全法律和监管体系的日益完善，由生产过程的违法经营所造成的食品安全问题将得到有效遏制，但是环境污染对食品安全的影响仍将长期存在，而环境治理毕竟是一个综合性、长期性和反复性的过程。由于城乡二元经济结构短期内无法改变，随着产业结构调整的加快、城镇化发展和社会分工进一步细化，环境污染与食品安全负面关联效应将是食品安全工作的重点和难点。因此食品安全工作一是要通过完善标准、法律和监管体系，建立科学、严格的监督管理制度，实行预防为主、风险管理、全程控制、社会共治的一整套体系，推动安全管理中的技术创新和技术支撑，建立强化企业主责任的诚信体系，有效遏制违法生产经营引起的食品安全风险。二是需要通过加强食品产地的环境治理，发展高效健康的种植业和养殖业，使食源性疾病实现主动预防和控制，确保人民生命健康，真正树立人民政府为人民的形象，增强国家凝聚力。

第四，加强企业主的社会责任意识构建，包括道德责任和法律责任两个方面，改善企业和劳动者的关系，保障劳动者合法权益。企业主责任意识的增强，有利于促进整个社会诚信体系和公益事业的完善，这对社会收入分配和社会稳定也有促进作用。由于市场经济体制的不完善和受"唯GDP至上"思维影响，企业的自利性得到无节制的扩张，严重缺乏社会责任的行为加剧了市场经济的负面效应，进而损害了经济发展的质量、人民生活水平和国家的经济自主性。对于企业社会责任的强调，前提是在尊重企业营利性的基础上，以不损人利己为限度，承认并平等对待对方的利益，适当引导、规范企业合理地承担社会责任。一是加强对劳动者合法权益的保障，通过对劳动者合法权益的法律法规制定和严格执行，避免侵害职工合法权益的现象。二是确立消费者主权的市场管理体系，对于罔顾消费者安全利益、公然违背生产道德伦理的唯利是图行为要加大惩罚力度。三是建立起完善的公益慈善运行体系，加强对社会的公益慈善接济观念的教育和引导，创造企业回报社会，在社会公益领域发挥重要作用的渠道和环境，倡导企业向红十字会、医院、福利院、贫困地区和贫困家庭等社会公益事业提供捐赠的行为，向各类教育机构提供培养创新型人才的各种奖学金行为等。四是不仅要通过资源环境立法约束企业忽视资源环境保护、唯经济利益至上的行为，对于在节能减排和环境保护中表现积极配合的企业实行税收减免等奖励制度，倡导绿色经济、低碳经济、循环经济的理念，促使企业在环境保护方面承担社会责任。

2. 以改善民生为重点的社会建设，关键在于完善社会福利体系

改革开放以来，中国的社会结构、社会关系和利益格局都发生了很大变化。党的十七大以来，强调改善民生是中国社会建设的重点。改善民生的建设内容庞杂，主要包括教育、医疗、就业、住房、养

老，其实千头万绪归一头，就是搞好社会福利制度①，完善社会福利体系。完善的社会福利体系，不仅保障经济社会发展中与日俱增的民生诉求，同时也是执行收入分配社会公平的重要途径。社会福利事业持续健康运行，也是经济社会发展的调节剂，社会福利事业的全面可持续发展，可以保证经济、社会良好有序的社会发展环境，也可以促进国民生活水平的提升，从而增强国家凝聚力。当前，中国的社会福利事业状况，要求我们积极加强社会福利改革，推进社会福利社会化进程。

第一，完善的社会福利体系是国家治理体系现代化的重要内容。党的十八届三中全会提出的全面深化改革的总目标，就是完善和发展中国特色社会主义制度、推进国家治理体系和治理能力现代化。社会福利建设作为社会建设的重要一环，对国家稳定、社会建设有着无可取代的关键作用。政府是发展社会福利的主导力量，在社会福利领域中发挥主导作用。因此，需要更新观念，提高对社会福利重要性的认识，正确界定国家在社会福利领域中的角色，加大在社会福利制度设计和制度创新上的投入。政府承担在维持社会福利制度有效运行和持续发展方面的各项资金、组织和服务投入，还要加大对社会福利的指导和监督力度等，完善有关社会福利法律、法规和相关政策，保障社会福利事业的持续快速发展。

第二，建立城乡一体化、区域一体化的社会福利制度。中国当前社会福利发展水平受经济发展水平的影响，存在着区域差异和城乡差异。这种局面不仅违背了中国社会福利事业的公平、公正原则，也将阻碍中国社会主义和谐社会的构建。因此，政府应加强政策制定与完善，利用福利政策规划社会财富的合理再分配。政府应继续加大对社会福利事业的政策倾向，消解现行的城乡二元结构和不平等的户籍制度，实现城乡一体化发展。对社会福利社会化应分地区、分层次不断推进。各个地区应在国家宏观政策的指导下，因地制宜发展社会福利

---

① 本章所指是广义上的社会福利制度，在此等同于社会保障制度，包括社会保险、社会救助和社会福利服务三大体系，以及住房福利、教育福利和就业福利等非保障性福利，是国家通过立法制定的社会保险、救助、补贴等一系列制度的总称，是现代国家最重要的社会经济制度之一。

事业。国家需加大对农村地区弱势群体的福利供给。逐步建立和完善社会福利模式，逐步实现区域之间和城乡之间社会福利的有效衔接，建立城乡一元化乃至全国统一性的社会福利体系。2014 年 5 月，国务院发布《关于建立统一的城乡居民基本养老保险制度的意见》，决定合并实施现行的新型农村社会养老保险制度和城镇居民社会养老保险制度。2014 年 7 月 30 日公布的国务院《关于进一步推进户籍制度改革的意见》，合并"新农保"和"城居保"，以及取消"农业"和"非农业"性质区别有利于推进城镇化进程，也是提高农村社会福利水平的契机。

第三，推进社会福利社会化，积极培育社会福利组织。在社会福利事业的未来发展中，既要摒弃计划经济时期政府统包统揽福利事业的做法，也必须转变现阶段以社会福利社会化的名义而放弃政府责任的取向。政府主导社会福利事业的作用，应当体现在社会福利事业的规划与布局、立法和监管、财政投入等方面。体现公共财政的公共性，是政府对民生负责的具体表现。但是，社会福利的发展不只是政府的责任，尤其在当前和谐社会建设的关键阶段，调动其他各方面力量积极参与社会福利建设同样十分重要。社会组织对于代行政府的某些管理职能、提供公共及准公共物品有着不可替代的作用，在化解社会矛盾、维护社会弱势群体利益以实现社会公平和正义、维护社会稳定以及构建社会主义和谐社会，弥补"政府失灵"和"市场失灵"方面发挥着重要作用。在改革深入和市场经济快速发展的新形势下，中国需要广泛调动社会组织依法代行国家和政府转出的职能。党的十八大提出，以坚持人民主体地位，激发活力，形成党领导下多方参与、共同治理的局面。加大培育和发展民间组织的力度，消除妨碍社会组织发展的因素，充分发挥其提供社会服务的作用，同时注意发挥社会组织在社会福利领域中的监督作用。

第四，规范社会福利的立法监督和社会监管，推进社会福利事业健康发展。目前中国唯一一部有关社会保障的权威性法律是 2010 年颁布的《社会保险法》。在社会福利建设领域还没有一部纲领性的法律，社会福利建设工作的进行只能依赖国家社会政策的制定和行政命令方式。由相关部门机构及各级地方政府设计颁布的社会福利法规又不可避免地存在层次偏低、内容泛化等问题，造成各地福利水平参差不齐。不仅妨碍了中国的法制化进程，而且阻碍了中国社会福利社会化进程。因此，必须加强社会福利制度立法，以明确社会福利的权利主体、内容和相关权利的行使为目标，一是制定各项单行福利法，比如《老年人福利法》《儿童福利法》等相关法律。二是制定综合性和纲领性的社会福利相关法律，以统一相关社会福利法律法规的制定和执行。

在发展社会福利事业过程中，国家所制定的相关社会政策，不仅要有利于被保障对象的发展，而且要符合社会主义市场经济运行机制。国家和政府要加强对社会福利的监督，以保证国家福利政策的落实。在福利领域，行政监督与社会监督的结合，可以保证社会福利事业本身的公正性。在中国现阶段社会福利领域中，社会监督最为薄弱，也是我们最迫切需要的。社会监管的主体是社会组织，社会组织在宪法和法律赋予的公民各项基本权利下，对社会福利事业代行社会管理职能、提供公共及准公共物品，其监督的对象既包括社会福利及其基金运行等具体行为，也包括国家制定社会福利政策、法律以及其他规范性文件的抽象行为。社会监督可以及时发现和填补专业监督的漏洞，纠正社会保险基金运行中的错误和不足。因此，要加强社会福利经办机构和社会福利基金运营机构的内部控制制度，重点对社会福利基金的筹集、管理、使用等活动进行内部监督。

二　推进国家治理体系现代化，提高政策执行力

党的十八届三中全会强调全面深化改革的总目标，就是要推进国家治理体系和治理能力现代化。国家治理体系现代化包含治理结构分化和功能再造的顶层设计。实现有效治理，必须转变政府职能，深化行政体制改革。通过国家治理体系现代化，增强社会发展活力，提高社会治理水平。[①] 治理能力现代化体现在社会治理方式的创新和政策执行力的增强等方面。从经济治理方面来看，主要涉及的一个议题是政府与市场的关系；从社会治理方面来看，关键在于提升收入分配领

[①]　参见林坚《总体设计推进国家治理体系现代化》，《学习时报》2014 年 4 月 21 日。

域的政策执行力。

1. 厘清（中央—地方结构）政府与市场的关系

我们在第四章分析国家经济自主性的国内因素时，具体阐述了在利益多元化时代，社会主义国家面对各种群体利益时保持的"中立性"，这是在现代多元社会协调各个阶层利益关系，维护国家长久稳固的合法性的需要。国家需要从社会整体、长远的公共利益出发，矫正收入分配和公共社会资源配置的不合理现象。一是在处理政府与市场的作用上，正确发挥政府对公共社会资源配置的决定作用，主动适时对市场所奉行的效率原则进行必要的调整与矫正。二是政府应站在公共利益的角度，协调社会阶层关系，避免社会阶层分化的加剧，克服和避免少数强势利益集团对公共政策的游说和阻挠，提高社会底层的经济收入和在社会资源获取上的不公平处境。

"诺斯悖论"关于国家由于其相对自主性，不可能在国家收益最大化和社会产出最大化之间达到两全的情形，社会主义国家具备消解"诺斯悖论"的制度基础和现实可能。社会主义公有制国家利益与人民群众的利益根本上是一致的，国家自觉利用经济规律，不断完善政府管理职能，有效利用政府的宏观调控和市场的微观机制两种决定作用，在积极引入效率导向产权制度的同时，以制度构建，主动消除竞争约束和交易费用约束，从而消解"诺斯悖论"。

社会主义初级阶段，制度建设方面尚有欠缺，在处理市场相关问题时，政府的"越位"或者"缺位"，也会造成社会产出最大化与国家租金最大化的矛盾，导致社会主义整体利益与局部利益、国家利益与居民利益的冲突的类似"诺斯悖论"的现象。基于这种现实，"诺斯悖论"的消解需要正确发挥政府调控的决定作用，政府和市场各司其职，使两者在经济改革中形成合力，实现国家利益的同时使社会公共利益最大化，最终实现共同富裕。在市场经济体制下，正确处理政府和市场的关系，是消解"诺斯悖论"的关键。

如何正确处理市场与政府的关系、正确发挥政府和市场的两种决定作用，是中国当前国家治理体系现代化的一个重要方面和内容。政府与市场如何各司其职，两种决定作用如何组合，才能实现帕累托定义的效率最优标准，理论上将取决于每种行为的成本和优势的比较。

然而，在中国的政府结构中，存在中央政府和地方政府的结构特色，在分析政府与市场关系时，实际上不能绕开中央政府与地方政府之间的利益博弈。

在社会主义市场经济改革过程中，各级地方政府在分权化改革中获得制定具体政策的自主权，又有执行政策的自由裁量权。地方政府由于存在相对利益差别，从而存在竞争现象。这种竞争在推动地方经济飞速发展的同时，也带来一些严重的弊端，即地方政府为了本地经济发展而对某些市场行为的纵容或过度干涉。例如，地方政府在招商引资中面对企业环境污染、劳资纠纷时偏袒资本方的行为，造成一系列负面社会影响。地方政府之间的利益竞争和地方与中央之间的政策博弈，使得诸如楼市调整、耕地保护、招商引资规范等一系列事关国家经济安全的重大问题等方面造成政策执行力的不足，导致中央政府的宏观调控政策失灵。

因此，必须提高正确处理中央与地方关系的能力，牢固树立"四个意识"，提升对中央政策的执行力。一是必须从制度建设入手，构建新的激励机制和约束机制，规范地方政府的竞争行为，清晰地界定中央和地方在权、责、利三个方面的关系，从而形成制度化的、利益博弈的相对均衡，促进国家经济治理的现代化①。二是中央政府始终以国家和人民的整体利益为重，确保中央政府在地方利益面前的国家相对自主性即"中立性"，抵御各种代表区域和地方利益的政策游说和干扰，以国家的整体利益为标准来制定国家政策，从而消除地方政府过度干涉市场的行为倾向。

2. 提升收入分配领域的政策执行力

国家与社会阶层之间，利益博弈客观存在。鉴于国内维度的国家经济自主性的主要表现力集中在收入分配领域，因为随着现代化进程中的社会阶层分化，国家经济自主性的发挥，越来越面临着如何协调社会阶层利益多元化、如何克服个别强势社会集团的利益干扰，增强凝聚力，确保社会经济发展既符合国家长远利益和整体利益的大方

---

① 参见杨春学《社会主义政治经济学中的"中国特色"问题》，《经济研究》2016 年第 8 期。

向，又能被更多利益阶层所接受，达到国家强盛人民富裕的目标。

第一，采取事前顶层设计为主，事后收入调节为辅的收入分配政策。

利益博弈容易造成政策执行的难度。收入分配政策作为社会利益分配的重要环节，无疑是各利益集团相互竞争的重要领域。2013 年 3 月 17 日，国务院总理李克强就指出了"现在触动利益往往比触及灵魂还难"[1]，一句话道破当前改革的最大难点。传统利用财政、税收等方式进行收入分配二次调节，常常要面对既得利益者的阻拦，这些阵痛和风险往往是社会矛盾调节的难言之痛。如何在各个利益诉求中兼顾差异性和同化性，使收入分配实现理性化和稳定性，显得尤为重要。事前通过一定的制度、方式和途径进行管理，从成本意义上来讲要比事后调节所面临的难度更小。

中国作为社会主义国家，代表最广大人民的根本利益，应当站在雇员（工人阶级）的立场上事前进行积极的劳资关系协调。中国区别于西方国家的"假性中立"姿态，是代表最广大人民的根本利益，因此在解决收入分配不公和执行力不足的问题上，政府要主动承担缩小收入分配差距和有效执行收入分配政策的责任，发挥好"提低、扩中、限高"的作用。在实行中国特色社会主义市场经济条件下，国家调节和干预具有很大的空间，因此如果从制度设计上通盘考虑，就应提前开始干预工作。系统地将资源配置到人们生活环境中去，而不是集中资源被动应对初次收入分配后的救治措施，将会极大地减轻国家压力。当前政府应当加强干预力度，比如提高最低工资标准，进一步严格落实法定劳动时间和劳动合同法等保障劳动者利益的措施，甚至立法规定职工收入与劳动生产率和利润三者的增长密切挂钩。同时要突破单纯追求 GDP 增长的旧思路，实现由经济转型向政府转型的提升，利用好政策途径，支持企业提供更多的岗位，有效扩大就业率。合理调整国有资本的配置，确立国家资本的合理领域和重点，鼓励国家资本退出竞争性领域的同时将其更多地配置到公益性领域中，加大

---

[1] 新华社中央新闻采访中心：《2013 全国两会记者会实录》，人民出版社 2013 年版，第 11 页。

对教育、农业、科技、卫生以及社会保障、生态环境保护等的投入。

第二，建立收入分配改革的高层协调机制。

收入分配改革既涉及政策体系的创新，又涉及制度结构的变革，还涉及社会多方面的利益关系调整。为适应社会转型对收入分配改革的多样化需求，对于收入分配改革应趋向于多元的治理主体和方式。目前的收入分配方案仍属于中层设计，整个方案呈碎片化的特性，因此需要一个调节收入分配的改革总体协调机制，通过建立一个独立专司收入分配改革的高层次综合机构，进行收入分配改革总体协调是一条可行的路径选择。具体来说，就是在充分发挥国家自主性的同时，重新设计市场、社会和国家三方治理机制在收入分配理论体系中的相对分量，以达到三方良性互动将是今后改善收入分配的必然选择。推进社会管理创新，统筹收入分配改革的协调和组织工作，是时代赋予的一项重要任务。

第三，完善公民参与收入分配改革的制度体系。

推进国家治理体系和能力的现代化，是自上而下与自下而上两方面的合力，不仅需要改进国家行政机构的履职能力，还需要提高人民群众管理各项事务的能力。提高收入分配领域的政策执行力，尤其需要依靠群众力量依法管理，拓展和建立新的收入分配政策改革的参与渠道，并将其制度化。一是完善法律支撑工会进行集体协商的强制性措施，提高工会的相对独立性，改变作为企业职能部门的"附属性"地位；明确在集体谈判中工会的平等地位和权利，建立在劳资双方平等协商和博弈的基础上的工资集体协商制，可以根据当年的企业经营状况对员工的待遇上进行合理的浮动。二是培育和壮大社会组织，鼓励探索多种形式的工资集体谈判机制，及时地为新生的社会阶层参加收入分配提供制度化的参与渠道。比如：完善专家对工资的咨询制度，实行工资决策的责任制，健全、完善监督制度，应当加强对最低工资的监管力度，切实保护劳动者的权益。

提高收入分配执行能力，必须探索一个多元动态的相互协作系统。推进公民参与收入分配改革的程序化、规范化、制度化建设尚处于探索初期，仍要面临着生存与发展、承接政府改革压力和满足社会需求等多重挑战。加快公民参与收入分配改革的制度体系建设，不仅是事业组织自身发展的需要，更是中国建设和谐社会的必然要求。"只有以提高党的执政能力为重点，尽快把党和国家机关、企事业单位、人民团体、社会组织等的工作能力都提高起来，国家治理体系才能更加有效运转。"①

---

① 习近平：《推进国家治理体系和治理能力现代化》，人民网（2014—02—17. http：// politics. people. com. cn/n/2014/0217/c1024－24384975. html）。

结　　语

一　关于国家经济自主性的概念

本书的研究内容，虽然关键词转换之下，不乏研究领域的交叉和观点共鸣。但就"国家经济自主性"这一概念，虽然有极少量文章采用，遗憾的是基本上属于意义性阐释、实践型解释，缺乏一个范式性的概念界定和理论的一般性阐析。

什么是国家经济自主性？对于概念的规范化梳理，总需要有学术渊源。因此，在展开现实问题研究之前，不免大费篇章，共用了第一、第二两章篇幅，从国家的本质和职能到国家自主性，再到国家经济自主性；从经典马克思主义国家理论到国外马克思主义国家理论；从比较政治学、国际关系学到政治经济学……在学理理论脉络的梳理中，界定国家经济自主性概念和特征。

从国际学术范围来看，国家自主性（state autonomy）定义有两种视角。一是从国际体系的视角来定义国家自主性，即以全球化作为理论背景，认为在国际体系中，国家自主性是与他国相比较的相对自主性，安全是国家自主性的最高目标，主权仅是手段而非目的，国家必须运用它的综合实力来维护自身利益。二是从国家与社会关系视角来定义国家自主性。在这一视角中又又分为两大谱系，第一种是国家中心论，以西方回归学派即国家主义为典型，将国家看成一个完全自主性的制度，将"国家"与"统治阶级"进行无缝匹配而无视国家自主性的限度。第二种是以马克思理论为思想渊源的社会中心论，认为国家的自主性是一种相对自主性。马克思的历史文献中暗示着"国家"与"统治阶级"不是完全配对的，国家作为上层建筑的核心，必然是来源于市民社会，受制于市民社会，国家借助公共权力的自主权，有效发挥相对于市民社会的相对自主性，将社会冲突保持在秩序范围内，形成一种凌驾于社会之上的力量。

以上是国家自主性的概念。国家自主性包括政治自主性和经济自主性。但对于国家经济自主性概念，目前学界尚无明确定义。本书将国际体系与国家关系的视角和国家与社会关系的视角相结合，从国家自主性特征中引出国家经济自主性概念，国家经济自主性，即国家在经济发展过程中的自主性，是国家行为体自主决策能力，又是国家行为体意志力的体现。国家经济自主性可以从两个维度体现出来。一是从国家与国际经济体系的关系的维度，二是国家与社会各经济主体的关系的维度。在开放体系或者经济全球化条件下，两个维度也是密切相关的，而不是割裂的。

从国际视角看，国家经济自主性是指传统的民族国家经济主权在国际经济关系上的表现形式，主要是一国政府拥有在对外经济活动中的自主决策能力，包括对外经济控制力、竞争力和危机应变力，是一种确保国家经济利益安全的能力综合。

从国内视角看，国家经济自主性表现为，国家被宪法赋予管理权力之后，就具有的管理国家经济的相对独立的意志力，特别体现在谋划国家经济长远发展的经济发展战略、调控宏观经济、制定经济政策等方面的意志力。这种意志力，具有相对于各种局部的社会阶层或利益集团的"中立性"，这种"中立性"不是绝对的独立意志，而是维护公共利益的独立性。国家通过"中立性"获得凝聚力，从而使国家的意志力得到有效贯彻和执行。

在此需要特别说明的是，在国内维度的国家经济自主性概念上，本书关于国家相对自主性的所谓"中立"，倾向于以马克思理论为渊源的社会中心论视角，并不赞同国家完全中立的观点。本书认为的国家相对自主性和"中立"原则，是指国家被宪法赋予管理权力之后，具有的维护公共利益的独立性，是指国家在制定公共政策时，国家权力不受个别势力的干预，也不拘泥于个别领域的局势。社会主义国家阶层分化，中立性存在现实基础，但社会主义国家可以化解这个矛盾。从这个角度而言，社会主义国家代表全体劳动人民的根本利益，国家意志与人民利益密切相融。因此，一方面，不允许国家在人民的根本利益和局部的集团利益之间保持完全中立；另一方面，正因为社会主义国家与人民根本利益一致，其具有更强的国内维度的国家经济自主性。

因此，本书关于国家经济自主性的研究，把国家与国际体系关系的国际视角、国家与国内社会结构关系的视角，两个维度综合起来考察，既坚持马克思主义立场的社会中心论，又结合国家中心论的变量分析模型，研究国家在经济建设过程中的相对自主性问题。

由于国家经济自主性是一国在国家与国际经济体系、国家与社会两个层面关联的核心概念和综合能力，我们在第二章第二节中，甄别与厘清国家经济自主性与国家经济主权、国家经济利益、国家经济安全和国家综合国力等概念的关系。在第三章和第四章中分析影响国家经济自主性的恒量和变量因素，筛选较能准确显示国家经济自主性强度的对外经济控制力、市场竞争力、危机应变力，以此来衡量国际维度的经济自主性强度，以及通过社会凝聚力和政策执行力显示国内维度的经济自主性强度。第五章将这些变量因素构成经济自主性的指标体系，用于动态条件下量化综合表达国家经济自主性的强度。

二　关于国家经济自主性与其他几组相关概念的关系

国际经济学术界关于经济全球化对于国家利益和安全的利弊分析，研究成果浩如瀚海、十分详尽，他们从经济安全、经济利益、经济主权、综合国力、国际竞争力等各个关注点，从国家利益和民族经济立场进行了大量的卓有成效的研究，为我们进行国家经济自主性的研究，积淀了丰富的成果。只是为数不多的以国家经济自主性为切入点的研究，并未提及国家经济自主性概念，更缺乏专门的阐述与界定，因此，有必要在此将相关概念作一番比较性的梳理工作。

第一，国家经济自主性与国家经济主权的关系。国家经济主权是国际关系法明确规定的民族国家所拥有的至高无上的对内对外的管辖权力。而国家经济自主性是国家实际拥有的独立宣布和实现自己经济政策目标的权力，这种权力不是显在的，是国家对内对外经济自主决策的实际能力。国家经济自主性是国家主权本质的内在属性。在当今世界经济全球化的背景下，国家经济主权是否受损害，与经济自主性的实际损益情形并不一致。有时候，国家主权似乎没受影响，但国家经济自主性却遭受较大的侵蚀。也就是说，在全球化进程中，国际制度对国家主权的侵蚀，主要不在于他国的军事霸占对某国领土主权完整性的侵犯和管辖权剥夺，而是对国家经济自主性在无声无形中的削弱。随着技术、经济、货币、网络资讯、交通等在全球的扩散，在领土主权之上产生了"时空压缩"的效应，主权的能力与国家自主性并不一致，在国家经济主权没有损害甚至还是获利的情况下，经济自主性可能正悄然流失中。所以民族国家面对资本主义发达国家主导的国际经济体系不合理的情况时，在国家主权和国家利益的保护方面，要注重国家经济自主性的实际情形。

第二，国家经济自主性与国家经济安全的关系。国家经济安全是国家安全的重要组成部分。国家经济安全是一国经济发展和经济利益不受外来势力根本威胁的状态；国家经济自主性是一国自主地参与国际经济活动而不受外来势力根本威胁的能力。国家经济安全是存在状态和表象；国家经济自主性是内在素质和本质。强大的国家经济自主性，是国家经济长期处于安全状态的保障；国家经济的安全状态，反映了国民经济体系具有较强的自主性。因此，国家经济安全和国家经济自主性正相关，但两者并非一回事。有时，国家经济表面看来是安全的，但国家经济发展的自主性却有削弱的迹象，经济发展存在隐患，最终是不安全的。研究国家经济自主性的目的，在于确保国家安全战略制定的准确性，从而实现国家经济利益的长治久安。不管是经济全球化还是资本主义经济危机，其对民族国家经济发展的影响，应注重考察其对经济发展长期安全的保障问题，即经济发展的自主性问题。

第三，国家经济自主性与国家利益的关系。国家利益是客观存在的，它的形成不以人们是否具备国家利益意识或国家利益观念为转移。国家利益自然来源于国家主权。国家利益是国家的最高目标，即国家行为的出发点和归宿。国家利益成为决定国家对外政策与行动的基本驱动因素，以及影响国家之间关系的核心因素。每个民族国家都极力强调其国家利益的重要性和不可替代的独特性。各国为了捍卫国家经济利益，必然会想方设法增进国家经济自主性。理想中的国家利益是站在国民立场上并以国民为衡量标准而确立的国家利益，现实中的国家利益则是在各种现实条件限制和各种利益冲突中形成的国家利益。在经济关系上，社会主义中国的国家利益最终是中国人民的整体利益。社会主义国家经济自主性的目的就是捍卫国家整体利益最大化。

第四，国家经济自主性与综合国力的关系。综合国力是反映一个国家经济、政治、军事、文化、科技、教育实力的综合指标。我们在谈论国家综合国力的时候，国家自主性概念与之在同一层面。综合国力指标测量和反映的正是国家自主性的强弱。一国在世界舞台上的竞争力、控制力、应变力、凝聚力等自主性特质，正是通过国家综合国力指标体系的计算，得以准确掌握和反映的。综合国力指标从竞争力和控制力方面反映了国家经济自主性的强弱，它们构成经济自主性的主要禀赋。综合国力与经济自主性是一对联系极其密切的概念。国家综合国力是一个主权国家可资利用的全部资源的总和，而国家自主性是指国家在掌控自己所有资源的基础上的行动能力，这种行动能力是基于各主权国家综合国力之上的一种较量，是一个强度概念。我们对国家自主性指标的测量基于国家综合国力，并且是对综合国力各项指标的甄别和"扬弃"，其中国家经济自主性侧重对国家综合国力在经济社会发展方面影响力的甄选。综合国力是国家自主性形成的基础，脱离了综合国力，国家自主性就成了无源之水。没有现实的综合国力为依托，也就不可能有强大的国家自主性。一般而言，一个国家的综合国力水平越高，它的自主性就越强，两者在很多情形下是相辅相成的，成正比对应关系。国家综合国力与国家自主性的区别也是很明显的。从研究目的来看，综合国力研究旨在为主权国家制定发展战略提供参考依据，而自主性研究探寻的则是如何有效地维护和实现主权国家的国家利益。当代国际竞争主要是综合国力的较量，更是国家自主性的竞争。如何提高国家自主性，实现国家利益，已经成为各国国家战略的重中之重。

综上所述。国家经济自主性是国家经济主权的内在属性。国家经济自主性与国家经济安全正相关——它们是能力与状态的关系。而增强国家经济自主性是捍卫国家利益的根本路径。国家综合竞争力是国家经济自主性的重要构成因素。

三　关于国家经济自主性综合评价指数的构建

经济自主性是维护国家经济利益安全的能力综合，作为一种反映国家经济竞争力和国际经济地位的描述性概念，经济自主性实际上也是一种综合加权指数，既要考虑国家所处的国际经济体系实质和国际制度、国家规则对国家经济自主性的影响，同时也要考虑国家经济竞争力、危机应变力和国家凝聚力等国内因素方面的影响。因此，我们在第三、第四两章分析两个维度下的经济自主性影响因素的基础上，在第五章提出经济自主性的综合评价指标。我们划分三个领域共 20 个指标，运用 1—9 标度分层次分析法建立判断矩阵，求和测算各指标的权重，然后经过对原始数据进行无纲量化处理后，通过线性加权合成法，得到经济自主性的加权指数，即 $y = \sum_{i=1}^{n} AWiYi$ （$A \leqslant 1$）。

根据国家经济自主性的影响因素，经过甄选、比较、确定三个步骤，我们将评价目标层即经济自主性的衡量通过控制力、竞争力和获利性三个领域的指标组合来反映。控制力指标下设对外控制力和危机应变力等两个板块共六个指标，包括对外贸易依存度、对外能源依存度、对外资本依存度、对外技术依存度、债务负担率、外汇储备占 GDP 比重等；竞争力指标下设贸易竞争力、显示性优势和企业竞争力三个板块共八个指标，包括初级产品贸易竞争力、工业制成品贸易竞争力、内资企业贸易竞争力、农业原材料显示性优势、食品原材料显示性优势、制成品显示性优势、世界 500 强中中资企业比重、外商投资工业企业资产占工业企业总资产的比重等；获利性指标下设比较利益、资源环境代价、国民福利三个板块共 6 个指标，包括 GNI/GDP、出口退税/出口额、污染密集型或资源消耗型产品进口率、污染密集型或资源消耗型产品出口率、基尼系数、人类发展指数等（见表 5 – 1）。

需要特别交代的是，本书在经济自主性评价综合指数中加入了一个系数 A（$A \leqslant 1$），一国自主性指数中该系数的大小，由该国在国际经济体系中的地位决定。笔者按照各国的综合竞争力、国际影响力，结合国家政治制度倾向，把国际经济体系中的行为体（主要是各民族国家）分为四种类型。第一类是以七国集团为代表的西方发达资本主义国家，在国际体系中占主导地位。第二类是以金砖国家为代表的发展中大国和转型国家，它们正形成一个基本的合作体系，是未来世界国际秩序进行渐进式的体系结构性改革的重要改革力量。第三类是G7以外的其他发达资本主义国家和新兴工业化国家，它们与第一类国家一样拥有高端化的产业结构和先进的产业技术，在全球分工中处于比较有利地位。第四类是除金砖国家和新兴工业化国家之外的其他发展中国家，它们处于分工体系的最底端，成为发达国家产业转移的承受者，是国际经济体系的"外围"和"依附者"。

即使同样的国家对外经济政策，包括商品贸易、投资金融和服务政策和措施的实施，不管其初衷是对外资经济的优惠政策还是对本国民族经济的保护，由于各国在国际经济体系中的地位和影响力不同，从而各国经济政策与国际制度的契合程度不同，而导致政策执行的效果也必将不同。因此，对于第一类国际经济体系主导型国家而言，$A=1$，即它们的经济政策目标和保护国家经济自主性的愿望可以如愿地实现。而第二类、第三类、第四类国家，欲达到通过国际经济活动获益的同时又能增强国家经济自主性的初衷，需要付出的努力程度不一，取得的效果也不一，甚至有的还会背道而驰。具体可能是 $A=0.9$ 或者 0.8，甚至更低，要视不同时期不同国家的具体国情而定。总之，各国参与全球化过程中，其经济政策与国际制度的契合程度不同，从中获益也不同，国家经济自主性也必然不同。

至于如何把握经济自主性计算公式中的系数 A（$A \leqslant 1$）的数值，实际在计算过程中难以提供具体精确的数值，本书在此仅提出理论观点，具体计算时暂不考察国家在国际体系中地位对经济自主性影响这一因素。因此本书中关于中国 1998—2015 年的经济自主性测算，仍然采用 $A=1$。即相当于假设中国的经济建设特别是对外经济活动过程中，国家经济自主性意向，包括对外政策的实施、国家利益的维护等方面的偏好、意愿能充分施展，暂不考虑在西方发达国家主导的国际经济体系中、作为发展中社会主义国家地位其经济自主性所受的不利因素。另外，A 的数值虽然会影响一国每年的经济自主性指数，但不论 $A=1$ 还是 $A=0.9$，并不影响一段时期内经济自主性指数的走势

和波动幅度,并不影响本书所要揭示的 1998—2015 年的国家经济自
主性变化趋势。随着中国经济综合实力的提升和全面建成小康社会的
进程,特别是党的十八大以来,通过"一带一路"倡议、亚洲基础
设施投资银行、丝路基金等有利于各国合作共赢的国际经济合作机制
的创立和践行,以及中国国际影响力的提升,A 将会不断趋近于 1。

四 关于近年来中国国家经济自主性现状

从第五章的测算得知,1998—2015 年,中国经济自主性综合评
价指数 A 在 50%—60% 区间。因受国际金融危机的国际大环境影响,
2009 年、2010 年有所反复。但 2011 年以后,经济自主性指数有缓慢
提升的趋势,近两年形势不断向好。具体从三个领域层来看。

第一,控制力指数 B1 在经历 10 年下滑期之后,从 2008 年起出
现振荡式回升。1998—2015 年,中国的控制力指数一直处于 68%—
76%,1998—2008 年连续下滑,2008 年以后才有了缓慢回升,2015
年又回归至 1998 年左右的控制力水平。控制力指数 B1 是对外控制力
C1 和危机应变力 C2 两个因素共同作用的结果,导致 1998—2008 年
控制力指数连续下滑的主要原因在于对外控制力中的对外贸易、能
源、技术、资本四个指标因素。其中,对外贸易依存度和对外资本依
存度有所下降,对外技术依存度基本持平,但对外能源依存度上升较
快。虽然 1998—2015 年,对外能源依存度总体上不高,没有超过
20%,但能源实际进口量增长很快,2000—2015 年,能源进口量增
长了近 10 倍。这是一个值得引起重视的事。危机应变力指数 C2 包括
债务负担率和外汇储备占 GDP 比重两个二级指标。危机应变力指数
1998—2008 年有 10 年的良好上升势头。债务负担率从 1998 年以来一
直在 9%—14%,似乎离国际警戒线还有相当远的距离。但是,作为
外债余额占 GDP 的比重,GDP 总量可能有一个下降周期,特别是在
中国和世界经济新常态下,中国经济可能出现长期的"L"型,而外
债余额却可能是一个稳定量,甚至随着到期还本付息的外债的增加,
使债务负担率会出现骤增的情况。如 2014 年债务负担率突然一改近
20 年来的状况,一下提升了 10 个百分点,达到 21%,接近国际警戒
线。外汇储备占 GDP 的比重连年攀升,从 2007 年起一直处于 47% 左

右的高位。如何有效管理和合理使用外汇储备，是一个值得关注的问题。

第二，竞争力指数 B2 10 年持续低位之后，2009 年以后持续低幅爬升。在控制力、竞争力、获利性三个领域层的指数中，竞争力指数 B2 是最低的，一直在 0.4—0.5 左右徘徊，不过总体趋势为缓慢上升。贸易竞争力基本变动不大甚至略有下降，企业竞争力发展势头较好，显示性优势基本没有大的起色。从二级指标的原始数据看到的是，初级产品的贸易竞争力和显示性优势正在失去，而工业制成品的贸易竞争力和显示性优势提升不大。贸易竞争力指数 C3 包括初级产品贸易竞争力、工业制成品贸易竞争力和内资企业贸易竞争力 3 个二级指标。1998—2015 年工业制成品贸易竞争力从 0.16 上升到 0.28，表现不错。但从内资企业贸易竞争力来看，竞争力基本处于低位且波动较大，大多年份处在 0.1 以下，最低的 2011 年仅为 0.01。显示性优势指数 C4 显示，农产品和食品的显示性优势从 1998 年以来是持续下降的，下降幅度为 1—2 倍；工业制成品显示性优势基本在 $0.8 \leqslant RCA \leqslant 1.25$，有些年份还有更好的表现，说明工业制成品有中度的国际竞争力。1998 年以来，中国企业的竞争力表现不错，特别是 2008 年以来，企业竞争力指数表现出较好的上升势头。

第三，获利性指数 B3 较高，且一直稳定维持在 80% 左右，是控制力 B1、竞争力 B2、获利性 B3 三个领域层指数中最高的。从获利性指数 B3 中比较利益 C6、资源环境代价 C7 和国民福利 C8 三项一级指标来看：国民福利指标 C8 变化不大，虽然不再持续下降，甚至近两年有所回升，但离恢复到 2003 年以前水平，仍有 7% 左右的差距。资源环境代价 C7 指标有缓慢上升趋势，即资源环境问题虽然没有明显好转，但至少没有持续恶化。比较利益 C6 一直有较好的表现力，特别是 2004 年以来，比较利益指数 C6 一直在 80% 以上。是所有指数中表现最好的，这应该得益于我国在对外开放战略中坚持中国特色社会主义道路前提下将国家和民族利益始终放在第一位有关。从原始数据看到，15 年来我国的 GNI 与 GDP 的比值基本接近于 1，GNI = GDP + 本国公民在国外创造的价值总和 – 外国公民在本国创造的价值总和。这在一定程度上表明，我国近年来将国际经济交流中"走出去"和"引进来"结合得比较好。

我们认为一个综合模型的建构只是基于综合考虑的一个侧面，主要是通过建立评价指标体系和指数计算与合成，对经济自主性的变化趋势和过程进行描述和分析。由于在指标选择和权重设定上难免带有主观性，使测算结果难免有瑕疵，客观如实地反映经济自主性的可能仍然是原始数据的简单统计分析。因此，除了运用综合模型的测算分析之外，在第六、第七两章关于中国经济自主性损益的现状描述性分析中，我们仍然做大量的原始数据的直接呈现和传统分析，以期如实反映现象，不至于因为模型构成的某种筛选，而导致与现实的偏差。在第六章中分别考察了中国在对外贸易、利用外资、技术引进和国际金融领域的经济自主性现状、问题和原因分析；在第七章中分别考察了中国在社会阶层逐渐多元化背景下国家凝聚力和收入分配政策的执行力这两个要素下的国家经济自主性问题。在这些领域的现象分析和对策研究类文章很多，本书主要侧重于国家经济自主性维度的观察。总体而言，中国的国家经济自主性在国际、国内两个维度有得有失，近几年情形总体趋势向好，但仍然存在不少问题。两个维度之间经济自主性存在彼此相依和相互促进的关系。

五　关于对策建议

国家经济自主性是具有宏观国家战略意义上的概念，因此如何提升国家经济自主性的对策建言，主要着眼于全球战略视域下的国家利益观和安全观，从国际维度看，主要是实施国家利益至上的充分自主型开放策略；从国内维度看，主要着力于人民主体观的国家治理体系建设。

首先，着眼于全球战略视域的国家利益观和安全观。随着国家经济实力和国家经济竞争力的增强，在国家建设资金特别是外汇储备较充裕的情况下，应该实施具有高瞻远瞩、全球布局、多元平衡的主动型开放模式，积极参与全球治理，甚至引领世界经济的和平与平等发展。对国际经济体系保持客观理性的认识，在认清国际经济体系本质下理性参与全球治理，在社会主义"三个自信"下坚持发展的自主性，确保国家经济利益和经济安全。不仅要加强南南合作，还要联合更多国家参与治理，在完善全球经济治理机制中维护国家经济发展的自主性。中国参与全球治理的具体策略应"有守有攻"。所谓守，就是在关注全球治理机制的同时，注重实现自身的更好发展和本国利益的保护机制，也就是对国家经济自主性的维护。同时要加强国家经济自主性意识构建，坚持国家利益至上，是有效应对风险和挑战、集中力量办好自己事情的关键，还需通过相关国家安全和保护政策、政府经济职能转变等配套措施全面推进国家经济自主性意识的增强。

其次，实施国家利益至上的充分自主型开放策略。中国实行对外开放的目的是增强国家经济自主发展的能力。实行对外开放是手段和路径，目的是独立自主的发展。国家经济自主性归根结底也是由国家经济实力决定的。综观中国目前对内对外经济发展现状，继续坚持全面深化改革的大局，以提升经济自主发展能力为着力点，重点推进以核心技术创新与产业结构升级为动力的国家经济实力的提升，是增强国家经济自主性的根本途径。构建开放型经济新体制，增强自主决策权。通过外贸供给侧改革引导产业转型、正确利用外资提高外资利用率、合理引进技术加强自主研发能力、打造适应全球治理的经济金融管理体系。参与推动全球治理机制的改革和调整重点不在于聚集力量推动一时的国际形势变化，而首要在于完善自身条件、积极提升自身实力，再汇聚各方力量共同发力，以谋求互利共赢的国际经济秩序的建立。

最后，人民主体观的国家治理体系建设。经济发展过程中比较利益、资源环境代价、国民福利等与人民生活福利相关的经济发展的品质，影响国家凝聚力，从而影响国家政策执行力，它们构成国家经济自主性的损益因素。因此，如何增强国家经济自主性，从国内维度看，本书认为主要应该抓住两点，一是坚持人民主体观，树立和坚持为人民谋福利的思想，增强国家凝聚力，这是解决问题的根本，也是社会主义国家经济自主性中不同于其他社会制度的内核。二是完善国家治理体系，充分发挥国家管理职能和服务职能，提高政策执行力，这是增强国家经济自主性的关键。

六 创新与不足

（一）本书研究的创新之处

第一，厘清国家经济自主性概念。国家经济自主性这一概念虽然有少量学者运用，但基本上是属于意义性阐释、实践型解释，缺乏一个范式性的定义阐释和一般性理论。西方的国家主义理论中有国家自主性概念，但他们虽然提出国家自主性包括经济自主性和政治自主性，却并没有给出经济自主性的定义和内涵，他们主要集中在国际比较政治经济学领域，针对政治自主性有较深入的研究。本书批判性地借鉴国家理论中的这一概念，提出经济自主性概念的定义、内涵和特征，并且区别几组相关概念的关系。

第二，构建国家经济自主性综合评价体系。通过测量国家经济在控制力、竞争力和获利性三个领域的状况，来构建经济自主性的综合评价指标体系。控制力指标用以测量经济自主性的有无，考察经济自主性的外在表现。竞争力指标用以衡量经济自主性的强弱程度，分析经济自主性的动力源泉。获利性指标用以评价经济自主性的得失，是判断经济自主性的价值尺度。这三个目标值分别从外部表现、内在依据和价值诉求上，比较完整全面地评判经济自主性，构成一个相互关联和相对完整的评价体系。

第三，关于不同国际地位下，各国参与经济全球化后，国际制度（规则）对不同国家经济自主性的影响，即国家经济自主性综合评价体系中的系数 A（A≤1）。国际经济体系的实质是影响经济自主性的重要因素，对于一国而言，在一定时期内，是一个恒定量。在发达资本主义国家主导的国际经济体系下，不同国家由于所处国际地位的不同，即使是相同的国际规则和国家政策，对国家经济自主性的影响力也是不一样的。在这种结构不合理、地位不平等、发展不均衡的国际格局下，各国均欲并且理论上均能从中获益，但获益的程度是不一样的。本书把国家分为四类。对于第一类国际经济体系主导型国家而言，A=1，即它们的经济政策目标和保护国家经济自主性的愿望可以如愿地实现。而第二类、第三类、第四类国家，欲达到通过国际经济活动获益的同时又能增强国家经济自主性的初衷，需要付出的努力程度不一，取得的效果也不一，甚至有的还会背道而驰。

（二）本书研究的不足之处

一是关于 A，即经济自主性综合评价指数中的系数。A 指国际体系中的国家地位类别对各国经济自主性影响的恒定量。虽然关于现有国际经济体系的结构不合理、地位不平等、发展不均衡这一实质，必然影响参与到经济全球化过程中的国家经济自主性，也可以列举大量的事实数据论证，但具体每一国家在某个时期 A 的数值，即经济自主性综合评价指标体系中的这个系数，到底该是多大，却无法具体确定。只是用于影响力因素分析时的一种形象描述，旨在说明保护和提升国家经济自主性时必须有国家利益观和安全观的警示。本书在测算中国从 1998 年以来的经济自主性指数时，仍然按 A＝1 进行计算（也即假设人们并不接受本书设置 A 这一观点）。也就是说，这并不影响我们对 18 年来中国经济自主性的变化趋势和幅度的测算，但实际的经济自主性指数可能小于我们测算的数值。

　　二是关于国家经济自主性研究最理想的情形是，研究多个国家的经济自主性指数，比如抽取若干发达国家和发展中国家，使四种类型的国家都有样例，如此关于国家经济自主性研究会更加充分且有说服力。但这不在本书研究范围内，囿于经费、精力和能力的限制，况且由于国家经济自主性是一个综合评价指数，涵盖面广泛，一般小规模的研究单位根本完成不了，这实属遗憾。

　　另需说明，本书自选题设计、前期调研，到 2013 年有幸通过课题论证，四年多时间过去了，国内和国际经济形势都发生了很大的变化。"一带一路"倡议的提出和被多数国家的接纳、亚洲基础设施投资银行的成立和运行、中国市场经济地位的基本确立、人民币加入特别提款权等，以及党的十八大以来的国内政策实施诸如全面深化改革开放、国家治理体系现代化建设、国家综合安全观的提出、"五大发展理念"和"四个意识"等，无论是国际维度还是国内维度，都更加自觉地从国家利益、人民主体思想上着手推进中国现代化"双百"目标的建设实践，国家经济自主性有了很大提高和改观，这从本书测算的近两年的国家经济自主性指数中就可看出。如此一来，本书对于经济自主性不足的原因分析部分倒显得不那么重要了。因此，我们的论著在问题研究和对策探析之外，更着重从国家经济自主性的影响因子上去研究，以探索如何配合新时期的国家经济形势，挖掘经济自主性发挥的领域，探索进一步加强国家经济自主性的可能路径。

附　　录

年份	进出口总额	GDP	对外贸易依存度	年份	进出口总额	GDP	对外贸易依存度
1998	26849.7	85195.5	0.32	2007	166924.1	270232.3	0.62
1999	29896.2	90564.4	0.33	2008	179921.5	319515.5	0.56
2000	39273.2	100280.1	0.39	2009	150648.1	349081.4	0.43
2001	42183.6	110863.1	0.38	2010	201722.2	413030.3	0.49
2002	51378.2	121717.4	0.42	2011	236402.0	489300.6	0.48
2003	70483.5	137422	0.51	2012	244160.2	540367.4	0.45
2004	95539.1	161840.2	0.59	2013	258168.9	595244.4	0.43
2005	116921.8	187318.9	0.62	2014	264241.8	643974	0.41
2006	140974.0	219438.5	0.64	2015	245502.9	685505.8	0.36

1. 对外贸易依存度＝进出口总额/GDP。

2. 数据来源：国家统计局/中国统计年鉴/2016 年 3—1、11—12。http：//www. stats. gov. cn/tjsj/ndsj/2016/indexch. htm。

附录2　　　　　　　　　　　　**对外能源依存度 D2**　　　　　　　　单位：万吨标准煤

年份	进口量	可供消费的能源总量	对外能源依存度	年份	进口量	可供消费的能源总量	对外能源依存度
1998	8397	134041	0.06	2007	35027	304503	0.12
1999	9514	138065	0.07	2008	36935	315894	0.12
2000	14327	144234	0.10	2009	47518	333456	0.14
2001	13469	152597	0.09	2010	57671	365588	0.16
2002	15767	165818	0.10	2011	65437	390394	0.17
2003	20002	191896	0.10	2012	68701	407594	0.17
2004	26480	224851	0.12	2013	73420	417415	0.18
2005	26823	254619	0.11	2014	77325	426095	0.18
2006	31098	278770	0.11	2015	77451	429960	0.18

1. 对外能源依存度 = 进口量/可供消费的能源总量。

2. 中国经济与社会发展统计数据库《中国能源统计年鉴2009》：5 - 27 综合能源平衡表。http：//tongji. cnki. net/kns55/Navi/result. aspx？id = N2010080088&file = N2010080088000125&floor = 1。

3. 中国经济与社会发展统计数据库《中国能源统计年鉴2014》：5 - 29 综合能源平衡表。http：//tongji. cnki. net/kns55/Navi/result. aspx？id = N2015110114&file = N201511011400000118&floor = 1。

4. 中国经济与社会发展统计数据库《中国能源统计年鉴2016》：5 - 3 综合能源平衡表。http：//tongji. cnki. net/kns55/Navi/result. aspx？id = N2016120537&file = N20161205370000066&floor = 1。

附录3　　　　　　　　　　　　**对外资本依存度 D3**　　　　　　　　单位：亿元

年份	实际使用外资（亿美元）	实际使用外资	全社会固定资产投资总额	对外资本依存度
1998	585.57	4345.98	28406.2	0.15
1999	526.59	3908.25	29854.7	0.13
2000	593.56	4405.28	32917.7	0.13
2001	496.72	3686.56	37213.5	0.10
2002	550.11	4082.81	43499.9	0.09
2003	561.4	4166.60	55566.6	0.07
2004	640.72	4755.30	70477.4	0.07

续表

年份	实际使用外资（亿美元）	实际使用外资	全社会固定资产投资总额	对外资本依存度
2005	638.05	4735.48	88773.6	0.05
2006	670.76	4978.25	109998.2	0.05
2007	783.39	5814.16	137323.9	0.04
2008	952.53	7069.49	172828.4	0.04
2009	918.04	6813.51	224598.8	0.03
2010	1088.21	8076.48	251683.8	0.03
2011	1176.98	8735.31	311485.1	0.03
2012	1132.94	8408.45	374694.7	0.02
2013	1187.21	8811.24	446294.1	0.02
2014	1197.05	8884.27	512020.7	0.02
2015	1262.67	9371.28	561999.8	0.02

1. 对外资本依存度 = 实际使用外资/全社会固定资产投资总额。

2. 按照1998—2015年汇率均值计算：100美元 = 742.18元人民币。

3. 数据来源：国家统计局/中国统计年鉴/2016年10—2、11—13。http：//www. stats. gov. cn/tjsj/ndsj/2016/indexch. htm。

4. 数据来源：国民经济发展数据库《2005中国统计年鉴》：6-1。http：//tongji. cnki. net/kns55/Navi/YearBook. aspx？ id = N2006060155&floor = 1###。

5. 数据来源：国家统计局/中国统计年鉴/2003年6—2。http：//www. stats. gov. cn/tjsj/ndsj/yearbook2003_ c. pdf。

附录4　　　　　　　　对外技术依存度 D4　　　　　单位：亿美元

年份	技术引进费用亿美元	技术引进费用	R&D 经费支出	对外技术依存度
1998	16.09	119.42	235	0.34
1999	16.09	119.42	261	0.31
2000	12.81	95.07	258	0.27
2001	19.38	143.83	288	0.33
2002	31.14	231.11	351.3	0.40
2003	35.48	263.34	399.0	0.40
2004	44.97	333.73	431.7	0.44

续表

年份	技术引进费用亿美元	技术引进费用	R&D 经费支出	对外技术依存度
2005	53. 21	394. 93	513. 1	0. 43
2006	66. 34	492. 37	567. 3	0. 46
2007	81. 92	608. 00	687. 9	0. 47
2008	103. 20	765. 89	811. 3	0. 49
2009	110. 65	821. 24	996	0. 45
2010	130. 40	967. 77	1186. 4	0. 45
2011	147. 06	1091. 46	1306. 7	0. 46
2012	177. 49	1317. 30	1548. 9	0. 46
2013	210. 33	1561. 03	1781. 4	0. 47
2014	226. 14	1678. 35	1926. 2	0. 47
2015	220. 22	1634. 46	2136. 5	0. 43

1. 技术依存度 = 技术引进费用 / （技术引进费用 + R&D 经费支出）。

2. 引进费用数据来源：国研网/世界经济数据库/年度数据/世界贸易组织（WTO）数据/商业服务贸易/其他商业服务/别处未包括的知识产权使用费。http：//data. drcnet. com. cn/web/OLAPQuery. aspx？ databasename = WorldEconomy&cube Name = WTO&channel = 51。

3. 引进费用数据来源：国研网/世界经济数据库/年度数据/世界贸易组织（WTO）数据/商业服务贸易/其他商业服务/版权和许可证服务 2000—2005。http：//data. drcnet. com. cn/web/OLAPQuery. aspx？ databasename = WorldEconomy&cube Name = WTO&channel = 51&nodeId = 82&uid = 995609。

4. R&D 经费支出数据来源：1998—2001 年 R&D 经费支出，来源于国家统计局/中国统计年鉴/2002：20 - 38。2002—2005 年 R&D 经费支出，来源于国家统计局/中国统计年鉴/2006：21 - 39。2006—2011 年 R&D 经费支出，来源于国家统计局/2014 中国统计年鉴/2014 年 20—42。2011—2015 年 R&D 经费支出，来源于国家统计局/中国统计年鉴/2016 年 20—2。

5. 技术引进用 2000—2005 年用 WTO 组织统计的"版权"和"许可证服务"来衡量，2006—2015 年用"别处未包括的知识产权使用费"来衡量。由于在 2001 年前中国未加入 WTO，因此 WTO 组织未统计 1998—1999 年中国技术引进费用。因此，对于 1998—1999 年的技术引进费用，我们取 2000 年、2001 年的平均值。R&D 经费支出是指科学研究与开发机构所产生的 R&D 经费支出。

6. 按照 1998—2015 年汇率均值计算：100 美元 = 742. 18 元人民币。

附录5 债务负担率 D5 单位：亿美元

年份	外债余额	GDP	债务负担率	年份	外债余额	GDP	债务负担率
1998	1460.4	11479.09	0.13	2007	3892.2	36410.61	0.11
1999	1518.3	12202.48	0.12	2008	3901.6	43050.94	0.09
2000	1457.3	13511.56	0.11	2009	4286.5	47034.60	0.09
2001	2033	14937.49	0.14	2010	5489.4	55650.96	0.10
2002	2026.3	16399.98	0.12	2011	6950	65927.48	0.11
2003	2193.6	18515.99	0.12	2012	7369.9	72808.13	0.10
2004	2629.9	21806.06	0.12	2013	8631.7	80202.16	0.11
2005	2965.4	25239.01	0.12	2014	17799	86767.90	0.21
2006	3385.9	29566.75	0.11	2015	14162	92363.82	0.15

1. 债务负担率＝外债余额/DGP。

2. 数据来源：国家统计局/中国统计年鉴/2016 年 3—1 、18—8 。http：//www. stats. gov. cn/tjsj/ndsj/2016/indexch. htm。

3. 外债余额数据来源：国家统计局/数据查询/年度数据/外债余额。http：//data. stats. gov. cn/search. htm? s ＝外债余额。

4. 按照 1998—2015 年汇率均值计算：100 美元＝742.18 元人民币。

附录6 外汇储备占 GDP 比重 D6 单位：亿美元

年份	外汇储备	GDP	外汇储备/GDP（%）	年份	外汇储备	GDP	外汇储备/GDP（%）
1998	1449.59	11479.09	13	2007	15282.49	36410.61	42
1999	1546.75	12202.48	13	2008	19460.3	43050.94	45
2000	1655.74	13511.56	12	2009	23991.52	47034.6	51
2001	2121.65	14937.49	14	2010	18473.38	55650.96	33
2002	2864.07	16399.98	17	2011	31811.48	65927.48	48
2003	4032.51	18515.99	22	2012	33115.89	72808.13	45
2004	6099.32	21806.06	28	2013	38213.15	80202.16	48
2005	8188.72	25239.01	32	2014	38430.18	86767.9	44
2006	10663.4	29566.75	36	2015	33303.62	92363.82	36

1. 外汇储备数据来源：国家统计局/中国统计年鉴/2016 年 3—1 、18—7。http：//www. stats. gov. cn/tjsj/ndsj/2016/indexch. htm。

2. 按照 1998—2015 年汇率均值计算：100 美元＝742.18 元人民币。

附录 7　　　　　　　　　**初级产品贸易竞争力 D7**　　　　　单位：亿美元

年份	出口额	进口额	进出口差额	进出口总额	贸易竞争力
1998	204.89	229.49	−24.6	434.38	−0.06
1999	199.41	268.46	−69.05	467.87	−0.15
2000	254.6	467.39	−212.79	721.99	−0.29
2001	263.38	457.43	−194.05	720.81	−0.27
2002	285.4	492.71	−207.31	778.11	−0.27
2003	348.12	727.63	−379.51	1075.75	−0.35
2004	405.49	1172.67	−767.18	1578.16	−0.49
2005	490.37	1477.14	−986.77	1967.51	−0.50
2006	529.19	1871.29	−1342.1	2400.48	−0.56
2007	615.09	2430.85	−1815.76	3045.94	−0.60
2008	779.57	3623.95	−2844.38	4403.52	−0.65
2009	631.12	2898.04	−2266.92	3529.16	−0.64
2010	816.86	4338.5	−3521.64	5155.36	−0.68
2011	1005.45	6042.69	−5037.24	7048.14	−0.71
2012	1005.58	6349.34	−5343.76	7354.92	−0.73
2013	1072.68	6580.81	−5508.13	7653.49	−0.72
2014	1126.92	6469.40	−5342.48	7596.32	−0.70
2015	1039.27	4720.57	−3681.3	5759.84	−0.64

1. 初级产品贸易竞争力即 TC 指数 = 初级产品（出口额 − 进口额）/（出口额 + 进口额）。其值越接近于 0 表示竞争力越接近于平均水平，越接近于 1 则表示竞争力越大。

2. 数据来源：国家统计局/中国统计年鉴/2016 年 11—3（出口额）、11—4（进口额）。http：//www. stats. gov. cn/tjsj/ndsj/2016/indexch. htm。

附录 8　　　　　　　　　**工业制成品贸易竞争力 D8**　　　　　单位：亿美元

年份	出口额	进口额	进出口差额	进出口总额	贸易竞争力
1998	1632.2	1172.88	459.32	2805.08	0.16
1999	1749.9	1388.53	361.37	3138.43	0.12
2000	2237.49	1783.55	453.94	4021.04	0.11

续表

年份	出口额	进口额	进出口差额	进出口总额	贸易竞争力
2001	2397.6	1978.1	419.5	4375.7	0.10
2002	2970.56	2458.99	511.57	5429.55	0.09
2003	4034.16	3399.96	634.2	7434.12	0.09
2004	5527.77	4439.62	1088.15	9967.39	0.11
2005	7129.16	5122.39	2006.77	12251.55	0.16
2006	9160.17	6043.32	3116.85	15203.49	0.21
2007	11562.67	7128.65	4434.02	18691.32	0.24
2008	13527.36	7701.67	5825.69	21229.03	0.27
2009	11384.83	7161.19	4223.64	18546.02	0.23
2010	14960.69	9623.94	5336.75	24584.63	0.22
2011	17978.36	11392.15	6586.21	29370.51	0.22
2012	19481.56	11834.71	7646.85	31316.27	0.24
2013	21017.36	12919.09	8098.27	33936.45	0.24
2014	22296.01	13122.95	9173.06	35418.96	0.26
2015	21695.41	12075.07	9620.34	33770.48	0.28

1. 工业制成品贸易竞争力即 TC 指数 = 初级产品（出口额 – 进口额）/（出口额 + 进口额），其值越接近于 0 表示竞争力越接近于平均水平，越接近于 1 则表示竞争力越大。

2. 数据来源：国家统计局/中国统计年鉴/2016 年 11—3、11—4 。http：//www.stats.gov.cn/tjsj/ndsj/2016/indexch.htm。

附录9　　　　　　　　**内资企业贸易竞争力 D9**　　　　　单位：万美元

年份	年鉴版次	外资企业出口额	外资企业进口额	出口总额	进口总额	内资企业出口额	内资企业进口额	内资企业贸易竞争力
1998	1999	8096189	7671749	18375711	14016630	10279522	6344881	0.24
1999	2002	8862766	8588361	19493087	16569911	10630321	7981550	0.14
2000		11944121	11727269	24920255	22509373	12976134	10782104	0.09
2001		13323506	12586290	26615464	24361349	13291958	11775059	0.06
2002	2004	16998509	16025439	32559597	29517010	15561088	13491571	0.07

续表

年份	年鉴版次	外资企业出口额	外资企业进口额	出口总额	进口总额	内资企业出口额	内资企业进口额	内资企业贸易竞争力
2003		24030598	23186398	43822777	41275980	19792179	18089582	0.04
2004	2006	33859184	32444849	59332558	56122875	25473374.1	23678025.8	0.04
2005		44418252	38745612	76195341	65995276	31777088.95	27249664.21	0.08
2006	2008	56377905	47249044	96893560	79146087	40515655.3	31897043	0.12
2007		69537077	55979304	121777576	95595026	52240499.09	39615722.26	0.14
2008	2010	79049270.2789	61942848.4891	143069306.6	113256216.1	64020036.32	51313367.61	0.11
2009		67207409.0352	54540427.022	120161180.6	100592319.6	52953771.56	46051892.58	0.07
2010	2012	86222881.97	73838642.36	157775432	139624401	71552550.03	65785758.64	0.04
2011		99522703.8	86467170.07	189838089	174348356	90315385.2	87881185.93	0.01
2012	2013	102262008	87150012	204871442	181840500	102609434	94690488	0.04
2013	2014	104372410	87459048	220900400	194998947	116527990	107539899	0.04
2014	2015	107461992	90893776	234229270	195923465	126767278	105029689	0.09
2015	2016	100461441	82886624	227346822	167956450	126885381	85069826	0.20

1. 内资企业出口额＝出口总额－外资企业出口额。内资企业进口额＝进口总额－外资企业进口额。内资企业贸易竞争力＝内资企业（出口额－进口额）/（出口额＋进口额）。

2. 1998—2014年数据根据中国知网中国经济与社会发展统计数据库历年《中国统计年鉴》整理，http：//tongji. cnki. net/kns55/Navi/YearBook. aspx? id =。

3. 其值越接近于0表示竞争力越接近于平均水平，越接近于1则表示竞争力越大。

附录10　　　　　**显示性优势 D10、D11、D12**

指标	农业原料出口（占货物出口总额的比例）（%）		食品出口（占货物出口的比例）（%）		制成品出口（占货物出口的比例）（%）		农业原材料显示性优势 D10	食品显示性优势 D11	制成品显示性优势 D12
年份/国家	世界	中国	世界	中国	世界	中国			
1998	1.95	1.09	8.5	6.62	75.1	87.29	0.56	0.78	1.16
1999	1.85	1.21	7.98	6.01	74.63	88.28	0.65	0.75	1.18
2000	1.8	1.09	6.92	5.44	72.41	88.22	0.61	0.79	1.22
2001	1.69	0.86	7.24	5.34	72.54	88.6	0.51	0.74	1.22

续表

指标	农业原料出口（占货物出口总额的比例）（%）		食品出口（占货物出口的比例）（%）		制成品出口（占货物出口的比例）（%）		农业原材料显示性优势 D10	食品显示性优势 D11	制成品显示性优势 D12
年份/国家	世界	中国	世界	中国	世界	中国			
2002	1.73	0.78	7.42	4.96	73.75	89.84	0.45	0.67	1.22
2003	1.74	0.64	7.41	4.39	73.35	90.57	0.37	0.59	1.23
2004	1.7	0.54	7.08	3.5	73.25	91.38	0.32	0.49	1.25
2005	1.57	0.52	6.79	3.23	72.05	91.88	0.33	0.48	1.28
2006	1.55	0.48	6.57	2.87	71.31	92.38	0.31	0.44	1.30
2007	1.54	0.46	6.85	2.71	70.14	93.08	0.30	0.40	1.33
2008	1.44	0.43	7.23	2.51	67.77	92.99	0.30	0.35	1.37
2009	1.45	0.45	8.38	2.94	68.36	93.57	0.31	0.35	1.37
2010	1.64	0.46	8.05	2.8	67.42	93.55	0.28	0.35	1.39
2011	1.79	0.53	8.25	2.85	66.68	93.3	0.30	0.35	1.40
2012	1.66	0.46	8.51	2.75	66.96	93.93	0.28	0.32	1.40
2013	1.64	0.44	8.74	2.71	66.8	94.02	0.27	0.31	1.41
2014	1.56	0.45	9.38	2.71	70.63	93.99	0.29	0.29	1.33
2015	1.48	0.4	8.99	2.77	69.73	94.32	0.27	0.31	1.35

1. 显示性优势指数可以反映一个国家服务在世界服务中的竞争地位。它通过该产业在该国出口中所占的份额与世界贸易中该产业占世界贸易总额的份额之比来表示：$RCAij = (Xij / Xtj) \div (XiW / XtW)$。$RCA > 2.5$，则表明该国服务具有极强的竞争力；$1.25 \leqslant RCA \leqslant 2.5$，则表明该国服务具有较强的国际竞争力；$0.8 \leqslant RCA \leqslant 1.25$，则表明该国服务具有中度的国际竞争力；$RCA < 0.8$，则表明该国服务竞争力弱。

2. 数据来源：国研网统计数据库/世界经济数据库/世界银行数据/私营部门和贸易/出口。http://data.drcnet.com.cn/web/OLAPQuery.aspx？databasename = WorldEconomy&cubeName = WorldBank&channel = 51&no。

附录 11　　　　世界 500 强中中资企业比重 D13

年份	中资企业（不包含台湾）	比重（%）	年份	中资企业（不包含台湾）	比重（%）
1998	4	0.01	2007	24	0.05
1999	7	0.01	2008	29	0.06

年份	中资企业 （不包含台湾）	比重（%）	年份	中资企业 （不包含台湾）	比重（%）
2000	10	0.02	2009	37	0.07
2001	12	0.02	2010	46	0.09
2002	10	0.02	2011	61	0.12
2003	11	0.02	2012	73	0.15
2004	15	0.03	2013	89	0.18
2005	16	0.03	2014	95	0.19
2006	20	0.04	2015	98	0.20

数据来源：财富中文网/500强。http：//www.fortunechina.com/fortune500/index.htm。

附录 12 外商投资工业企业资产占工业企业总资产的比重 D14

年份	外商投资工业企业（含港澳台） 资产总额（亿元）	工业企业资产总计（亿元）	比重（%）
1998	21326.95	108821.87	0.20
1999	23018.92	116969	0.20
2000	25714.06	126211.24	0.20
2001	28354.46	135403	0.21
2002	31513.76	146217.78	0.22
2003	39260.26	168807.7	0.23
2004	55601.79	215358	0.26
2005	64308.47	244784.25	0.26
2006	77108.65	291214.51	0.26
2007	96367.04	353037.37	0.27
2008	112145.01	431305.55	0.26
2009	124477.56	493692.86	0.25
2010	148552.32	592881.89	0.25
2011	161987.74	675796.86	0.24
2012	172320.28	768421.2	0.22
2013	188661.42	870751.07	0.22

续表

年份	外商投资工业企业（含港澳台）资产总额（亿元）	工业企业资产总计（亿元）	比重（%）
2014	198162.05	956777.2	0.21
2015	201302.69	1023398.12	0.20

1. 外商投资工业企业（含港澳台）资产总额数据：1998—2007 年数据来源于国家统计局/中国统计年鉴/2008 年 13—16。http：//www. stats. gov. cn/tjsj/ndsj/2008/indexch. htm。2008—2015 年数据来源于国家统计局/中国统计年鉴/2016 年 13—9。http：//www. stats. gov. cn/tjsj/ndsj/2016/indexch. htm。

2. 工业企业资产总计数据来源：国家统计局/数据查询/年度数据/工业企业资产总计。http：//data. stats. gov. cn/easyquery. htm？cn = C01&zb = A0E010H&sj = 2014。

附录 13　　　**国民总收入与国内生产总值比 GNI/GDP D15**　　　单位：亿元

年份	GNI	GDP	GNI/GDP	年份	GNI	GDP	GNI/GDP
1998	83817.6	85195.5	0.98	2007	270844	270232.3	1.00
1999	89366.5	90564.4	0.99	2008	321500.5	319515.5	1.01
2000	99066.1	100280.1	0.99	2009	348498.5	349081.4	1.00
2001	109276.2	110863.1	0.99	2010	411265.2	413030.3	1.00
2002	120480.4	121717.4	0.99	2011	484753.2	489300.6	0.99
2003	136576.2	137422	0.99	2012	539116.5	540367.4	1.00
2004	161415.4	161840.2	1.00	2013	590442.4	595244.4	0.99
2005	185998.9	187318.9	0.99	2014	644791.1	643974	1.00
2006	219028.5	219438.5	1.00	2015	682635.1	685505.8	1.00

数据来源：国家统计局/中国统计年鉴/2016 年 3—1。http：//www. stats. gov. cn/tjsj/ndsj/2016/indexch. htm。

附录 14　　　**出口退税/出口总额 D16**　　　单位：亿元

年份	出口退税	出口总额	比率（%）	年份	出口退税	出口总额	比率（%）
1998	436.24	15223.6	0.03	2007	5635	93563.6	0.06
1999	626.69	16159.8	0.04	2008	5865.93	100394.94	0.06
2000	1050	20634.4	0.05	2009	6486.61	82029.69	0.08

年份	出口退税	出口总额	比率（%）	年份	出口退税	出口总额	比率（%）
2001	1080	22024.4	0.05	2010	7327.31	107022.84	0.07
2002	1150	26947.9	0.04	2011	9204.75	123240.6	0.07
2003	1988.59	36287.9	0.05	2012	10428.89	129359.25	0.08
2004	3484.08	49103.3	0.07	2013	10518.85	137131.43	0.08
2005	4048.94	62648.1	0.06	2014	11356.46	143883.75	0.08
2006	4877.15	77597.2	0.06	2015	12867.19	141166.83	0.09

1. 数据来源：国家统计局/数据查询/年度数据/出口退税。http：//data.stats.gov.cn/search.htm？s＝出口退税。国家统计局/数据查询/年度数据/出口总额。http：//data.stats.gov.cn/search.htm？s＝出口总额。

2. 1995—2001 年国家出口退税为正值，2002—2015 年国家出口退税为负值。为方便计算统一取正值。出口退税为国家出口货物退增值税、消费税。

附录 15　　　　**污染密集型或资源消耗型产品进口率 D17**　　单位：百万美元

年份	污染密集型或资源消耗型产品进口额	所有商品进口总额	进口率（%）	年份	污染密集型或资源消耗型产品进口额	所有商品进口总额	进口率（%）
1998	24463.37	140237	0.17	2007	205644.98	956116	0.22
1999	29162.01	165699	0.18	2008	305647.57	1132567	0.27
2000	45015.38	225094	0.2	2009	242384.62	1005923.2	0.24
2001	42009.17	243553	0.17	2010	350113.24	1396244.01	0.25
2002	49884.86	295170	0.17	2011	477560.6	1743483.59	0.27
2003	71479.82	412760	0.17	2012	487412.3	1818405	0.27
2004	104620.9	561229	0.19	2013	496540.73	1949989.47	0.25
2005	133873.17	659953	0.2	2014	482290.59	1959234.65	0.25
2006	162396.26	791460.87	0.21	2015	316939.63	1679564.5	0.19

1. 根据国家统计年鉴，污染密集型或资源消耗型产品包括：原油、成品油、未锻造的铜及铜合金、未锻造的铝及铝合金、纸及纸板、纸浆、煤、肥料、农药、钢材、铜材、铝材、铜矿砂及其精矿、铁矿砂及其精矿、锰矿砂及其精矿、铬矿砂及其精矿、原木 17 项产品。

2. 数据来源：国家统计局/数据查询/指标/对外经济贸易/主要货物进口金额。http：//data.stats.gov.cn/easyquery.htm？cn＝C01。

附录 16 　　　　**污染密集型或资源消耗型产品出口率 D18** 　　单位：百万美元

年度	污染密集型或资源消耗型产品出口额	所有商品出口总额	出口率	年度	污染密集型或资源消耗型产品出口额	所有商品出口总额	出口率
1998	13607.37	183709.00	0.07	2007	111122.90	1220456.00	0.09
1999	12875.57	194931.00	0.07	2008	144502.88	1430698.07	0.10
2000	19625.03	249203.00	0.08	2009	81776.83	1201611.81	0.07
2001	19843.57	266098.00	0.07	2010	115648.62	1577754.32	0.07
2002	22482.45	325596.00	0.07	2011	150951.29	1898381.00	0.08
2003	30099.44	438228.00	0.07	2012	159659.29	2048714.42	0.08
2004	47013.90	593326.00	0.08	2013	169821.80	2209004.00	0.08
2005	61656.97	761953.00	0.08	2014	193697.74	2342292.70	0.08
2006	86265.91	968978.00	0.09	2015	178568.37	2273462.22	0.08

1. 根据国家统计年鉴，污染密集型或资源消耗型产品包括：原电池、蓄电池、洗衣粉、烟花爆竹、水泥及水泥熟料、焦炭半焦炭、塑料制品、新的充气橡胶轮胎、原油、成品油、未锻造的铜及铜合金、未锻造的铝及铝合金、钢胚及粗锻件、纸及纸板、煤、石蜡、钢材、铜材、铝材等 19 项产品。

2. 数据来源：国家统计局/数据查询/指标/对外经济贸易/主要货物出口金额。
http：//data. stats. gov. cn/easyquery. htm？ cn＝C01。

附录 17 　　　　　　　　　　**基尼系数 D19**

年份	基尼系数	年份	基尼系数
1998	0.3005	2007	0.484
1999	0.3042	2008	0.491
2000	0.3042	2009	0.49
2001	0.3132	2010	0.481
2002	0.3172	2011	0.477
2003	0.479	2012	0.474
2004	0.473	2013	0.473

年份	基尼系数	年份	基尼系数
2005	0.485	2014	0.469
2006	0.487	2015	0.462

1. 1998—2002 年基尼系数来源：中国知网/中国经济与社会发展统计数据库/2009 年中国发展报告。http：//tongji. cnki. net/kns55/brief/result. aspx？stab = shuzhi&t = 1&f = 1&tt = 基尼系数。

2. 2003—2015 年基尼系数来源：国研网统计数据库/居民生活数据库/年度数据/全国居民收支/2003—2015 年全国居民人均可支配收入基尼系数。http：//d. drcnet. com. cn/eDRCnet. common. web/docview. aspx？version = data&docId = 4203919&leafId = 22304&chnId = 56。

附录 18　　　　　　　　　　**中国的人类发展指数 D20**

年份	人类发展指数	年份	人类发展指数
1998	0.706	2007	0.772
1999	0.718	2008	0.682
2000	0.726	2009	0.674
2001	0.721	2010	0.699
2002	0.754	2011	0.707
2003	0.775	2012	0.718
2004	0.768	2013	0.723
2005	0.756	2014	0.727
2006	0.763	2015	0.738

数据来源：联合国人类发展报告 1990—2015。http：//hdr. undp. org/en/global – reports。

参考文献

[1] 《马克思恩格斯全集》（第 1 版）第 3 卷，《德意志意识形态》，人民出版社 1960 年版。

[2] 《马克思恩格斯全集》（第 2 版）第 31 卷，《1859—1861 年经济学著作和手稿》，人民出版社 1998 年版。

[3] 马克思：《资本论》第 1 卷，人民出版社 1975 年版。

[4] 《马克思恩格斯全集》第 1—4 卷，人民出版社 2012 年版。

[5] 《毛泽东文选》第 4 卷，人民出版社 1991 年版。

[6] 《毛泽东文选》第 7 卷，人民出版社 1999 年版。

[7] 《邓小平文选》第 2 卷，人民出版社 1994 年版。

[8] 《邓小平文选》第 3 卷，人民出版社 1993 年版。

[9] 《江泽民文选》第 3 卷，人民出版社 2006 年版。

[10] ［英］戴维·赫尔德等：《全球化大变革》，曹荣湘等译，社会科学文献出版社 2001 年版。

[11] ［美］西达·斯科克波：《国家与社会革命：对法国、俄国和中国的比较分析》，何俊志、王学东译，上海世纪出版集团 2007 年版。

[12] ［希］尼科斯·普兰查斯：《政治权力和社会阶级》，叶林等译，中国社会科学出版社 1984 年版。

[13] ［美］道格拉斯·C. 诺斯：《经济史上的结构与变革》，厉以平译，商务印书馆 2009 年版。

[14] ［美］肯尼思·华尔兹：《国际政治理论》，信强译，上海人民出版社 2003 年版。

[15] ［德］奥尔格·黑格尔：《法哲学原理》，范扬、张企泰译，商

务印书馆 2010 年版。

［16］［美］阿什利·泰利斯：《国家实力评估：资源、绩效、军事能力》，门洪华等译，新华出版社 2002 年版。

［17］［美］阿里夫·德里克：《全球资本主义的现代性》，胡大平译，南京大学出版社 2012 年版。

［18］［美］罗伯特·吉尔平：《世界政治中的战争与变革》，宋新宁、杜建平译，上海出版社 2007 年版。

［19］［美］汉斯·摩根索：《国家间的政治——寻求权力与和平的斗争》，徐昕等译，中国人民公安大学出版社 1990 年版。

［20］［美］罗伯特·吉尔平：《跨国公司与美国霸权》，钟飞腾译，东方出版社 2011 年版。

［21］［美］罗伯特·吉尔平：《国际关系政治经济学》，杨宇光译，上海世纪出版集团 2011 年版。

［22］［瑞］约翰·诺尔贝格：《为全球化申辩》，姚中秋、陈海威译，社会科学文献出版社 2008 年版。

［23］［英］张夏准：《富国的伪善——自由贸易的迷思与资本主义秘史》，严荣译，社会科学文献出版社 2009 年版。

［24］［埃］《世界规模的积累》，杨光、李宝源译，社会科学文献出版社 2008 年版。

［25］门洪华：《开放与国家战略体系》，人民出版社 2008 年版。

［26］于立新等：《互利共赢开放战略理论与政策》，社会科学文献出版社 2011 年版。

［27］何维达：《国家经济安全与发展》，机械出版社 2011 年版。

［28］雷家骕：《国家经济安全理论与分析方法》，清华大学出版社 2011 年版。

［29］杨逢珉、汪五一：《中国对外贸易》，北京大学出版社 2015 年版。

［30］陈曦、曾繁华：《国家经济安全的维度、实质及对策研究》，中国经济出版社 2010 年版。

［31］侯高岚：《后发优势理论与经济赶超战略》，知识产权出版社 2005 年版。

[32] 叶汝贤、孙麾：《马克思与我们同行》，中国社会科学出版社 2003 年版。

[33] 中国发展研究基金会：《转折期的中国收入分配——中国收入分配相关政策的影响评估》，中国发展出版社 2012 年版。

[34] 黄硕风：《综合国力新论，兼论新中国综合国力》，中国社会科学出版社 1999 年版。

[35] 王诵芬：《世界主要国家综合国力比较研究》，湖南出版社 1996 年版。

[36] 张碧琼：《经济全球化：风险与控制》，中国社会科学出版社 1999 年版。

[37] 陆学艺：《当代中国社会结构》，社会科学文献出版社 2010 年版。

[38] 杨继绳：《中国当代社会阶层分析》，江西高校出版社 2011 年版。

[39] 朱力：《转型期中国社会问题与化解》，中国社会科学出版社 2012 年版。

[40] 曹堂哲：《公共行政执行的中层理论：政府执行力研究》，光明日报出版社 2012 年版。

[41] 陆学艺：《当代中国社会阶层研究报告》，社会科学文献出版社 2002 年版。

[42] 李林、田禾：《法治蓝皮书——中国法治发展报告 2014》，社会科学文献出版社 2014 年版。

[43] 江红义：《国家自主性理论的逻辑——关于马克思、波朗查斯与密里本德的比较分析》，知识产权出版社 2011 年版。

[44] 李培林、陈金光、张翼：《社会蓝皮书——2014 年中国社会形势分析与预测》，社会科学文献出版社 2014 年版。

[45] 宋瑞玉等：《综合国力度量理论》，湖北教育出版社 1994 年版。

[46] 新华社中央新闻采访中心：《2013 全国两会记者会实录》，人民出版社 2013 年版。

[47] 王伟光：《中国改革开放和中国发展道路》，《马克思主义研究》2008 年第 5 期。

[48] 卫兴华、张福军：《要处理好我国经济发展中的经济与社会安全问题》，《当代经济研究》2011 年第 2 期。

［49］刘国光、程恩富：《全面准确理解市场与政府的关系》，《毛泽东邓小平理论研究》2014 年第 2 期。

［50］程恩富、侯为民：《转变对外经济发展方式的"新开放策论"》（上），《当代经济研究》2011 年第 4 期。

［51］程恩富、侯为民：《转变对外经济发展方式的"新开放策论"》（下），《当代经济研究》2011 年第 5 期。

［52］曹雷、程恩富：《加快向充分自主型经济发展方式转变——基于经济全球化视野的审思》，《毛泽东邓小平理论研究》2013 年第 8 期。

［53］程恩富、王中保：《经济全球化与新自由主义的范式危机》，《社会科学研究》2005 年第 2 期。

［54］程恩富、詹志华：《当前我国利益集团问题分析》，《毛泽东邓小平理论研究》2015 年第 10 期。

［55］程恩富、王朝科：《建立体现科学发展观要求的经济社会综合评价体系：科学发展观由理论到实践的纽带》，《海派经济学》2009 年第 1 期。

［56］程恩富、丁晓钦：《构建知识产权优势理论与战略》，《当代经济研究》2003 年第 9 期。

［57］田野：《探寻国家自主性的微观基础：理论选择视角下概念与重构》，《欧洲研究》2013 年第 1 期。

［58］田野：《国际制度与国家自主性：一个研究框架》，《国际观察》2008 年第 2 期。

［59］徐蓝：《经济全球化与民族国家的主权保护》，《世界历史》2007 年第 2 期。

［60］杨雪冬：《全球化进程与中国的国家治理》，《当代世界与社会主义》2014 年第 1 期。

［61］杨雪冬：《西方马克思主义的国家学说》，《马克思主义与现实》2014 年第 2 期。

［62］杨雪冬：《国家主权与中国发展道路》，《社会科学》2006 年第 3 期。

［63］刘永佶：《民主：中华民族现代化的要求与保证》，《社会科学

论坛》2013 年第 3 期。

［64］刘永佶：《主体、主权与自主发展：落后国家在全球化中的唯一选择》，《社会科学论坛》2005 年第 8 期。

［65］张燕生：《全球经济失衡与中美的调整责任》，《当代世界》2012 年第 2 期。

［66］张燕生：《经济全球化与世界性危机关系的研究》，《宏观经济研究》2009 年第 10 期。

［67］张汉林：《全球化背景下中国经济安全度量体系构建》，《世界经济研究》2011 年第 1 期。

［68］张伯汉：《世界经济研究》，《经济问题》1996 年第 10 期。

［69］秦嗣毅：《国家"安全利益—竞争优势"体系构建的必要性及决定因素》，《学术交流》2014 年第 12 期。

［70］曹雷：《充分自主型经济发展方式及其根本动力》，《海派经济学》2010 年第 4 期。

［71］吕记刚、华桂宏：《中国经济自主性的评价指标构建与实证分析》，《无锡商业职业技术学院学报》2009 年第 6 期。

［72］李龙强、罗文东：《全球化、金融危机与社会主义自主发展》，《山东社会科学》2012 年第 8 期。

［73］陈建兰：《浅析卡多佐的依附发展理论——读〈拉美的依附性及发展〉》，《理论界》2007 年第 1 期。

［74］钟裕民：《依附与反依附——依附理论与后发优势理论的融合》，《兰州商学院学报》2010 年第 3 期。

［75］黎贵才、王碧英：《拉美依附理论的当代发展——兼论中国是否正在拉美化》，《当代经济研究》2014 年第 1 期。

［76］曹海军：《中国共产党与国家建设：国家建设理论视角下的中国经验》，《中南大学学报》（社会科学版）2010 年第 6 期。

［77］张晒：《国家自主性与再分配能力：转型中国分配正义的一个解释框架》，《华中科技大学》（社会科学版）2014 年第 2 期。

［78］郁建兴、肖扬东：《全球化与中国的国家建构》，《马克思主义与现实》2006 年第 6 期。

［79］李增刚：《国家利益的本质及其实现：一个新政治经济学的分

析思路》，《经济社会体制比较》2010 年第 4 期。

［80］王逸舟：《国家利益再思考》，《中国社会科学》2002 年第 2 期。

［81］詹家峰：《国家战略能力与综合国力关系浅析》，《现代国际关系》2005 年第 4 期。

［82］杨承训：《论加快提升综合国力的战略定位》，《中州学刊》2012 年第 6 期。

［83］李强：《宪政自由主义与国家建构》，《宪政主义与现代国家》，生活・读书・新知三联书店 2005 年版。

［84］朱耀先：《实现中国梦与增强国家凝聚力》，《中共中央党校学报》2013 年第 5 期。

［85］曾学龙：《国家凝聚力的内涵及其构成要素的探讨》，《广东省社会主义学院学报》2009 年第 7 期。

［86］杨多贵、周志田：《霸权红利：美国不劳而获的源泉》，《红旗文稿》2015 年第 5 期。

［87］付小红、肖斌：《全球财富分配失衡的现状与解析》，《红旗文稿》2015 年第 5 期。

［88］史忠良：《参与经济全球化必须注意国家经济安全》，《经济经纬》2002 年第 1 期。

［89］柳辉：《扩大内需：我国经济安全的战略选择》，《华东经济管理》2001 年第 4 期。

［90］杨承训：《论加快提升综合国力的战略定位》，《中州学刊》2012 年第 6 期。

［91］俞正樑：《论当前国际体系变革的基本特征》，《世界经济与政治论坛》2010 年第 6 期。

［92］柯雪青：《当代资本主义世界体系的主要特点》，《科学社会主义》2005 年第 4 期。

［93］魏礼群：《从经济大国到经济强国的发展之路》，《新华文摘》2013 年第 18 期。

［94］贺力平：《中国经济增长国际排名的变化趋势和前景》，《新华文摘》2014 年第 17 期。

［95］孙立平：《90 年代中期以来中国社会结构演变的新趋势》，《社

会学快讯》2002 年第 7 期。

[96] 张先贤：《关于增强国家凝聚力的思考》，《科学发展观与国家凝聚力的提升：广州中华民族凝聚力研究会第十九次学术讨论会论文集》2009 年版。

[97] 李齐云、迟诚：《城乡收入差距的总体分解及地区差异》，《经济体制改革》2015 年第 6 期。

[98] 王春光、李炜：《当代中国社会阶层的主观性建构和客观实在》，《江苏社会科学》2002 年第 4 期。

[99] 姜国峰、费艳颖：《我国社会阶层冲突：表现·根源·路径》，《理论与改革》2013 年第 6 期。

[100] 刘尚希：《居民收入倍增主脉：重构国家、企业、居民关系》，《新华文摘》2013 年第 4 期。

[101] 陈文新：《改革开放以来中国社会阶层变动考察》，《中国特色社会主义研究》2013 年第 6 期。

[102] 乔榛：《收入分配的逆向转移：中国收入差距扩大的特殊机理》，《新华文摘》2013 年第 18 期。

[103] 易淼、赵晓磊：《利益视域下的中国经济发展新常态》，《财经科学》2015 年第 4 期。

[104] 李培林、张翼：《2013—2014 年中国社会形势分析与预测》，社会科学文献出版社 2014 年版。

[105] 张红宇、张莹丹：《转轨期政府权力悖论的形成原因》，《理论探索》2012 年第 2 期。

[106] 冒佩华、王朝科：《"使市场在资源配置中起决定性作用和更好发挥政府作用"的内在逻辑》，《毛泽东邓小平理论研究》2014 年第 2 期。

[107] 王学杰：《对提高政策执行力的思考》，《行政论坛》2009 年第 4 期。

[108] 周国雄：《论公共政策执行力》，《探索与争鸣》2007 年第 6 期。

[109] 郑杭生：《对阶层与阶级范畴关系的理解》，《人民论坛》2002 年第 10 期。

[110] 刘欣：《转型期中国大陆城市居民的阶层意识》，《社会学研

究》2001 年第 3 期。

[111] 赵鼎新：《民粹政治：中国冲突性政治的走向》，《领导者》2008
年第 2 期。

[112] 陈红桂、刘洪寅：《策略关系与资本主义国家——鲍勃·雅索
普的理论主题、核心思想与趋势》，《南京航空航天大学学报》
（社会科学版）2010 年第 6 期。

[113] 谢元君：《杰索普的策略关系》，《国家理论改革与开放》2012
年第 4 期。

[114] 田国强、陈旭东：《现代国家治理视野下的中国政治体制改
革——从何而来，往何处去》，《学术月刊》2014 年第 3 期。

[115] 林毅夫、张鹏飞：《后发优势、技术引进和落后国家的经济增
长经济学》2005 年第 5 期。

[116] 李平、宫旭红、齐丹丹：《中国最优知识产权保护区间研
究——基于自主研发及国际技术引进的视角》，《南开经济研
究》2013 年第 3 期。

[117] 廖峥嵘：《当前国际经济发展的三大趋势》，《研究探索》2017
年第 1 期。

[118] 钟震等：《当前我国跨境资本流动：特点、成因、风险与对策》，
《宏观经济研究》2015 年第 2 期。

[119] 李杰：《我国利用外资的正负效应分析》，《经济学家》2004
年第 1 期。

[120] 孟繁华：《改革开放以后科技进步对我国经济贡献率的测算——
基于 C－D 生产函数和索洛剩余方法》，《创新科技》2013 年第
8 期。

[121] 胡金光：《国家与公民个人的角色关系演变——转型期社会矛
盾解读》，《公共管理》2011 年第 6 期。

[122] 陈敏光：《论企业社会责任及其限定》，《首都师范大学学报》
（社会科学版）2016 年第 2 期。

[123] 饶旭鹏、何潇潇：《全面建成小康社会视域中的企业社会责任：
问题与出路》，《经济研究导刊》2016 年第 8 期。

[124] 祝飞、赵勇、岳超源：《排污收费政策下的企业执行行为及其

影响分析》，《华中理工大学学报》2000 年第 2 期。

[125] 余阿梅、张宁、廖雨超：《探索中国环境保护管理制度新模式》，《中国管理信息化》2016 年第 14 期。

[126] 张 强、韩莹莹：《中国慈善捐赠的现状与发展路径——基于中国慈善捐助报告》，《探索与争鸣》2015 年第 5 期。

[127] 吴继贵、叶阿忠：《环境、能源、R&D 与经济增长互动关系的研究》，《科研管理》2016 年第 1 期。

[128] 张红宇、张莹丹：《转轨期政府权力悖论的形成原因》，《理论探索》2012 年第 2 期。

[129] 金碚、李鹏飞、廖建辉：《中国产业国际竞争现状及演变趋势》，《新华文摘》2013 年第 14 期。

[130] 陈建奇、张原：《中国在国家治理体系中的定位及战略选择》，《国际贸易》2015 年第 1 期。

[131] 胡洁：《当前金融监管面临的挑战及政策建议》，《银行家》2016 年第 6 期。

[132] 周穗明：《国外左翼论全球化与资本主义、社会主义》，《理论视野》2003 年第 2 期。

[133] 杨春学：《社会主义政治经济学中的"中国特色"问题》，《经济研究》2016 年第 8 期。

[134] 舒展：《后危机时代国家经济自主性及其路径选择》，《福州大学学报》2011 年第 4 期。

[135] 舒展、刘墨渊：《国家经济安全与经济自主性》，《当代经济研究》2014 年第 10 期。

[136] 舒展：《发展的自主性对世界经济体系不合理性的可能超越——科学发展观视域的全球化与民族国家关系探讨》，程恩富：《激辩"新开放策论"》，中国社会科学出版社 2011 年版。

[137] 舒展：《经济全球化与国家经济的自主发展》，《红旗文稿》2010 年第 11 期。

[138] 舒展、刘墨渊：《世界经济格局变化对我国经济安全的挑战》，《经济研究参考》2014 年第 71 期。

[139] 舒展：《中国对外开放中的国家经济自主性问题探析》，《贵州

社会科学》2015 年第 9 期。

［140］舒展、崔园园：《"诺斯悖论"消解：政府与市场两种决定作
　　　用的耦合》，《海派经济学》2015 年第 1 期。

［141］舒展、杨秋乐：《法兰克福学派的非经济分析及其借鉴：分配、
　　　分化和认同》，《南京理工大学学报》2012 年第 6 期。

［142］舒展：《政治经济学中的人类发展经济学》，《马克思主义研
　　　究》2011 年第 8 期。

［143］程恩富：《转变对外经济发展方式必须实现"五个提升"》，《光
　　　明日报》2008 年 8 月 5 日。

［144］张建君：《经济全球化的国际层次制度建构》，《中国社会科学
　　　报》2013 年 9 月 24 日。

［145］姜红：《西方国家不平等状况恶化——收入差距拉大》，《中国
　　　社会科学报》2015 年 12 月 25 日。

［146］刘学谦：《如何增强当代中国国家凝聚力》，《光明日报》2014
　　　年 1 月 22 日第 16 期。

［147］董碧娟：《中国国家创新指数升至第 18 位 我国创新能力远超
　　　同等发展水平国家》，《经济日报》2016 年 6 月 30 日。

［148］林坚：《总体设计推进国家治理体系现代化》，《学习时报》
　　　2014 年 4 月 21 日。

［149］陈小茹：《如何参与全球治理，专家开出"中国方案"》，《中
　　　国青年报》2017 年 1 月 17 日。

［150］联合国计划发展署：《1999 年中国人类发展报告：经济转轨与
　　　政府的作用》，《中国财政经济出版社》1999 年版。

［151］国家发展和改革委员会、财政部、人力资源社会保障部：《关
　　　于深化收入分配制度改革的若干意见》，人民出版社 2013
　　　年版。

［152］江泽民：《高举邓小平理论伟大旗帜把建设有中国特色社会主
　　　义事业全面推向二十一世纪》，《江泽民文选》（第 2 卷），人
　　　民出版社 2006 年版。

［153］江泽民：《全面建设小康社会，开创中国特色社会主义事业新
　　　局面：在中国共产党第十六次全国代表大会上的报告》，人民

出版社 2002 年版。

[154] 胡锦涛:《坚定不移沿着中国特色社会主义道路前进为全面建成小康社会而奋斗:在中国共产党第十八次全国代表大会上的报告》,人民出版社 2012 年版。

[155] 胡锦涛:《高举中国特色社会主义伟大旗帜,为夺取全面建设小康社会新胜利而奋斗:在中国共产党第十七次全国代表大会上的报告》,人民出版社 2007 年版。

[156] 习近平在中央国家安全委员会第一次会议上的讲话（http://news. china. com/domestic/945/20140415/18449315. html）,2014年4月15日。

[157] 习近平:《推进国家治理体系和治理能力现代化》,人民网（http://politics. people. com. cn/n/2014/0217/c1024 - 24384975. html）,2014 年 2 月 17 日。

[158] 习近平主持国安委首次会议 阐述国家安全观,新华网（http://news. xinhuanet. com/video/2014 - 04/16/c_ 126396289. htm）,2014 年 4 月 16 日。

[159] 中共中央关于全面深化改革若干重大问题的决定（http://www. ce. cn/xwzx/gnsz/szyw/201311/18/t20131118_ 1767104. shtml）,2013 年 11 月 18 日。

[160] 中国共产党第十八届中央委员会第五次全体会议公报,新华网 （http://news. xinhuanet. com/fortune/2015 - 10/29/c_ 1116983078. htm）,2015 年 10 月 29 日。

[161] 中国共产党第十六届中央委员会第六次全体会议:《中共中央关于构建社会主义和谐社会若干重大问题的决定》,人民出版社 2006 年版。

[162] 中共中央关于制定国民经济和社会发展第十三个五年规划的建议（http://finance. ifeng. com/a/20151103/14054229_ 0. shtml）,2015 年 11 月 3 日。

[163] 中华人民共和国环境保护部/2015 中国环境状况公报（http://www. zhb. gov. cn/hjzl/zghjzkgb/lnzghjzkgb/201606/P02016 060233 3160471955. pdf）,2016 年 6 月 2 日。

[164] 联合国贸易与发展会议：《1998 年世界投资报告》，World investment report 1998 （https：//comtrade. un. org/db/mr/rfCommoditiesList. aspx）。

[165] 程恩富：《要分清两种市场决定性作用论》（http：//myy. cass. cn/news/728001. htm），2014 年 4 月 3 日。

[166] 张毅君：《经济全球化与国家主权》，21 世纪政协论坛 2005 年会议 （http：//cppcc. people. com. cn/GB/34961/51372/51376/51494/3600204. htm），2005 年 8 月 8 日。

[167] 凤凰财经：《金砖银行今日正式开业 楼继伟表态不会削弱世行地位》（http：//finance. ifeng. com/a/20150721/13852983_ 0. shtml），2015 年 7 月 21 日。

[168] 刘美辰、张淼：《联合国贸易和发展会议发布〈全球投资趋势监测报告〉》，中国社科网 （http：//www. cssn. cn/dzyx/dzyx_ jly-hz/201501/t20150130_ 1498035. shtml），2015 年 1 月 30 日。

[169] 张开：《"政府与市场关系论" 评析》（http：//myy. cass. cn/news/729362. htm），2014 年 4 月 4 日。

[170] 洪银兴：《关键是厘清市场和政府作用的边界——市场对资源配置起决定作用后政府作用的转型》（http：//myy. cass. cn/news/728719. htm），2014 年 4 月 6 日。

[171] 任剑涛：《国家转型、中立性国家与社会稳定》，光明网理论版 （http：//theory. gmw. cn/），2014 年 12 月 16 日。

[172] 晓丹：《社科院统计 14 年间群体性事件：广东居首 劳资纠纷是主因》，观察者网 2014 年 2 月 25 日 （http：//www. guan-cha. cn/society/2014_ 02_ 25_ 208680. shtml），2016 年 8 月 25 日。

[173] 王晓易：《制造业回流美国靠谱吗?》，第一财经/一财速递（http：//www. yicai. com/video/5185383. html），2016 年 12 月 17 日。

[174] 赵海英：《抓紧培育具有国际竞争力的领军投行》，中国证券网（http：//news. cnstock. com/news，jd – 201407 – 3092068. htm），2014 年 7 月 9 日。

[175] 陈彦旭、李玉坤：《报告称去年中国对外直接投资额 1456 亿美元首超吸引外资》，新京报新媒体（http：//www. bjnews. com. cn/news/2016/11/23/424630. html），2016 年 11 月 23 日。

[176] 世界贸易组织网（http：//www. wto. org）。

[177] 世界经济信息网（http：//www. 8pu. com）。

[178] 国研网统计数据库（http：//www. drcnet. com. cn）。

[179] 中国贸易救济信息网案件数据库（http：//www. cacs. gov. cn）。

[180] 国家统计局（http：//www. stats. gov. cn）。

[181] 中国知网/中国经济与社会发展统计数据库（http：//tongji. cnki. net）。

[182] Thomas Risse - Kappen ed. , *Bringing Transnational Relations Back in: Non - State Actors, Domestic Structure and International Institutions*, Cambridge: Cambridge University Press, 1995.

[183] Ralph Miliband, "The Capitalist State: Two Exchanges with Nicos Poulantzas", *Class power and State Power*, London: The Thetford-Press Ltd. , 1983.

[184] Bob Jessop, *The Capitalist State: Marxist Theories and Methods*, Oxford: Blackwell, 1982.

[185] Bob Jessop, "A regulationist and scate—theoretical analysis, in Richard Boyd and Tak—Wing Ngo (ed.)", *Asian States: Beyond the Developmental Perspective*, Routledge Curzon, 2005.

[186] Robert Samuelson: "The pros and cons of globalization", *International Herald Tribune*, 2000 (1) .

[187] Theda Skocpol, "Bringing the State Back in. Strategies of Analysis in Current Research", in Peter Evans, Dietrich Rueschemayer and Theda Skocpol eds. *Bringing the State Back in*, Cambridge: Cambridge University Press, 1985.

[188] Joseph Nye and Robert Keohane, "Transnational Relations and World Politics: A Conclusion", *International Organization*, Vol. 25, No. 3, Summer 1971.

［189］ Robert Keohane and Joseph Nye, *Power and Interdependence: World Politics in Transition*, Boston: Little Brown, 1977.

［190］ Robert Keohane, *After Hegemony: Cooperation and Discord in the World Political Economy*, New Jersey: Princeton University Press, 1984.

［191］ Linda Weiss ed. , *States in the Global Economy: Bringing Domestic Institutions Back in*, Cambridge: Cambridge University Press, 2003.

［192］ Yongnian Zheng, *Globalization and State Transformation in China*, Cambridge University Press, 2002.

［193］ Lloyd Gruber, *Ruling the World: Power Politics and the Rise of Supranational Institutions*, New Jersey: Princeton University Press, 2000.

［194］ Stephen Krasner, "Structural Causes and Regime Consequences: Regimes as Intervening Variables", in Stephen Krasner ed. , *International Regimes*, Ithaca and London: Cornell University Press, p. 2.

［195］ Truman, David Bicknell, *The Governmental*, Press, Praeger, 1981.

［196］ Kathleen Thelen and Sven Stelnmo, "Historical Institutionalism in Comparative Politics", *Structuring Politics*, Cambridge: Cambridge University Press, 1992.

［197］ Daniel Dreznered, *Locating the Proper Authorities: The Interaction of Domestic and International Institutions*, Ann Arbor: The University of Michigan Press, 2003.

［198］ John Humphrey, "Upgrading Industry Structure in Global Value Chains", *European Economic Review*, 1984, 86 (3) .

［199］ Kaplinsky R. , Morrts M. , "Understanding Upgrading Using Value Chain Analysis", *A Handbook for Value Chain Research*, Paper for IDRC, 2002.

［200］ Gibboni P. , "Upgrading Primary Products: A Global Value Chain Approach", *World Development*, 2001, 29 (2) .

［201］ Alejandro Valle Baeza, "The Problem of Absoabing All the Available Labor Force and Capital Composition", *World Review of Political Economy*, Vol. 4, No. 2, Summer 2013.

[ ] Peter B. Evans. Dependent Development on Alliance of Multinational State and Local Capital in Brazil [M]. Princeton: Princeton University Press, 1982.

[ ] Peter B. Evans. Class, State, and Dependence in East Asia: Lessons for Latin Americanists [M]. Cornell: Cornell University Press, 1987.

[ ] Peter B. Evans. Dependent Development: The Alliance of Multinational, State, and Local Capital in Brazil [J]. American Political Science Review, 1981 (3).

[ ] Ross at the Desert, 2107. Power in Australia: Directions for the Future. London: 77 Routledge, 2015.

后　记

　　时光的沙漏筛过，有人为稻粮谋，将平庸的一生堆砌为一沓薄薄的纸笺；也有人为苍生计，以经世济民的情怀，让历史有了真正的厚度。天下攘攘皆为利往，然而，必有一类人是为了某种意义而活着。他们的劳作，没有文娱明星的光艳热闹，没有诗人作家的世俗影响，也没有政治人物的威权势力。但他们确实存在着，在不胜寒的高处，在凤毛麟角的最前沿，或者在无人问津的最后方。从个体看来似乎渺若微尘，人类历史的车辙中却有他们的印迹。当历史往后翻动书页时，人们可以看到这些印迹，它们不仅是对生命个体的思索与救赎，更是对生命群体走向的思索与救赎。

　　这是我在人物专题片《创新与梦想》中写下的句子，描述的是这样一类抱有家国天下情怀的学者，他们将自己的生命价值，放置在宏大的历史与时代的叙述序列中，坚信万粒泥沙的沉淀堆叠，可以造就高山大川。他们是我一生都敬仰和追随的人。我虽凡人，没有他们那样的才智和毅力，但我可以选择与什么样的人为伍、以什么样的人为师。

　　笨鸟之所以先飞，只因为它飞的很慢，先飞而后至。关于国家经济自主性这一论题，从最初的触动、确立选题，到项目立项、结项，到最后刊印成书，八年的光阴渐渐而过。我羡慕我的一些学界同仁们，他们总是精力过人，眼疾手快，不断地推出具影响力的科研成果。而我却在浩如星海的跨学科书典丛林中，一次又一次近乎沉沦地迷失。就像陷入一片丰盈的萤火虫纷飞的丛林，我追逐着这些扑朔迷离的思想火花，但它们转瞬即逝，令人既享受又苦痛。有时，那一团团乱麻使我深陷其间，几近厌弃；但从乱麻般的数据中忽然跳出的解题线索，又令自己欣喜若狂。我常常会在解题线索找着的那一刻，忽然从座位上站起来，离开桌子、离开电脑，在房间里走来走去，任凭思绪在胸中汹涌，似要扼制住滂沱的下笔如注的顺畅之势，享受它、冷却它，审视它，直到它呈现应该有的客观中肯的样子。

这就是身为学者的快乐，纯粹而强大，不带烟火气息，又源自生活的印迹，总以强大的精神之质，给予生活甘于平淡的勇气。很多年前，曾经有位同事，与我谈论写论著何用，不过是废纸一堆。我认为，只要研究成果足够真诚和客观，它就不会是废纸。社会科学研究者与自然科学研究者的不同在于：自然科学研究者，有时孤身一人，就能改变世界；但社会科学研究者却不行，他往往需要和千千万万个研究者一起，共同关注同一件事，反复强调、反复呼吁、反复推进。他们必须是蚂蚁。一只蚂蚁不能撼树，但蚂蚁团队却可以。我只是一只蚂蚁，但我在做有意义的事。所谓责任担当，有时其实很简单，做好一只蚂蚁的本份就行。

拙作付梓之时，随轻松喜悦同时漾起的，是事后的庆幸。庆幸生命中一路有良师益友的提携、激励，有亲人至爱的理解、呵护。他们就像跋涉之路上的灯盏，既默默引领前方，又籍籍温暖眼下。我唯有深深地感恩。感恩学界前辈耳提面命的教诲，感恩同仁才俊相助相携的鼓舞，他们对待学术的求真态度和赤子情怀，令我肃然起敬，追慕思齐。特别要感谢程恩富教授对弟子的殷切教导，他的学术人品，是我前行的不竭动力和精神榜样。"饮其流者怀其源，学其成时念吾师。"感谢我的先生和女儿，先生身为国企主管，事务繁忙，却一如既往地鼓励我提升事业；女儿恰逢高考，高三这一年，正是我的课题结项最关键的一年，那份魔鬼般锤炼的日子，我们彼此支撑度过。我们一家三口，每人都既专注于自身，又彼此相依相扶，情比战友。感谢有你们，我的工作和人生变得更加温暖而有意义。

最后，还要感谢一批人：感谢福州大学马克思主义学院的领导，你们开阔远瞩的领航，为员工创设了良好的学术氛围；感谢中国社会科学出版社的编辑人员，你们精致细微的工作，使作品有了珠圆玉润的呈现；感谢本书援引的参考文献的各位作者，你们的肩膀，是我飞翔的翅膀。

"天下之势，以渐而成；天下之事，以积而固"，我将不懈努力。

舒展

2018·寒露·福州百合苑